REIHE

ZEITGUT

Band 9

W0054055

Täglich Krieg

Leben in Deutschland 1939–1945

REIHE

ZEITGUT

Band 9

Täglich Krieg

Deutschland 1939–1945

41 Geschichten und Berichte
von Zeitzeugen

Herausgegeben von Jürgen Kleindienst

JKL Publikationen

Umschlagbild: Leutnant Dr. Fritz Setzepfand, seine Frau Margarete und Tochter Agnes im Sommer 1941. Aufnahme eines Straßenfotografen im Freizeitpark Planten und Bloomen in Hamburg.

Foto: Familienalbum Agnes Setzepfand, Schneverdingen, Niedersachsen

Die in diesem Buch veröffentlichten Fotos und Dokumente stammen, soweit nicht anders vermerkt, aus dem Privatbesitz der Verfasser.

Die Deutsche Bibliothek – CIP-Einheitsaufnahme
Täglich Krieg : Deutschland 1939–1945. –
Berlin : JKL Publikationen GmbH, 2000
ISBN 3-933336-08-2

© 2000 by JKL Publikationen GmbH, Berlin
Reihe ZEITGUT, Band 9
Verlag: JKL Publikationen GmbH, Berlin
Klausenpaß 14, 12107 Berlin
Telefon 030 - 7 41 04 624, Telefax 030 - 7 41 04 626
Herausgeber: Jürgen Kleindienst
Gesamtredaktion und Zusammenstellung: Ingrid Hantke
Textauswahl: Stephan Gürtler
Bearbeitung und Lektorat: Barbara Grebe, Dirk Palm, Annerose Sieck
Chronologie: Dirk Palm
Umschlaggestaltung: Pepita Richter, Berlin
Druck: Laub GmbH & Co., Elztal
Printed in Germany
ISBN 3-933336-08-2

Inhalt

Inhalt 5

Orte 8

Chronologie 1939–1945 10

Vorbemerkungen des Herausgebers 16

Irmgard Janotta
„Wie weh wird da Ihr Herze sein" 18

Gertrud-Karola Wolff
Die Weihnachtsgans 36

Heinz Csallner
Es wird nicht mehr lange dauern 39

Walter Schaefer-Kehnert
Vorstoß auf Moskau 43

Reinhard Lauenstein
Vorbestraft 53

Helmut Kohl
Begegnung mit dem Papst 62

Michael Klimenko
In deutscher Kriegsgefangenschaft 67

Margareta Pesch
Die Kistenfabrik 78

Trudi Pätz
Flucht aus dem Inferno 83

Hermann Küchemann
Das Amulett 93

Victor Van Assche
Schweigen ist eine Sünde 96

Hermann Kimmann
Ich werde abhauen! 120

Franz Guschl
Waffensegnung 130

Leo Keller
Feldgraue Zeiten 133

Annemarie Wieser
Aufschrei der Seele 140

Margot Linke
Die kleinen Freuden der Arbeitsmaiden 154

Hilde Stibler
Küsse im Tunnel 159

Karl-Heinz Sommer
Von der Schulbank zur Armee 161

Herbert Diebold
Angriff 175

Clare Varner-Rassmann
Briefe an Franzl 180

Edith Elster von Eschelbach
Abschied von Memel 186

Charlotte Leidig
Wiedersehen im Internierungslager 189

Ernst Haß
Weiterleben – aber wie? 199

Hasso Gottfried Petri
Mein Weg durch die Hölle 206

Hans Edmund Friedrich
„Warum habt ihr die Spaten nicht mitgebracht?" 213

Margareta Pesch
Wenn die Amis doch bald kämen! 223

Ernst Stanovsky
„Hands up!" 231

Traute Siegmund
Bomben auf den Bummelzug 242

Herta Balduhn
Der Tod wollte uns nicht 249

Werner Protze
Tagebuch eines Kriegsgefangenen 256

Hildegard Christoph
Freifahrt nach Bayern 271

Marie Stade
... und es traf uns doch noch! 284

Hildegard Heiter
Wo sind die Eltern? 289

Ingeborg Werneken
„Fräulein nix lachen" 295

Marianne Diepen
„Du nicht Feind!" 302

Ursula Meier-Limberg
Drei Armbanduhren 309

Winfried P. Sommer
Meine Stunde Null 315

Heinrich Schröter
Russisches Roulette 320

Waltraud Westphal
„Durch so viel Angst und Plagen..." 322

Karin Barden
So kurz vor dem Ziel 326

Hans Wagner
„Also tschüs, bis nach dem Krieg!" 328

Heinz Gutzeit
Erste Erfahrungen in Demokratie 343

Verfasser 354
Verlagsvorschau 363

Orte

A

Aachen 96
Antwerpen 96
Arnstadt 284
Arras 180
Aschersleben 289
Augustusburg 140

B

Bad Kreuznach 93
Bad Reichenhall 328
Bedford 343
Berlin 140, 271, 315, 326
Bratislava 161
Brüssel 120
Brüssow 309
Bury 343

C

Caen 133
Charkow 53
Chemnitz 140
Cherbourg 231

D

Danzig 249
Děčín 242
Dresden 18, 242, 289

E

Eberswalde 249
Eisenach 271
Elgershausen 189

F

Flöha 140
Frankenberg/Eder 295

Fredericia 206
Fucarville 231
Fürth 271

G

Gaggenau 189
Gassen 289
Geißlingen 231
Giesen 53
Gießen 180
Gleiwitz 18
Gliwice 18
Greding 271
Gröditz 154
Gückelsberg 140

H

Halbinsel Hela 249, 320
Halle 271
Hamburg 83, 199, 213
Hammelburg 65
Hanau 231
Hannover 206
Haren 120
Heidelberg 36, 159
Hranice 242

J

Jasień 289

K

Kaliningrad 36
Kannin 322
Karlshagen, Usedom 67
Kiew 53
Klaipeda 186
Königsberg 36
Konstanz 133
Koszalin 53

L

Le Havre 231
Leipzig 120
Leningrad 39
Lingen/Ems 120
Lövenich 223
Ludwigshafen 189

M

Mährisch Weißkirchen 242
Mainz 159
Mannheim 189
Memel 186
Milkel 154
Mittenwald 83
Moskau 43
München 83, 328

N

Neubrandenburg 309
Neustadt/Weinstraße 120
Niederissigheim 231

O

Oldenburg 302
Orel 133

P

Paris 231
Peenemünde, Usedom 67
Pillau 249
Prag 133, 242
Preßburg 161
Preußisch-Wilten 249
Prora, Rügen 180
Pulawy 256

R

Radom 256
Recklinghausen 96

Regensburg 130
Reppen 161
Riga 256
Rom 62
Rostock 53
Rzepin 161

S

Schlawe 322
Schönlanke 271
Schwerin 53
Skagen 206
Slawno 322
St. Petersburg 39
Stena 231
Stuhlweißenburg 161
Stuttgart 159
Székesfehérvár 161

T

Teplice 242
Teplitz-Bad 242
Tetschen-Bodenbach 242
Trzcianka 271

U

Ueckermünde 249

W

Weilburg/Lahn 328
Wetzlar 189
Wien 161
Wintermoor 199
Woldegk 309
Würzburg 271

Z

Zinten 161
Zülpich 78, 223

Chronologie 1939–1945

1939

13. Februar	Pflichtjahr im Reichsarbeitsdienst (RAD) gesetzlich festgelegt.
15. März	Wehrmacht besetzt tschechischen Teil der Tschechoslowakei, Slowakei erklärt sich für souverän, „Tschechei" wird Satellitenstaat Deutschlands („Reichsprotektorat Böhmen und Mähren").
25. März	Jugenddienstpflicht (Pflichtmitgliedschaft in HJ, BDM, etc.).
3. April	Weisung Hitlers zum Angriff auf Polen.
23. August	Nichtangriffspakt Deutschland – UdSSR mit geheimem Zusatzprotokoll über die Aufteilung Ostmitteleuropas.
27. August	Einführung von Lebensmittelkarten.
1. September	Angriff der deutschen Wehrmacht auf Polen, Anschluß Danzigs an das Reich. Im September kommt es zu ersten Terroraktionen der Einsatzgruppen des SS-Sicherheitsdienstes (SD) gegen die jüdische Bevölkerung.
3. September	England und Frankreich erklären Deutschland den Krieg.
4. September	Kriegswirtschaftsverordnung: Kürzung der Bruttolöhne, Aussetzung der bisherigen Arbeitszeitregelung (schrittweise Wiedereinführung des Zehnstundentages).
17. September	Einmarsch der Roten Armee in Ostpolen.
28. September	Grenzvertrag Deutschland – UdSSR: endgültige Abgrenzung der Interessengebiete.
6. Oktober	Polenfeldzug beendet, Hitler bietet den Westmächten Frieden an.
9. Oktober	Weisung Hitlers zum Angriff im Westen.
12. Oktober	Erste Judendeportation aus Österreich und der Tschechoslowakei nach Polen. Einrichtung des Generalgouvernements in Zentralpolen.

Oktober	Befehl Hitlers zur Vernichtung „lebensunwerten Lebens" (Tötung Behinderter).
26. Oktober	Zwangsarbeit für Juden im Generalgouvernement, Arbeitspflicht für Polen.
14. November	Einführung der Reichskleiderkarte.
23. November	Einführung des Judensterns im Generalgouvernement.

1940

9. April	Deutscher Überfall auf Dänemark und Norwegen.
30. April	Errichtung des ersten Judenghettos in Lodz/Polen.
10. Mai	Deutscher Angriff im Westen. Winston Churchill wird britischer Premierminister.
15. Mai	Kapitulation der Niederlande.
18. Mai	Rückgliederung des Gebietes Eupen-Malmedy von Belgien an das Reich.
28. Mai	Kapitulation Belgiens.
4. Juni	Britisch-französische Truppen aus dem Kessel von Dünkirchen über den Ärmelkanal gerettet.
5. Juni	Beginn der Schlacht um Frankreich.
10. Juni	Kapitulation Norwegens. Kriegseintritt Italiens an der Seite Deutschlands.
15.–17. Juni	UdSSR besetzt die baltischen Staaten.
22. Juni	Waffenstillstand zwischen Deutschland und Frankreich.
7. August	Anschluß von Elsaß-Lothringen und Luxemburg an das Reich.
13. August	Beginn der deutschen Luftoffensive gegen England.
22. Oktober	Beginn der Judendeportationen aus Baden, dem Saarland und Elsaß-Lothringen, zunächst nach Südfrankreich, dann nach Polen.
15. November	Abriegelung des Warschauer Ghettos.
18. Dezember	Weisung Hitlers zum Angriff auf die Sowjetunion.

1941

11. Februar	Deutsche Truppen landen in Nordafrika.
6. April	Angriff Deutschlands auf Jugoslawien und Griechen-

	land. Jugoslawien kapituliert am 17. April, Griechen-land am 21. April.
10. Mai	Rudolf Heß, Stellvertreter Hitlers in der Parteifüh-rung, fliegt auf eigene Faust nach England.
20. Mai–1. Juni	Deutsche Truppen erobern Kreta.
6. Juni	„Kommissarbefehl" zur Ermordung aller sowjeti-schen Politoffiziere, derer deutsche Truppen habhaft werden können. Ab Juni Massenmorde der SS-Einsatzgruppen in der UdSSR.
22. Juni	Deutscher Überfall auf die Sowjetunion.
Juli, August	Kesselschlachten in der Sowjetunion, Hunderttausen-de sowjetische Kriegsgefangene.
3. September	Beginn der Vergasung von Juden im KZ Auschwitz.
8. September–18. Januar 1943	Belagerung von Leningrad durch deutsche Truppen; etwa eine Million Einwohner verhungern.
19. September	Einführung des Judensternes im Reichsgebiet.
3. Oktober	Zwangsarbeit für Juden im Reich.
16. Oktober	Beginn der Deportationen von Juden aus dem Reich in polnische Ghettos.
15. November	Beginn der erfolglosen deutschen Offensive auf Moskau.
7. Dezember	Japanischer Überfall auf den US-Flottenstützpunkt Pearl Harbour auf Hawaii, am folgenden Tag Kriegs-erklärung der USA an Japan.
11. Dezember	Kriegserklärung Deutschlands und Italiens an die USA.
19. Dezember	Hitler wird Oberbefehlshaber des Heeres.

1942

20. Januar	Wannsee-Konferenz: Organisatorische Absprachen zur Judendeportation und -ausrottung.
30.–31. Mai	Erster „1000-Bomber-Angriff" auf eine deutsche Großstadt (Köln).
30. Juni	Das deutsche Afrika-Korps unter General Rommel erreicht die Enge von El Alamein/Ägypten.
23. Juli	Einrichtung des Vernichtungslagers Treblinka.
7.– 8. November	Alliierte Landung in Marokko und Algerien.
11. November	Wehrmacht besetzt Südfrankreich und Tunesien.
19. November	Sowjetische Offensive bei Stalingrad.

1943

26. Januar	Verpflichtung von HJ-Jungen als Luftwaffenhelfer.
27. Januar	Mobilisierung aller deutschen Arbeitskräfte für den Kriegseinsatz.
	Erster Tages-Luftangriff der amerikanischen Luftwaffe auf das Reich.
31. Januar –	Die deutsche 6. Armee kapituliert bei Stalingrad.
2. Februar	Etwa 600 000 Opfer auf beiden Seiten.
18. Februar	Goebbels' Sportpalastrede („Wollt ihr den totalen Krieg?").
	Letztes Flugblatt der studentischen Widerstandsgruppe „Weiße Rose" in München.
22. Februar	Die Geschwister Scholl werden hingerichtet.
19. April –	Aufstand im Warschauer Ghetto blutig niederge-
16. Mai	schlagen.
13. Mai	Kapitulation der letzten elf deutschen und sechs italienischen Divisionen in Afrika.
11. Juni	Himmler („Reichsführer SS und Chef der deutschen Polizei") befiehlt die Liquidierung aller polnischen Ghettos.
5.–15. Juli	Letzte deutsche Großoffensive an der Ostfront (bei Kursk); ab Juli sowjetische Offensiven.
10. Juli	Alliierte Landung in Sizilien.
24./25. Juli	Sturz Mussolinis.
9. August	Der Kreisauer Kreis um Yorck von Wartenberg und Moltke stellt „Grundsätze für die Neuordnung Deutschlands" auf.
3. September	Alliierte Landung in Italien.
8. September	Kapitulation Italiens.
13. Oktober	Kriegserklärung Italiens an Deutschland.
28. November –	Konferenz von Teheran (Roosevelt, Churchill und
1. Dezember	Stalin verhandeln über die Neuordung Europas nach dem Ende des Krieges.)

1944

18./19. März	Besetzung Ungarns durch deutsche Truppen.
April – Juni	Judendeportation aus Griechenland und Ungarn.
6. Juni	Alliierte Invasion in Frankreich.
10. Juni	Massaker deutscher Truppen an der Bevölkerung des französischen Ortes Oradour.

12./13. Juni	Beginn des Beschusses von London mit unbemannten Flugbomben (V 1).
22. Juni	Beginn der sowjetischen Offensive an der Ostfront.
Juli	Höhepunkt der Rüstungsproduktion in Deutschland.
20. Juli	Attentatsversuch Stauffenbergs auf Hitler und Staatsstreichversuch scheitern. Zahlreiche Verschwörer werden hingerichtet.
30. Juli	Alliierter Durchbruch in Frankreich.
1. August	Einführung der Sippenhaftung in Deutschland: Familien von politischen Straftätern haben selbst mit Bestrafung zu rechnen.
1. August– 2. Oktober	Warschauer Aufstand gegen die deutschen Besatzer. Am rechten Weichselufer stehende sowjetische Truppen kommen den Polen nicht zu Hilfe.
15. August	Alliierte Landung in Südfrankreich.
11. September	Amerikanische Truppen stehen an der Reichsgrenze.
25. September	Beginn der Einberufung des Volkssturms.
16.–24. Dezember	Letzte deutsche Offensive an der Westfront (in den Ardennen).

1945

12. Januar	Sowjetische Offensive von der Weichsel bis zur Oder.
Januar	Massenflucht aus Pommern, Schlesien und Ostpreußen, etwa sieben Millionen Menschen fliehen.
25. Januar	Das KZ Auschwitz wird befreit.
4.–11. Februar	Konferenz von Jalta (Folgekonferenz von Teheran).
12. Februar	Frauen werden aufgerufen, sich zum Volkssturm zu melden.
13./14. Februar	Alliierter Luftangriff auf das mit Flüchtlingen überfüllte Dresden, etwa 250 000 Opfer.
15. Februar	Einführung von Standgerichten.
26. Februar	Durchbruch der sowjetischen Truppen von Bromberg aus bis zur Ostsee bei Kolberg (18. März), zum Stettiner Haff und zur Danziger Bucht (30. März).
28. Februar	Erste offizielle Maßnahmen der polnischen Übergangsverwaltung gegen die in Pommern, Schlesien und Ostpreußen zurückgebliebene deutsche Bevölkerung (Arbeitslager, Vermögensentzug).
7. März	Alliierter Rheinübergang bei Remagen.

19. März	„Nerobefehl" Hitlers (nichts darf unzerstört zurückgelassen werden).
2. April	Aufruf zum „Werwolf" (Sabotage hinter den feindlichen Linien).
16. April	Sowjetische Großoffensive von Oder und Neiße aus.
25. April	Sowjetische und amerikanische Truppen treffen bei Torgau an der Elbe aufeinander.
29. April	Kapitulation der deutschen Truppen in Italien.
30. April	Selbstmord Hitlers, Großadmiral Karl Dönitz wird Staatsoberhaupt.
1. Mai	Selbstmord Goebbels'.
2. Mai	Kapitulation Berlins.
7. Mai	Unterzeichnung der bedingungslosen Kapitulation in Reims.
8. Mai	Wiederholung der Unterzeichnung in Berlin-Karlshorst.
23. Mai	Verhaftung der Regierung Dönitz.
5. Juni	Die Alliierten übernehmen die oberste Regierungsgewalt in Deutschland.

Im Zweiten Weltkrieg sind in Europa und Asien etwa 55 Millionen Menschen ums Leben gekommen. 20 Millionen davon entfallen auf die Sowjetunion, vier Millionen auf Deutschland, 4,5 Millionen auf Polen.

Mindestens 5,29 Millionen, wahrscheinlich aber noch mehr Juden fielen zwischen 1939 und 1945 den gegen sie gerichteten Vernichtungsaktionen zum Opfer. Darunter befanden sich 2,7 Millionen polnische und 2,1 Millionen sowjetische Juden. Von den mehr als 500 000 Juden, die 1933 in Deutschland lebten, wurden 160 000 Opfer des Holocaust.

Vorbemerkungen des Herausgebers

Als im Mai 1945 der von Deutschland angezettelte Krieg zu Ende ging, waren unter den Deutschen zwei Gefühlslagen vorherrschend: Erleichterung über das Ende der Schrecken und Entsetzen über die Niederlage an sich. In diesem Krieg war die Entscheidung nicht nur zu Lande und zu Wasser erkämpft worden. Erstmals waren militärische Ziele, Industrieanlagen und Verkehrswege kriegsentscheidend aus der Luft zerstört worden. Und erstmals wurden Wohngebiete durch Bombardements zertrümmert, die dort Lebenden getötet. Bei den Flächenbombardements auf deutsche Großstädte wie Hamburg, Bremen, Berlin, Hannover, Dresden, Köln, Nürnberg oder München waren überwiegend Frauen, Kinder und ältere Menschen die Opfer. Ihr Tod sollte die deutsche Führung zum Einlenken zwingen und die Moral und damit die Wehrfähigkeit der deutschen Soldaten schwächen.

Wer das Inferno der Bombenangriffe überlebte und weiter unter der Bedrohung stand, die Bombardements könnten sich täglich wiederholen, der konnte über das Kriegsende nur Erleichterung empfinden.

Auch die meisten Soldaten dürften von der Kapitulation eher mit Aufatmen gehört haben. Sie hatten zermürbende Rückzugsgefechte hinter sich. Seit dem Fall Stalingrads 1943 ahnten sie, daß es nie wieder vorwärts gehen würde in diesem Krieg. Viele versuchten in den letzten Kriegstagen nur noch, weit nach Westen, in die Reichweite amerikanischer Truppen zu kommen.

Das versuchten auch Millionen Flüchtlinge aus den Ost-
gebieten Deutschlands. Sie trieben die Angst vor den Russen und der Befehl, die Heimat zu verlassen. Sie verspürten
einhellig Entsetzen über das Ende.

Von den zermürbenden Bombardements der amerikanischen und britischen Luftwaffe waren die Menschen in Schle-
sien, in Ostpreußen und in Pommern östlich der Oder nahezu verschont geblieben. Ihre Verkehrswege waren nicht zerschlagen, ihre Lebensumstände mußten sie nicht mutlos werden und an den Durchhalteparolen zweifeln lassen. Als das
Ende kam, waren sie nicht darauf vorbereitet. Die viel zu
spät und hastig einsetzende Evakuierung, die Flucht und
die brutale Vertreibung trafen sie deshalb besonders hart.

Manche Beiträge dieses Buches mögen den Eindruck er-
wecken, in ihnen werde allzu oft vom Töten und Sterben
gesprochen. Das ist wohl zwangsläufig, wenn wahrheitsgemäß über eine Zeit zu berichten ist, in der das Sterben alltäglich geworden war.

Was wir in diesem Buch durch Zeitzeugen-Berichte nicht
verdeutlichen können, ist die Tötung von nahezu 5,5 Millionen Juden durch Deutsche und deren Verbündete sowie die
Blutspur des Mordens, die deutsche Wehrmachts-Truppen
und die ihnen nachfolgenden SS-Verbände hinterließen. Am
Ende hatten 4,5 Millionen polnische Zivilisten, 7 Millionen
sowjetische Zivilisten und 13 Millionen sowjetische Soldaten
ihr Leben gelassen.

Diese Zahlen lassen den Wahnsinn dieses Krieges ahnen
und machen den Haß begreifbar, mit dem Polen und Russen
nach Kriegsende gegen Deutsche vorgingen. Die Beiträge
dieses Buches mögen helfen, diese Zusammenhänge zu verstehen.

Jürgen Kleindienst
Februar 2000

[Gleiwitz*), Oberschlesien – Dresden, Sachsen;
1938/1939]

Irmgard Janotta

„Wie weh wird da Ihr Herze sein"

Mama liebte Blumen über alles, in allen Zimmern standen
Sträuße. Jede Woche ging sie in die Gärtnerei, um frische zu
holen. Die Gärtnersfrau war sehr nett, und die beiden hielten immer noch ein kleines Schwätzchen. Oft gingen meine
Schwester und ich mit, um uns die Gärtnerei anzusehen.
Seit unser Dienstmädchen geheiratet hatte, half ich Mama
im Haushalt und erledigte Besorgungen. Mama kränkelte
schon seit einiger Zeit. An manchen Tagen mußte sie die mei-
ste Zeit liegen. Zum Arzt wollte sie aber nicht. Drei Jahre
Haushaltungsschule kamen mir sehr zugute.
Mamas Schmerzen wurden immer heftiger, so daß wir doch
einen Arzt holen mußten. Er wies sie sofort ins Krankenhaus ein. Eine Woche lang wurde sie dort gründlich untersucht. Die Diagnose war niederschmetternd: Krebs. Unsere
Mutter wurde bestrahlt und bekam Medikamente gegen die
starken Schmerzen, aber eine Hoffnung auf Besserung gab
es nicht. Sie wußte nichts von ihrer Krankheit. Wir haben es
ihr nicht sagen können. Papa, meine Schwester Traudel und
ich besuchten sie jeden Tag. Mamas einzige Freude in diesen letzten Wochen waren die Blumen.
Als ich wieder einmal in die Gärtnerei ging, um frische
Blumen fürs Krankenhaus zu besorgen, stand ein junger, großer, stattlicher Mann vor mir und fragte mich: „Was wünschen Sie, gnädiges Fräulein?"

---

*) heute Gliwice in Polen

Ich sah ihn an, ein Blitz durchfuhr meinen Körper. Fast hätte es mir die Sprache verschlagen. „Ich möchte gern von der Gärtnersfrau bedient werden."

„Würden Sie auch mit mir vorliebnehmen? Ich bin ihr Sohn!" erklärte der junge Mann.

Ich schaute ihn ungläubig an, denn ich kannte nur die beiden Töchter. Da rief er nach hinten: „Stimmt's Muttel?"

„Aber gewiß doch", brummelte die Gärtnersfrau und kam schmunzelnd nach vorn. Er lachte, und wir unterhielten uns, während seine Mutter mir einen schönen Strauß zurechtmachte. Er wollte sich noch am Abend mit mir zu einem Spaziergang treffen, aber ich lehnte ab.

Als ich am nächsten Tag die Gärtnerei betrat, wartete er bereits auf mich. Ich lachte ihn an. Er begrüßte mich herzlich und sagte spontan: „Ich werde Sie heiraten!"

Mich? Schlagfertig antwortete ich: „Sie haben einen herrlichen Vogel! Sie kennen mich doch gar nicht und ich Sie auch nicht."

Mein Herz klopfte fürchterlich, es war wohl Liebe auf den ersten Blick. Wir verabredeten uns für den Nachmittag. Zu Hause bereitete ich das Mittagessen für Papa zu und erzählte ihm von meiner Verabredung. Aufgeregt eilte ich zum Rendezvous.

Wir gingen über Felder und Wiesen spazieren und unterhielten uns angeregt. Er hieß Georg und war bei der Polizei in Dresden stationiert. In den drei Wochen Urlaub trafen wir uns jeden Tag. Oft kam Georg zu uns, und wir tranken zusammen Kaffee. Immer brachte er Blumen mit, er war sehr aufmerksam und lustig. Auch Traudel mochte ihn.

Nach diesen drei Wochen fiel uns der Abschied schwer. Seine beiden Schwestern und ich begleiteten Georg zum Bahnhof. Noch am selben Abend erhielt ich ein Telegramm. Und dann folgte jeden Tag ein Brief. Wenn ich in die Gärtnerei kam, um Blumen für Mama zu holen, freute sich Georgs Mutter, wir verstanden uns gut.

Im August 1938 starb unsere liebe Mutter. Sie war gerade
43 Jahre alt geworden. Eine Welt ging für uns unter, vor
allem mein Vater litt entsetzlich. Ich war schon 20 Jahre alt,
aber meine Schwester gerade erst zwölf. Nun lag die ganze
Last auf mir. Ich war die große Schwester und die Ersatz-
mutti. Traudel hing mir so am Rockzipfel wie einst bei unserer Mutter. Sie weinte und stellte immer wieder die Frage
nach dem Warum. Ich konnte ihr keine Antwort geben, weil
mir selbst die Tränen in den Augen standen.

Papa nahm Urlaub, und wir beide bereiteten die Beerdigung vor. Es waren viele Laufereien. Die Kränze und den
Sargschmuck band unsere Gärtnersfrau. Zur Beerdigung waren viele Leute gekommen, Mama war sehr beliebt, alle mochten sie.

Auch dieser schreckliche Tag ging vorüber, und wir saßen
mit der Verwandtschaft noch ein paar Stunden zusammen.
Die Schwester meiner Mutter blieb noch einige Tage mit ihrer Familie bei uns, so wurden wir etwas abgelenkt. Sie wohnten in einer anderen Stadt. Als der Besuch abgefahren war,
merkten wir erst, wie einsam wir drei waren. Zwei Jahre
zuvor war unsere Oma gestorben, die uns nun sehr fehlte.
Papa ging wieder zur Arbeit, Traudel in die Schule, und ich
mußte einen klaren Kopf behalten. Am Nachmittag kam Papa
vom Dienst. Nach dem Essen setzte er sich in den Sessel
und schwieg. Er war mit seinen Gedanken weit weg.

Das schöne Familienleben war dahin. Oft gingen wir zum
Friedhof und nahmen Blumen mit. Georg tröstete mich in
den Briefen, und bis Weihnachten kam er noch ein paarmal
übers Wochenende nach Hause, darüber freute ich mich sehr.

Das Weihnachtsfest stand vor der Tür, aber wir empfan-
den keinerlei Vorfreude. Unser Vater wollte nicht einmal einen Christbaum aufstellen. Er hatte sich nach Mutters Tod
völlig verändert. Schließlich ließ er sich von mir überreden.
Der Heiligabend ohne Mutter war traurig. Wir starrten
immer wieder auf Mamas Stuhl. Papa und ich hielten die

*Meine Schwester
Traudel (rechts) und
ich 1938, kurz nach
Mamas Tod, noch in
Trauerkleidung.*

Tränen zurück und Traudel weinte, keiner hat etwas gegessen. Erst als spät am Abend, nach der Feier bei seinen Eltern, Georg erschien, kam bei einem Glas Wein und Gebäck ein wenig Freude auf. An diesem Abend hielt Georg um meine Hand an. Vater war einverstanden.

Das neue Jahr brachte den Alltag zurück, nachdem Georg wieder nach Dresden abgereist war. Mit Papa hatte ich es schwer, er war nervös, nörgelte herum und schimpfte auf die Nazis. Er weigerte sich, mit „Heil Hitler!" zu grüßen. Vater hatte Auslandssender gehört und sagte, daß es zu einem Krieg käme, den wir verlieren würden. Ich bat ihn, so etwas nicht laut zu sagen. Doch er hielt sich nicht daran. Vater hatte zu allen Bekannten Vertrauen und erzählte ihnen alles, auch den Kollegen im Büro. Man konnte ihn eben nicht mehr ändern, er war durch Mutters Tod verbittert.

Ich sollte leider recht behalten. Es war im Februar 1939. Ich hatte meine zukünftige Schwägerin zum Kaffee eingeladen. Wir saßen gemütlich mit Vater und Traudel zusammen, als es klingelte. Ich ging an die Tür und öffnete. Da standen zwei Herren und fragten:

„Sind Sie die Tochter?"

„Ja", antwortete ich.

„Könnten wir Ihren Vater sprechen?"

„Natürlich, kommen Sie doch herein!"
Die beiden standen vor unserem Kaffeetisch und sagten:
„Gestapo!"
Wir vier schauten uns wortlos an. Einer der Männer inspizierte alle Zimmer, durchwühlte Schränke und Schubladen und warf alles auf den Fußboden. Ich lief hinterher, schimpfte und fragte wütend: „Was suchen Sie denn? Das ist unsere Wohnung, und Sie machen so eine Unordnung. Räumen Sie das sofort wieder ein!"
Er lachte nur zynisch und ging wieder zum Kaffeetisch.
Der andere sagte zu unserem Vater in einem barschen Ton: „Ziehen Sie sich den Mantel an, und kommen Sie mit!"
Unser Papa fragte: „Was habe ich denn getan? Ich bin doch kein Verbrecher!"
Keine Antwort von beiden. Meine Schwester weinte.
Zitternd verlangte ich: „Erklären Sie uns doch wenigstens, was er verbrochen hat! Wo bringen Sie ihn denn hin?"
„Halten Sie den Mund, sonst nehmen wir Sie auch mit!"
Ich weinte und versuchte es noch einmal: „Unsere Mutter ist erst ein paar Monate tot, und jetzt nehmen Sie uns auch noch den Vater weg! Sie haben wohl keine Kinder, was? Ein Herz haben Sie auch nicht!"
Der Mann stieß mich zur Seite, beide zerrten Vater aus der Wohnung. Ich lief hinterher, doch da hatten sie Vater bereits ins Auto gedrängt und fuhren mit ihm ins Ungewisse davon. Diesen Tag werde ich niemals vergessen.
„Dein Vater hat doch nichts getan, also kommt er bald wieder", versuchte mich Georgs Schwester zu beruhigen. Sie ging nach der Aufregung bald nach Hause.
Nun waren meine Schwester und ich allein in der großen Wohnung. Aber wie sah die jetzt aus! Alle Zimmer waren durchwühlt, alles aus den Schränken lag auf dem Boden. Was mochten die nur gesucht haben? Zu der vielen Arbeit und dem Leid kam eine ohnmächtige Wut. Jemand mußte Vater angezeigt haben, ging es mir durch den Kopf.

Traudel fragte: „Warum haben sie Papa mitgenommen?"
„Das verstehst Du nicht, und erzähle niemanden davon",
schärfte ich ihr ein. Nachts konnte ich nicht schlafen.
Am nächsten Morgen, als Traudel in der Schule war, ging
ich zu meinen zukünftigen Schwiegereltern, um mit ihnen
darüber zu reden und sie um Rat zu fragen. Sie waren erschüttert und meinten, ich solle erst einmal auf das Polizei-
revier gehen. Das tat ich, aber dort wollte keiner etwas von
Vaters Verhaftung wissen. Auch im Polizeipräsidium erhielt
ich keine Auskunft.

Als ich mir keinen Rat mehr wußte, schrieb ich einen Brief
an den Direktor des Eisenwerkes in Laband*), in dem unser
Vater als Rechnungsführer beschäftigt war, und schilderte
ihm alles. Er lud mich in sein Büro ein. Wir hatten ein langes Gespräch miteinander. Der Direktor erzählte mir: „Ich
habe bereits alles durch die Arbeitskollegen erfahren, also
muß es einer von denen gewesen sein, der Ihren Vater angezeigt hat. Ich schätze Ihren Vater sehr, er ist in allen Sachen
sehr korrekt und zuverlässig ... Unter uns gesagt: Ich denke
auch wie er, aber man muß den Mund halten!"

Der Direktor versprach mir, daß er Vaters Gehalt drei Monate weiterzahlen würde. Ich bedankte mich bei ihm und
verabschiedete mich. So war ich fürs erste die finanziellen
Sorgen los. Auf dem Heimweg merkte ich, daß ich beschat-
tet wurde.

Die Verhaftung meines Vaters sprach sich in unserem Ort
schnell herum. Freunde warnten mich, vorsichtig zu sein und
berichteten mir, daß man sie über uns ausgefragt hatte. Feige waren sie alle, sie hatten Angst, uns zu besuchen.

Georg und seine Eltern waren jetzt die einzigen Menschen,
denen ich vertrauen konnte. Georg kam meistens übers Wochenende, dann konnten wir uns aussprechen, auch darüber,
daß unsere Briefe geöffnet wurden. Von da an schickten Georgs Eltern und seine Schwestern meine Briefe an Georg und
umgekehrt machte er es genauso. Ich war ja sowieso oft bei

---

*) heute Łabędy in Polen

ihnen. Es klappte, unsere Post wurde nicht mehr geöffnet. Mein Verlobter wollte unter diesen veränderten Umständen eine schnelle Heirat. Ich schöpfte wieder neue Hoffnung. Endlich kam auch ein Brief meines Vaters aus der Untersuchungshaft. Kurz gehalten, aber nun wußte ich endlich, daß er sich im Gefängnis von Oppeln*) befand. Traudel schärfte ich ein, niemandem davon zu erzählen.

Für einige Wochen kamen Mutters Schwester mit Ehemann und den beiden Kindern zu uns, um mir bei den Vorbereitungen für die Hochzeit zu helfen. Traudel freute sich sehr. Die Kinder spielten miteinander und gingen oft im Wald spazieren oder auch baden.

Zuerst mußten die nötigen Papiere besorgt werden: ein Gesundheitszeugnis und ein Nachweis über die arische Abstammung dreier Generationen. Einen Anhaltspunkt hatten wir, denn meine Tante wußte, wo ihre Mutter, unsere Oma, geboren wurde. Die Trauungen, Geburten und Sterbefälle seien auch früher schon in die Kirchenbücher eingetragen worden, versicherte der Onkel und suchte das kleine Dorf gleich auf der Landkarte. Es war einige Kilometer von uns entfernt.

Am nächsten Morgen fuhren wir beide mit dem Fahrrad los. Die Tante hatte uns ein paar Brote für die Fahrt zurechtgemacht. Es dauerte Stunden, bis wir das Dorf erreichten. Der Bürgermeister schickte uns zur Kirche in den nächsten größeren Ort, zu dem die Gemeinde gehörte. Dort baten wir den Pfarrer, in den Kirchenbüchern nach den Eintragungen zu sehen. Wir halfen ihm dabei, die verstaubten Bücher zu wälzen und fanden alles, was ich brauchte. Bis ins 17. Jahrhundert zurück war alles dokumentiert. Schon einige Tage später erhielt ich die Urkunden.

Als auch Georg seine Papiere beisammen hatte, konnten wir endlich das Aufgebot bestellen, er in Dresden und ich in Gleiwitz. Der Termin wurde auf den 29. Juli 1939 festgesetzt. Mit meiner Tante besorgte ich die Seide für das Braut-

*) heute Opole in Polen

Für die Wehrmacht.

Staatliches Gesundheitsamt Frankenberg/Eder, den 9. Juni 19 44.
Frankenberg/Eder
(Gesundheitsamt*)

Eheunbedenklichkeitsbescheinigung

gemäß § 1 der Zweiten Verordnung zur Durchführung des Ehegesundheitsgesetzes v. 22. 10. 1941 (RGBl. I S. 650)

~~Herr~~
~~Frau~~
Fräulein Ingeborg Schmidt , geborene ---- ,

geb. am 24.11.1921 in Frankenberg/Eder , Kreis Frankenberg/Eder ,

wohnhaft in Frankenberg , Neustädter–Str. Nr.15 ,

wird hiermit bescheinigt, daß auf Grund der vorhandenen Unterlagen Bedenken gemäß § 1 Abs. 1 des Gesetzes zum Schutze der Erbgesundheit des deutschen Volkes (Ehegesundheitsgesetz) v. 18. 10. 1935 (RGBl. I S. 1246) und des § 6 der Ersten Verordnung zur Ausführung des Gesetzes zum Schutze des deutschen Blutes und der deutschen Ehre v. 14. 11. 1935 (RGBl. I S. 1334) gegen die Eingehung einer Ehe nicht bestehen.

Diese Bescheinigung [...] Gültigkeit am 9. Dezember 1944.

In Vertretung:

(Unterschrift)
Amtsarzt.

*) Einzusetzen ist die amtliche Bezeichnung des Gesundheitsamtes.

Verlag F. Riedel, Marienberg
(Westerwald.) Vordruck 312.

Laut Gesetz zur „Sicherung der medizinischen und rassischen Erbgesundheit des Volkes" mußten die Heiratskandidaten erst die nötigen Papiere besorgen: ein Gesundheitszeugnis, ein polizeiliches Führungszeugnis, einen Nachweis über die arische Abstammung dreier Generationen und einen Nachweis über Fähigkeiten zur Führung eines Haushalts.

kleid und den Stoff für das Standesamtskleid. Eine Bekannte nähte die Kleider.

Georg sah sich inzwischen in Dresden nach einer Wohnung um und hatte Glück. Ein Kollege wurde in eine andere Stadt versetzt und bot ihm seine Wohnung an. Sie hatte drei Zimmer, Küche, Diele und Bad. Ein kleines Gärtchen war auch dabei. Georg ließ vom Malermeister und Dekorateur, unserem künftigen Nachbarn, alles renovieren. Nachdem Georg mir die Tapetenmuster gezeigt hatte, konnte ich gemeinsam mit meiner Tante Stoff für Stores und Übergardinen kaufen. Ich nähte alles selbst, schickte es dann nach Dresden, wo der Nachbar es anbrachte. Alle Räume der Wohnung seien mit Linoleum ausgelegt worden, berichtete Georg, und sie sähe jetzt wie eine Neubauwohnung aus. Ich freute mich schon darauf, Dresden kannte ich noch nicht.

Meine Mutter fehlte mir bei den Hochzeitsvorbereitungen sehr. Wie hätte sie sich gefreut, ihre erste Tochter zu verheiraten und die Feier für sie auszurichten. Gott sei Dank stand mir meine Schwiegermutter zur Seite. Eine Köchin wurde bestellt, mit der ich das Menü besprach, und ich bestellte alles, was sie brauchte. Den Kuchen und die Torten buken wir selbst. Die Hochzeitsfeier sollte in unserer Wohnung stattfinden, Platz hatten wir genug. Ein Klavierspieler wurde engagiert, damit auch getanzt werden konnte. Die Zeit bis zur Hochzeit verging sehr schnell, und ich hatte kaum Muße, richtig über alles nachzudenken.

Eine Woche vor der Trauung kam Georg aus Dresden. Er hatte drei Wochen Urlaub erhalten. Auch meine Tante mit ihren Kindern reiste wieder an, um mir zu helfen.

Die Besuchserlaubnis für meinen Vater hatte ich auch besorgt. Mein Verlobter und ich fuhren zwei Tage vor unserer Trauung nach Oppeln. Als wir vor dem großen grauen Gefängnisgebäude standen, kamen mir die Tränen. Wir gingen ins Büro, um uns anzumelden, mit einem Aufseher konnten wir das Gebäude passieren. Türen wurden aufgeschlossen und hinter uns verriegelt, bis wir in den Besucherraum gelangten. Es war ein beklemmendes Gefühl. Nur gut, daß Georg mitgekommen war. Nach einigen Minuten betrat Vater mit einem Aufseher den Raum. Wir fielen uns in die Arme. Er weinte bitterlich, und auch meine Tränen liefen unaufhaltsam. Papa sah sehr elend aus, denn er machte sich große Sorgen um unsere Zukunft. Er war sehr traurig, daß er unsere Hochzeit nicht miterleben durfte.

Ich versuchte, ihn zu trösten. Da er noch in Untersuchungshaft war, konnte ich ihm durch den Aufseher an meinem Hochzeitstag ein Mittagessen, Kaffee und Abendbrot aus einem Hotel bestellen. Kuchen hatten wir mitgebracht. Vater berichtete, daß sie ihn von unserer Wohnung ins Polizeipräsidium gebracht und ununterbrochen verhört hatten. Er hatte keine Ahnung, was sie wissen wollten.

„Auch dort habe ich nach dir gesucht, habe aber keine Antwort erhalten", schilderte ich. Dann brachten sie Vater nach Oppeln, und auch hier verhörten sie ihn weiter. Er habe doch nichts verbrochen? Ob sie ihn für einen Spion hielten?

Ich erzählte Vater von meinem Besuch bei seinem Direktor. Auch er hatte an ihn geschrieben.

„Es geht alles in Ordnung, unsere Wohnung gebe ich auf, die Möbel stellen wir unter." Ich erzählte, daß wir in Dresden eine schöne Wohnung gemietet hätten und Traudel mitnehmen würden. „Wenn du hier rauskommst, ist auch noch Platz für dich!" Das beruhigte Vater etwas.

Die Besuchszeit war viel zu schnell vorbei. Traurig gingen Georg und ich nach Hause. Wir hatten auch heute wieder keine Auskunft bekommen und wußten nicht, wie lange mein Vater noch im Gefängnis bleiben mußte.

Unser Hochzeitstermin rückte näher. Die Vorbereitungen nahmen sehr viel Zeit in Anspruch und lenkten von anderen Gedanken ab. Alle halfen tüchtig mit: Die engagierte Köchin bereitete das Essen vor, meine Schwiegermutter brach-

*29. Juli 1939: Unser
Hochzeitstag.
Georg trug seine neue
Gala-Uniform mit
langem Säbel an der
Seite.*

te Blumen aufs Standesamt, um den Raum dekorieren zu
lassen, auch die Kirche bekam Blumen zum Schmücken des
Altars. Am Abend wurde tüchtig gepoltert. Ich war völlig
erschöpft von den vielen Aufregungen. Ich mußte ständig an
meine Eltern denken. Georg war lieb zu mir und fragte mich:
„Freust du dich nicht?" –

„Doch, doch!" Ich spürte, daß mich die Geschehnisse der
vergangenen Monate verändert hatten. Die unbeschwerten
Jugendjahre waren vorbei.

Endlich war er da: der schönste Tag in meinem Leben.
Nach der standesamtlichen Trauung zog ich mein Brautkleid

an, und eine Friseuse kam, um mir den Schleier zu stecken. Georg trug seine neue Gala-Uniform mit langem Säbel an der Seite. Er sah sehr schick darin aus. Er überreichte mir einen wunderbaren Brautstrauß. Trotzdem wollte keine rechte Freude in mir aufkommen, ich vermißte meine Eltern. Immerzu liefen mir die Tränen, auch in der Kirche mußte ich weinen. Alle hatten sich große Mühe gegeben. Viele Bekannte und Freunde waren gekommen. Einer vom Stenografenverein spielte auf der Geige das „Ave Maria" und ein anderer sang dazu.

Am Tag nach dem Fest saßen wir alle noch einmal zusammen. Es war noch reichlich Essen da. Der bevorstehende Umzug mußte besprochen und geplant werden. Die Wohnung mußte geräumt und die Möbel untergestellt werden. Wäsche und Geschirr meiner Eltern sollte verpackt werden. Ich hatte bereits große Kisten und Kartons besorgt und meine Aussteuer eingepackt, die meine Mutter mir zusammengestellt hatte. Es wurde spät.

Als die Schwiegereltern nach Hause kamen, lag ein Eilbrief für Georg im Briefkasten. Georg mußte seinen Urlaub unverzüglich abbrechen und sich in der Polizeikaserne melden. Das war ein Schock, denn wie sollten wir jetzt die Auflösung der Wohnung schaffen? Er hatte doch noch zwei Wochen Urlaub dafür vorgesehen.

Ich bat Georg, allein nach Dresden zu fahren. Ich würde hier in der Zwischenzeit alles erledigen und mit Traudel nachkommen. „Nein", sagte er, „du gehörst zu mir und kommst gleich mit." Georg ahnte etwas, durfte es aber nicht sagen.

Alle halfen beim Packen. Georg bestellte einen Spediteur, den er kannte. Ich meldete mich und meine Schwester polizeilich ab und die Tante erledigte das für Traudel in der Schule. Ehe ich mich versah, hatte der Spediteur die Kisten, Möbel und auch das Klavier und die Teppiche aufgeladen und war nach Dresden unterwegs.

Wir nahmen den Frühzug nach Dresden, Georgs Schwester begleitete uns. Die Zurückgebliebenen räumten die Wohnung auf. Ich weiß nicht, wie ich das alles ohne sie geschafft hätte. Die vielen Blumen, die wir zur Hochzeit bekommen hatten, kamen auf Mutters Grab, nur den schönen Brautstrauß nahm ich mit.

Unsere Wohnung lag in einem zweistöckigen Haus in Dresden-Neustadt. Über unserer Wohnungstür hatten die Mieter eine Girlande angebracht, und auf einem Plakat stand: „Herzlich Willkommen dem frisch vermählten Paar!" – Fremde Leute, die uns nicht kannten, hatten uns eine Freude bereiten wollen. Wir waren gerührt. Unsere Wohnung war wunderschön geworden. In der Küche standen auf der Fensterbank und auf dem Herd Blumensträuße von den Mietern. Ich umarmte meinen Mann und dankte ihm für alles.

Als erstes lernte ich meine Nachbarin, die Frau des Malermeisters, der unsere Wohnung renoviert hatte, kennen. Sie hätte meine Mutter sein können. Sie kam zu uns herüber, brachte eine Kanne Kaffee und belegte Brötchen mit. Auch an Tassen hatte sie gedacht. Es war eine lustige Runde.

Nach dem Essen telefonierte mein Mann von den Nachbarn aus mit seiner Dienststelle. „Wir sind gerade erst angekommen, ich komme morgen vorbei", erklärte mein Mann.

Traudel hatte auch ihr Zimmer, es gefiel ihr. Wir brachten sie zu Bekannten von Georg, die hatten ein Mädchen im selben Alter, und die beiden verstanden sich gut. Wir drei gingen Möbel kaufen. In einem Geschäft bekamen wir alles, die Küche, das Schlafzimmer und das Wohnzimmer, das noch am selben Tag geliefert und an Ort und Stelle aufgestellt wurde. Am selben Tage kam auch der Spediteur aus der Heimat an. Es klappte alles. Wir packten vorerst nur das Nötigste aus. Dann zogen wir uns um und gingen in ein Eßlokal. Es war noch ein schöner, lustiger Abend.

Am Tag darauf räumten meine Schwägerin und ich den Rest aus, während Georg zu seiner Dienststelle ging. Er kam glücklich wieder nach Hause, weil er nun doch noch einige Tage Urlaub machen durfte. Wir hatten einige schöne Tage. Georg zeigte uns Dresden. An einem Nachmittag luden wir die Mieter des Hauses zum Kaffee ein, um uns für den herzlichen Empfang zu bedanken und uns kennenzulernen.

Am Wochenende brachten wir meine Schwägerin zum Bahnhof. Sie hatte mir viel geholfen. Die Wohnung war fertig eingerichtet. Jetzt hatten wir etwas mehr Zeit für uns. Ich meldete Traudel zur Schule an, es gefiel ihr dort gleich sehr gut und sie lebte sich rasch ein.

Mein Mann ging morgens zum Dienst und kam am Nachmittag nach Hause. Er verwöhnte mich sehr und überraschte mich immer wieder mit Kleinigkeiten. In unserem Gärtchen tranken wir den Nachmittagskaffee, dann fuhren wir drei in die schöne Dresdener Altstadt. Wir bewunderten den Dom, den Zwinger, die Oper und andere Sehenswürdigkeiten. Und am Wochenende fuhren wir mit dem Schiff in die Sächsische Schweiz, um zu wandern. Langsam kam ich wieder zur Ruhe.

Unsere erste Flitterwoche war gerade vergangen, da mußten plötzlich alle motorisierten Polizeibeamten in eine andere Kaserne, die neun Straßenbahnstationen von unserer Wohnung entfernt war. Mein Mann gehörte zu ihnen. Die Stationierten blieben dort Tag und Nacht. Sie hatten pro Tag lediglich drei Stunden Ausgang.

Bevor Georg aufbrach, stellte er mir die Frau seines Kollegen vor und sagte zu ihr: „Hilde, paß ein wenig auf meine Frau auf, sie ist fremd in Dresden und kennt niemanden!"

Wir wurden Freundinnen und besuchten uns gegenseitig. Da unsere Wohnung nicht weit von der Kaserne entfernt war, kam mein Mann ab und zu heimlich vorbei. Den Stationierten war es verboten, nach Hause zu gehen.

Auch am folgenden Sonntag kam Georg, er brachte einen Kollegen mit. Aber irgendwie war er anders als sonst. Ich spürte seine Unruhe. Schließlich umarmte er mich und sagte: „Morgen geht es zum Manöver, aber es wird nicht lange dauern. Mach dir keine Sorgen."

Und ob ich mir Sorgen machte! Man hörte immer wieder davon, daß es Krieg geben würde. „Das ist nicht wahr, wir ziehen in die Manöver", sagte er. Sie wußten es beide, aber sie durften nichts sagen. Ich dachte an meinen Vater, der für die Wahrheit büßen mußte. Der Abschied fiel schwer.

„Morgen früh geht es los. Ich rufe dich von unterwegs bei der Nachbarin an, halte dich zu Hause auf", sagte Georg noch zu mir, und dann fuhren die beiden mit den Motorrädern in die Kaserne zurück. Ich stand draußen und winkte ihnen nach. Mein Mann hielt Wort: Er rief mich mehrere Male von unterwegs aus an. In seinem letzten Anruf erzählte er mir, daß er gerade in Gleiwitz bei seinen Eltern sei. „Ich muß gleich weiter, die Kameraden warten schon. Ich schreibe dir bald! Auf ein baldiges Wiedersehen!"

Hilde besuchte mich oft mit ihrer kleinen Tochter, die erst ein Jahr alt war, und wir saßen in unserem Gärtchen. Ihr Mann war mit Georg unterwegs.

Endlich erhielt ich auch einen Brief von meinem Vater. Es waren traurige Nachrichten. Er sollte ins Breslauer Gefängnis überführt werden und dort auf seine Verurteilung warten. Schnell schrieb ich ihm ein paar Zeilen, damit ihn diese noch in Oppeln erreichten.

1. September 1939. Ich saß in Hildes Wohnung und wir hörten im Radio die Nachrichten. Wir hörten, daß der Krieg ausgebrochen war und der erste Schuß der Polen auf den Sender Gleiwitz abgegeben worden war! Das war unsere Heimatstadt, und unsere Männer waren dort. Der Schreck fuhr durch unsere Glieder. Die motorisierten Truppen waren die ersten, die hinaus mußten. Deshalb hatte mein Mann gewollt, daß ich sofort nach Dresden mitkomme. Er hatte wohl schon alles geahnt, als der Eilbrief gekommen war.

In den Geschäften wurden die Lebensmittel knapper, und die Leute kauften, was sie bekommen konnten. Auch ich legte mir einen kleinen Vorrat im Keller an. Man sprach nur noch vom Krieg, auch die Zeitungen berichteten darüber. Überall sah man Soldaten in großen Lastwagen vorüberfahren, die Züge waren mit Soldaten besetzt, Panzer fuhren durch die Stadt in Richtung Oberschlesien und Polen. Alle jungen Männer wurden eingezogen. Man sah immer weniger Männer auf den Straßen.

Endlich bekam ich einen Brief von meinem Mann. Er versuchte, mich zu beschwichtigen: „Mach dir keine Sorgen, der Polenkrieg ist bald zu Ende." So war es auch. Ich wartete auf einen weiteren Brief und auf den angekündigten Heimaturlaub. Einige Tage später klingelte der Briefträger an der Tür. Ich war überglücklich, als er mir einen Einschreibebrief übergab. „Unterschreiben Sie erst", sagte er. Er blieb stehen, während ich den Brief öffnete. Zwei Seiten waren beschrieben, aber das war nicht Georgs Handschrift!

Da wurde ich unruhig und drehte die Seiten um. Auf der letzten Seite las ich: „Er fiel durch Kopfschuß und war sofort tot!"

Vor meinen Augen drehte sich alles, ich weiß noch, daß der Postbote mich in die Küche brachte und mich dort auf einen Stuhl setzte. Er holte mir ein Glas Wasser und versuchte, mich zu trösten. Aber ich konnte mich nicht beruhigen. Ich weinte herzzerreißend. Ich konnte es einfach nicht fassen. Georg war erst 25 Jahre alt und ich 21 und schon Witwe, wir hatten doch noch das ganze Leben vor uns! Alles geschah in einem Jahr: die Mutter gestorben, der Vater im Gefängnis und sieben Wochen nach der Hochzeit der Mann gefallen, das war zu viel für mich!

Der Postbote klingelte bei der Nachbarin und bat sie, sich um mich zu kümmern. Wir saßen beide in unserer Küche und weinten. Ich war verzweifelt und wußte nicht mehr weiter. Am liebsten hätte ich meinem Leben ein Ende bereitet, doch Traudel war ja erst 13 Jahre alt. Ich konnte sie nicht allein lassen. Das Leben mußte weitergehen ...

Einige Tage später, am 24. September 1939, erhielt ich von
dem Armeepfarrer, der die Beerdigung vorgenommen hatte,
diesen Brief, dessen erste Seite hier abgebildet ist sowie ein
Foto, auf dem mein Mann zusammen mit zwei weiteren Gefallenen in einer Scheune aufgebahrt ist.

Sehr geehrte Frau Sraczyna!

Sie haben inzwischen von
der Kompanie die erschütternde Nachricht erhalten, dass Ihr Mann gefallen
ist. Als Armeepfarrer habe ich die Beerdigung vornehmen dürfen. Da drängt
es mich, Ihnen auch persönlich meine
allertiefste Anteilnahme zum Ausdruck zu bringen. Ich höre, dass Sie
erst kurz vor dem Ausmarsch geheiratet haben. Wie weh wird da Ihr Herz
sein, dass Sie Ihren Gatten so schnelle
wieder hingeben mussten. Aber es ist doch
eine hohe Ehre, dieses Opfer für
Volk und Vaterland bringen zu dürfen.
Möge der allmächtige Gott Ihnen
Kraft schenken.

20. September 1939. Die Gefallenen wurden in einer Scheune aufge-
bahrt. Im ersten Sarg, wegen des Kopfschusses mit einem Tuch auf dem
Kopf, liegt Georg Swaczyna, mein Mann.

24.9.39

„Sehr geebrte Frau Swaczyna!
Sie haben inzwischen von der Kompanie die erschütternde Nachricht er-
halten, daß Ihr Mann gefallen ist. Als Armeepfarrer habe ich die Beerdi-
gung vornehmen dürfen. Da drängt es mich, Ihnen auch persönlich meine
allertiefste Anteilnahme zum Ausdruck zu bringen. Ich hörte, daß Sie erst
kurz vor dem Ausmarsch geheiratet haben. Wie web wird da Ihr Herz sein,
daß Sie Ihren Gatten so schnell schon hingeben mußten.
Aber es ist doch eine hohe Ehre dieses Opfer für Volk und Vaterland brin-
gen zu dürfen. Möge der allmächtige Gott Ihnen Kraft schenken, das schwe-
re Leid still und stark zu tragen. Möchten Sie im Glauben an des ewige
Leben Frieden in der Gewißheit finden, daß der eine ewige Gott die Seele
Ihres Mannes heimgeholt hat zum ewigen Leben.
Die Beerdigung fand mitten in der Stadt Konskie auf einem grünen Platz
sehr feierlich und würdig statt. Nachdem ich gesprochen und die Einseg-
nung vorgenommen hatte, sprach noch der Abteilungskommandeur und
dann auch noch der Kompaniechef. Zum Schluß sangen alle das Lied von
guten Kameraden. Das gleiche Grab umschließt nun die drei Kameraden,
die zusammen gefallen sind.
Ich grüße Sie in aufrichtiger Mittrauer und bitte Gott den Herrn, daß er
Ihnen Frieden schenke.   *Ihr Wilhelm Hunzinger*
ev. Armeepfarrer"

[Heidelberg – Königsberg*), Ostpreußen;
Dezember 1940]

Gertrud-Karola Wolff

Die Weihnachtsgans

Wen zieht es Weihnachten nicht nach Hause? Auch ich hatte
versprochen, zur Mutter zu kommen, die allein wartete. Vater und Bruder waren von den Ereignissen verweht. Ein un-
bekanntes Grab im fremden Land und ein mütterliches Um-
herirren des Herzens nach dem geliebten, gefangenen Sohn.
Nun hatte ich nicht nur versprochen, mehr als 1 200 Kilometer quer durch das ganze Land von Süddeutschland ins
heimatliche Königsberg zu kommen, sondern auch, eine Gans
als Festbraten mitzubringen. Das war leichtfertig, denn wie
sich zeigte, war auf den Märkten nirgendwo ein solch selten
gewordenes Tier aufzutreiben.
   Aber ich bekam den Tip, daß es nicht allzuweit entfernt
ein Dorf gäbe, wo ich ganz sicher ein solch kleines Prachtex-
emplar erstehen könne. „Fahren Sie", sagte man mir, „mit
der Straßenbahn zwölf Kilometer nach Ich-weiß-nicht-mehr,
von dort geht es ungefähr fünf Kilometer zu Fuß ins Gänse-
dorf." Auf jedem Hof würden dort Gänse gehalten, und die
Bauern verkauften gern ihr Vieh direkt an den Verbraucher,
denn dabei erzielten sie bessere Preise.
   Also entschloß ich mich, den Weihnachtsbraten direkt beim
Erzeuger zu holen.
   Es war ein sonnenklarer, nicht gar zu kalter Wintersonn-
tag. Die alte Straßenbahn ratterte hügelauf, hügelab durch
die nur wenig verschneite Landschaft.

*) heute Kaliningrad in Rußland

Pling, pling, pling machte die mit dem Fuß getretene Warn-
glocke, wenn ein Fußgänger oder Radfahrer die Schienen
überquerte, und weiter ging's ratatam, ratatam, ratatam.
Schließlich rief der Schaffner: „Endstation! Alles aussstei-
gen!"
Ich fragte nach dem Weg. Der Schaffner erklärte: „Rechts
runter ins Tal, dann der Landstraße nach, immer bergauf;
Sie könne's net verfehle."
Erfolgssicher trottete ich meines Weges. Nach einer Stunde war das Dorf erreicht. Langsam fing es zu dämmern an.
Ich fragte im ersten Bauernhaus.
„Nein, wir halten keine Gänse."
„Können Sie mir einen Rat geben, wo ich so ein Tierchen
kaufen kann? Ich hab's doch meiner Mutter versprochen!"
„Ach, wissen Sie, hier haben die meisten Bauern Feder-
vieh. Fragen Sie einfach bei ein paar Leuten nach. Irgendwo
kriegen Sie sicher eine Gans zu kaufen."
Nun, es wurden immer mehr und mehr Häuser, in denen
ich vergeblich anfragte. Inzwischen war es stockdunkel geworden. Guten Mutes war ich jedenfalls nicht mehr. Und an
die Rückkehr mußte ich auch denken, denn die Straßenbahn
würde nicht mehr lange fahren und die Haltestelle war fast
fünf Kilometer entfernt.
Schließlich noch ein letztes Haus. Hier schien endlich das
Glück zu winken. „Tja", sagte die Bäuerin, „wir hätten da
schon noch eine, die ist aber sieben Jahre alt."
Ich entsann mich der Hausfrauenlehren, die ich früher
aufgeschnappt hatte, und entgegnete: „Dann ist die Gans
doch nicht mehr weich zu kriegen."
Aber die erfahrene Bäuerin meinte sofort: „Doch, doch.
Sie müssen sie nur vorher ankochen."
Bei soviel Überzeugungskraft der Bäuerin und einem so
großen eigenen Krafteinsatz, um mein Versprechen zu erfüllen, war ich bereit, ihr zu glauben. Wir wurden schnell
einig.

Zu meinem Schrecken bekam ich aber nicht eine geschlachtete Gans, sondern das sieben Jahre alte Vogeltier wurde lebendig in einen Sack gesteckt und trat so die Reise an, zuerst auf meinem Rücken, dann mit der Straßenbahn. Siebzehn Kilometer. So weit war die Gänsedame sicher in all ihren Jahren nie gekommen. Sie schnatterte aufgeregt. Es war Nacht geworden, als wir in meinem Zimmer ankamen. Im Haus schlief alles. Wo also hin mit der Gans?

Nachdem sie aus dem Sack herausgekrochen war und ihre Angstspuren in der Toilette verteilt hatte, sagte ich: „So, liebes Mädchen, den Sack leg' ich dir auf den Vorleger an meinem Bett, und dann müssen wir schlafen. Morgen früh muß ich zur Arbeit gehen. Wir sehen uns mittags wieder."

Noch ein sanftes Streicheln über den schmalen Vogelkopf, ein leises Schnatt-schnatt der Gans, dann schliefen wir beide ein.

Am nächsten Morgen begrüßte ich meine Schlafgenossin nur kurz, sagte der Hauswirtin, welchen Gast ich in meinem Zimmer habe und ging zum Dienst.

Als ich mittags zum Essen kam, es gab im Haus eine Gemeinschaftsverpflegung, empfing mich Fine, die Köchin, mit den Worten: „Komme Se glei, Se müsse die Gans rupfe, solang se noch warm is!"

Das war ein Schock für mich! Aber wer A sagt, muß auch B sagen. Einen Tag später fuhr ich mit der gerupften, abgesengten und ausgenommenen Gans über 1 200 Kilometer in meine Heimat nach Ostpreußen. Meine Mutter kochte die Gans viele Stunden lang, versuchte schließlich auch, sie anzubraten, aber das Fleisch blieb zäh.

Ich fragte mich noch nach Jahren, ob das nicht die gerechte Strafe dafür war, den Braten überhaupt essen zu wollen. Oder finden Sie es in Ordnung, jemanden zu verspeisen, mit dem Sie so vertraut eine ganze Nacht geschlafen haben?

[bei Leningrad*), Rußland;
31. August 1941]

eingereicht von Heinz Csallner

Es wird nicht mehr lange dauern

Der nachstehend abgedruckte Brief stammt aus dem Nachlaß eines entfernten Verwandten des Einreichers. Heinrich, der Verfasser des Briefes, und Walter kannten sich seit der Schulzeit. Sie waren Anfang 1939 zusammen zur Grundausbildung in Erfurt. Walter diente an der Westfront. Am 31. August 1941 schrieb Heinrich an ihn die folgenden Zeilen:

„Lieber Walter,
meinen herzlichen Dank für Deinen Brief vom 27. Juli, den ich gestern erhielt. Lange habe ich auf Antwort gewartet. Wenn es jedoch von einem Frontabschnitt zum anderen mit der Post so lange dauert, dann ist es erklärlich, daß ich von Dir über viele Wochen nichts gehört habe. Ich hatte schon Sorgen, daß Dir etwas zugestoßen wäre!

Viel haben wir inzwischen erlebt. So hart habe ich mir den Krieg gegen Rußland nicht vorgestellt! Unser Kampfgebiet war Litauen, Lettland und Estland. Nachdem wir Artilleristen fast als erste in Narva waren, haben wir vor 14 Tagen die alte russische Grenze überschritten. In Litauen waren wir nur wenige Tage, die aber heftig wurden, so daß wir gleich den richtigen Eindruck bekamen.

Einmal kamen feindliche Panzer 300 bis 400 Meter vor unsere Feuerstellung. Ein Duell begann, leider für uns ohne Erfolg, da unsere Geschütze zu schwerfällig sind, zumal die

---

*) heute St. Petersburg in Rußland

*Rußlands
unzulängliches
Straßennetz
machte der
vorrückenden
Truppe viel zu
schaffen.
Die Fahrzeuge
blieben oft
stecken.*

Panzer aus der Flanke kamen. Eine herbeigerufene Flugstaffel hat dann aber nicht lange gefackelt. Von etwa acht angreifenden Panzern sind höchstens zwei entkommen, die anderen blieben auf der Strecke. Der Angriff kostete uns einen Toten, vier Verwundete und ein Geschützrad.

Sehr bald wurden wir aus Litauen wieder herausgezogen und in Lettland vor Libau*) eingesetzt. Hier hatte der Russe nur schwächere Kräfte. In den unzerstörten Ortschaften wurden wir von der Bevölkerung oft so freundlich wie während des Jugoslawien-Feldzuges in diesem Frühjahr begrüßt. Manchmal sind wir mit unseren mit Blumen geschmückten Fahrzeugen erneut auf den Feind gestoßen, der uns die netten Mädchen, die sie brachten, recht schnell vergessen ließ.

Hart wurde es erst in Estland. Wegen der schweren Kämpfe kamen wir nur langsam voran. Leider hatten wir auch hier einige Ausfälle. Unser Chef stürzte bei einem Fliegerangriff von seinem Wagen und zog sich eine Gehirnerschütterung zu. Er ist ins Lazarett nach Deutschland gekommen, bis jetzt aber noch nicht zurückgekehrt.

Als einer unserer Unteroffiziere verwundet wurde, mußte ich meinen Trupp wieder aufgeben. Nun vertrete ich ihn bei der Beobachtungsstelle und habe damit denselben Posten wie

---

*) heute Lipaja

Du. Von dem schönen Posten habe ich aber nicht viel gehabt, denn nun begann der Buschkrieg. Nur der Vorgescho-
bene Beobachter (VB), ein Leutnant, konnte uns Informationen geben. Wir sahen nichts: Überall Wald und nochmal
Wald. Leider fiel der VB bald durch eine leichte Verwundung
aus, und ich mußte einspringen.

So manches Mal habe ich jetzt schon in vorderster Linie
gekämpft, so manches Mal aus eigenem Entschluß mit der
Batterie geschossen und oft auch schon der Infanterie den
Weg gebahnt. Zum Eisernen Kreuz hat es aber bisher noch
nicht gereicht. Wie ich gehört habe, soll der Vorschlag aber
eingereicht worden sein. Wenn man bedenkt, wie andere die
Auszeichnung für nichts bekommen haben, dann muß man
nur mit dem Kopf schütteln.

Es ist zwar eine schöne Sache, wenn man als Vorgesetzter
machen kann, was man will, aber das ist auch nicht ganz
ungefährlich. Froh bin ich jedenfalls, wenn der Krieg zu Ende
ist. Wir sind noch etwa 80 Kilometer von Leningrad entfernt.
Wir hoffen, bei der Eroberung der Stadt dabei sein zu dürfen. Dann aber möchten wir, wie auch Du, gern nach Hause
auf Urlaub fahren.

Ich habe das Gefühl, daß es hier nicht mehr allzu lange
dauert. Estland und besonders die Stalin-Linie in Rußland
haben viel Blut gekostet. Man muß immer wieder den Mut
der so schwer geprüften Infanterie bewundern. Der Gegner
ist jetzt aber gleichfalls sehr geschwächt und hat uns, was
schwere Waffen anbetrifft, kaum noch etwas entgegenzuset-
zen. Gemein sind die Baumschützen, die uns immer noch
arge Verluste beibringen und bis zum Letzten kämpfen.

Sonst ist der Krieg mit dem in Frankreich nicht zu ver-
gleichen. Selten, daß man mal etwas erbeuten kann. Was
haben wir dagegen für schöne Feste in Frankreich nach der
Schlacht gehabt! So manch schöne Flasche ist dabei erbeu-
tet worden und hat uns wieder in Stimmung gebracht. Hier
ist das höchste der Gefühle ein Schluck Wodka, den man

Nur ein kurzer Halt, dann geht es wieder weiter Richtung Osten.

trinkt, bevor man sich ins Zelt legt, um nicht zu frieren. Das Wetter ist mies, fast täglich Regen.

Wenn alles gut zu Ende geht und in Deutschland endgültig Friede ist, gedenke ich, mein Junggesellenleben aufzugeben. Die Liebe ist, wie Du schreibst, doch das Schönste ... und die Jugendjahre gehen langsam dahin.

Am 1. September 1941 haben wir schon zwei Jahre Krieg! Wer hätte das gedacht, als wir uns damals für Polen vorbereiteten? Was hätten wir in dieser Zeit für frohe Stunden in Cafés und Gärten verleben können! Wenn jedoch alles gut geht, dann bereue ich auch diese Jahre nicht, denn bei schwerem Verdienst ist uns doch fast ganz Europa gezeigt worden, was man ja auch nicht unterschätzen darf.

Ich hoffe daß, der Krieg zu Ende ist, wenn Dich dieser Brief erreicht, und Du das Glück hattest, alles gut zu überstehen.

Herzlichen Gruß,

Dein Freund Heinrich"

[vor Moskau;
Oktober–Dezember 1941]

Walter Schaefer-Kehnert

Vorstoß auf Moskau

Gleich zu Beginn des Krieges, 1939, wurde ich 21jährig zum Kriegsdienst einberufen. Nach den Feldzügen in Frankreich und Jugoslawien war ich 1941 bis 1944 in Rußland eingesetzt. Mein „Kriegstagebuch in Feldpostbriefen 1940–1945", das hier in Auszügen veröffentlicht wird, habe ich unter dem Eindruck des unmittelbaren Kampfgeschehens an der Front an meine Mutter auf Gut Kehnert/Elbe bei Magdeburg geschrieben. Sie hat die Briefe für mich aufbewahrt.

„21. Oktober 1941. Nach Abschluß der Doppelschlacht von Wjasma und Brjansk, die uns einen so unerwartet großen Erfolg brachte, marschieren wir auf der großen Autobahn bis Gshatsk. Diese Straße hat eigentlich nicht viel von einer Autobahn, denn sie unterscheidet sich von den übrigen russischen Verkehrswegen lediglich dadurch, daß sie wesentlich breiter ist und einen festen Unterbau hat. Trotz des schlechten Pflasters hat man aber durch die Fahrbahnmarkierungen doch etwas den Eindruck, auf der Reichsautobahn zu sein.

In Gshatsk biegen wir auf Nebenwege in Richtung Nordosten ab. Es hatte schon auf dem Marsch bis dorthin geschneit, und als wir durch die ausgedehnten Wälder fahren, die Moskau umgeben, tauchen wir in eine wunderschöne Winterlandschaft ein. Die noch grünen Birken wirken eigen-

„Rollbahn" im Schlamm.

artig im hohen Schnee. Wir können die Naturschönheiten gar nicht richtig genießen, denn die schlechten Wege nehmen unsere Aufmerksamkeit ganz und gar in Anspruch. Die Erdoberfläche ist zwar hart gefroren, doch der Untergrund ist sumpfig, so daß die Fahrzeuge häufig einbrechen und feststecken.

Geringer Feindwiderstand wurde überall gebrochen, nur kommen wir jetzt nicht zur Ausnutzung des Erfolges, da es zu langsam vorwärts geht. Gestern setzte Tauwetter ein, und wir versackten buchstäblich im Schlamm. Die Betriebstoffwagen kamen auch nicht bis zu uns durch, so daß wir jetzt ohne Sprit sind. Mit Mühe haben wir uns in ein Dorf gerettet und ziehen mit den Zugmaschinen alle auf der Vormarschstraße liegengebliebenen Wagen durch den Dreck.

Zu allem Überfluß beharkt uns der Russe hier mit schwerer Artillerie und Granatwerfern. Seit unsere Schützen aber heute morgen zu Fuß angetreten sind, ist er getürmt.

Ich bin überzeugt, daß wir schon vor den Toren Moskaus stehen würden, wenn wir nur einigermaßen brauchbare Straßen hätten. So aber werden wir wohl warten müssen, bis längerer Frost kommt. Das hat auch wieder einen Haken, da Frostschutzmittel für das Kühlwasser fehlt. Die Fahrer müssen alle zwei Stunden die Motoren warmlaufen lassen. Wenn das Wetter so bleibt, müssen wir aus der Vormarschstraße einen Knüppeldamm machen, das ist eine Heidenarbeit. Die Schlechtwetterperiode, auf die die Russen gehofft haben, macht uns doch mehr Schwierigkeiten als erwartet. Vor allem werden unsere letzten brauchbaren Fahrzeuge kaputtgejagt. Die größten Pessimisten unter uns meinen, man könne die ganze Division gleich auf den Autofriedhof fahren, aber so schlimm ist es doch nicht. Trotzdem müssen unsere Fahrzeuge für den Winter gründlich überholt werden, und das wird, wie wir hoffen, in Deutschland der Fall sein.

26. Oktober 1941. Seit einer Woche bemühen wir uns nun, die liegengebliebenen Fahrzeuge durch den Schlamm zu ziehen. Den Russen geht es nicht viel besser, man hört sie einen Wald weiter ebenso schieben und fluchen wie hier unsere Landser.

Wir spielen Schach und warten auf Frost. Alles dreht sich darum, Munition, Betriebstoff und Verpflegung heranzuschaffen. Selbst die „herrliche Autobahn" ist für Räderfahrzeuge nur bedingt passierbar. Aber Moskau müssen wir vor dem Winter noch kriegen, das wäre doch gelacht! Die Roten scheinen in ihrer Zähigkeit auch schon etwas nachzulassen, trotzdem muß man ihre Ausdauer bewundern.

29. Oktober 1941. Eine Fortbewegung ist nur zu Fuß und mit Pferd möglich. Ich habe mir einen Panjeschimmel eingefangen, reite auf einer Decke, als Zaumzeug dient ein Strick. Es ist ein beseligendes Gefühl, wieder mal auf einem Pferderücken zu sitzen. Wenn man am Wege die steckengebliebenen Wagen sieht, kommt man sich auf dem Pferd stolz wie ein Spanier vor.

Heute nacht hat es zum ersten Mal wieder gefroren, und wir hoffen, daß es bald kälter wird, damit wir nun endlich auf Moskau marschieren können.

3. November 1941. Daß uns das Wetter solch einen Strich durch die Rechnung macht, wirft uns weit zurück und verhindert die volle Ausnutzung des Erfolges von Wjasma und Brjansk. Im Augenblick richtet sich unser Krieg gegen die schlechten Wege und vor allem gegen die Wanzen, Flöhe und Läuse. Von diesen, schon einmal für ausgestorben gehaltenen Tierchen gibt es hier eine Unmenge. Ein paar getrocknete Exemplare habe ich Dir beigelegt. Die Flöhe sind mir von allen die sympathischsten. Jeden Morgen werden voll Interesse die Spuren des nächtlichen Kampfes in Gestalt der geschwollenen Quaddeln gezählt und verglichen. Unser großer, dicker Doktor ist wegen seiner Rekordzahlen zum „Wanzenmutterschiff" ernannt worden.

Unser Stall ist bereits auf zwölf Pferde angewachsen, und ich denke, daß wir sie beim Weitermarsch mitnehmen. Ein russischer Militärwagen, bespannt mit zwei Schimmeln und zwei Rappen, ist jetzt unser geländegängigstes Fahrzeug. Ein prachtvoller Anblick!

Täglich muß das Mittagessen fünf Kilometer herangefahren werden, da es uns immer noch nicht gelungen ist, den gesamten Stab hier zusammenzuziehen. Morgen wollen wir den Versuch zum dritten Mal wagen, denn bisher hat es immer dann, wenn wir angefangen haben, geregnet oder geschneit. Das einzige, was sonst an den Krieg erinnert, sind die Minen. Die Russen haben sie aus Holz gebaut, deshalb können wir sie mit unserem Minensuchgerät nicht finden.

Erstaunlich, was der Russe seit Kriegsbeginn an Erdarbeiten geleistet hat! Hier zieht sich ein vollausgebautes Stellungssystem mit Panzergräben, Bunkern und Schützengräben entlang. Aber er hat nicht die Zeit gefunden, es ernsthaft zu verteidigen.

Jeder mußte mithelfen, wenn ein Fahrzeug wieder einmal steckengeblieben war, ein oft mühsamer Vormarsch bei eisiger Kälte.
Foto: Sammlung Heinz Csallner

8. November 1941. Unser Marsch auf Moskau steckt noch immer im Schlamm fest. Es hat zwar wieder gefroren, doch der Nachschub muß erst eintreffen. Wahrscheinlich ist man sich noch nicht einig, ob der Krieg trotz des Winters weitergeführt werden soll oder ob man uns nach Hause schickt.*) Mit unseren Fahrzeugen ist weiß Gott kein Staat mehr zu machen. Irgendein Leiden haben alle. Russische Beutefahrzeuge bilden einen wesentlichen Teil unserer Ausstattung.

Mit großer Mühe und langem Wegebau ist endlich unser ganzer Haufen in einem Dorf zusammen. Hier besorgen wir uns Schlachtvieh. Ein Kalb kostet fünf Mark, ein Stück Jungvieh zehn und eine Kuh 15 bis 20 Mark. Ein Hühnerbraten

---

*) Tatsächlich ist ein Abbruch des Rußlandfeldzuges nie in Erwägung gezogen worden. Noch nach dem Scheitern der Offensive auf Moskau im Dezember 1941 befahl Hitler: „Unter persönlichem Einsatz der Befehlshaber, Kommandeure und Offiziere ist die Truppe zum fanatischen Widerstand in ihren Stellungen zu zwingen, ohne Rücksicht auf durchgebrochenen Feind in Flanke oder Rücken."

fällt nebenbei ab. Jedenfalls müssen wir nicht hungern. Ich richte für kommende Notzeiten schon einen Beutewagen als Fleischvorratskammer ein. Wir backen zum Teil auch schon selbst Brot. Für Kuchen fehlen leider die nötigen Zutaten. Wir hoffen immer noch, Weihnachten zu Hause zu sein.

10. November 1941. Wir verlieren völlig das Gefühl für den Wert von Geld, denn wir können nichts ausgeben. Auf unserem letzten Kameradschaftsabend versteigerten wir eine Flasche Bier für 1.111,11 Mark unter 82 Mann. Die Zwanzigmarkscheine flogen nur so auf den Tisch.

Seit drei Tagen sind wir wieder im Einsatz. Nachdem die Temperatur bis minus 25 Grad gesunken war und die Sümpfe befahrbar wurden, bekamen wir endlich Nachschub und konnten vorrücken. Wegen unserer großen Kfz-Ausfälle wurden nur Kampfgruppen aus geländegängigen Fahrzeugen zusammengestellt.

Wir versuchen, nordwärts von Moskau durchzustoßen und bewegen uns auf einem Radius 50 Kilometer von der Stadt. Der Russe verteidigt sich mit seltener Zähigkeit. Mit seinen 32-Tonnen-Panzern macht er uns schwer zu schaffen. Wo kriegt er bloß die Dinger so schnell her? Seine Materialreserve scheint unerschöpflich. Der Russe hat neuerdings auch ein Raketengeschoß, das er zu je 42 Stück von Gleitbahnen verschießt. Wir nennen es „Stalinorgel" oder „Stuka zu Fuß". Die Konstruktion soll auf Industriespionage zur Zeit unserer ersten Versuche beruhen.

Die Kriegsführung bei der Kälte ist ziemlich schwierig. Da jedoch bisher wenig Schnee liegt, können sich die motorisierten Truppen recht gut bewegen. Panzer brechen im Sumpf vielfach noch ein. Der Kampf geht in erster Linie um die Dörfer, da jeder gern im Warmen schlafen möchte. Bisher haben wir jede Nacht ein Haus erwischt.

Ich rechne damit, daß wir vorerst hier bleiben, organisiere schon eifrig Skier und Schlitten. Zum Schlafen habe ich mir einen wunderbaren, wattierten Schlafsack eines Kommissars besorgt. Sonstige Winterausrüstung nähe ich mir möglichst selbst. Als nächstes kommen ein Paar Pelzstiefel dran. Zur Erwärmung fehlt uns nur noch Schnaps, wir sitzen leider vollkommen auf dem Trockenen. Die Stimmung ist nach die alte: „Humor ist, wenn man trotzdem lacht!"

20. November 1941. Wir sind wieder auf dem Vormarsch, es ist nicht mehr ganz so kalt. Wir hatten ja schon minus 25 Grad. Unsere Fahrzeuge haben wir zur Tarnung weiß gestrichen. Jetzt sehen wir wie eine Gespensterkolonne aus.

24. November 1941. Heute in einem Monat ist Weihnachten. Ich weiß nicht, wo ich am Heiligabend sein werde, wahrscheinlich aber doch nicht zu Hause. Mit meinen Gedanken aber werde ich bei Euch sein und an die schönen Weihnachtsfeste denken, die Ihr uns Kindern immer bereitet habt.

Ich habe Euch ein kleines Päckchen mit Tee geschickt, den ich in erbeutete russische Hetzzeitungen verpackt habe. Der Tee ist das einzig Verschickbare, was ich in Rußland auftreiben konnte. Ihr müßt Euch beim Teetrinken ein russisches Blockhaus vorstellen, mit einem riesigen Ofen und dem singenden Samowar. Tee und Samowar gehören, glaube ich, zu den wenigen Dingen, die trotz der bolschewistischen Herrschaft ihre alte Güte behalten haben.

Bei Schnee und Eis sind wir wieder auf dem Vormarsch. Der Krieg hat ein völlig anderes Gesicht bekommen. Er ist zu einem Kampf um Nachtquartiere geworden. Wer das Dorf mit den warmen Unterkünften in Besitz hat, ist der Sieger. Der Russe weiß das und brennt nach Möglichkeit alles ab. Nur wenn es gelingt, ihm keine Zeit dafür zu lassen, hat man Aussicht, nachts ein Dach über dem Kopf zu haben. Da geben wir uns natürlich besonders Mühe.

Die ganze Front ist wieder ins Rollen gekommen. Überall geht es gut vorwärts. Das Wetter ist den Umständen ent-

Nachdem der Vormarsch auf Moskau im Schlamm steckengeblieben war, rätselten wir, ob der Krieg trotz des Winters weitergeführt oder ob man uns nach Hause schicken würde – wenigstens über Weihnachten. Eine Aufnahme von mir aus dem Herbst 1941.

sprechend günstig, mäßige Temperaturen und windstill. Morgen früh beginnen wir den Angriff auf das nächste Dorf. Der Russe verteidigt sich nach wie vor zäh, doch bringt er nicht mehr den Mut zu Gegenangriffen auf. Eine neuaufgestellte Panzerdivision aus Moskau und kaukasische Reiter stehen uns gegenüber. Als wir vorgestern das Dorf, in dem sie saßen, unter Feuer nahmen, wurde ihr General verwundet.

Bei allem Negativen muß man dem Russen doch Anerkennung zollen: Er ist modern gerüstet, weitgehend motorisiert und hat auch die Leute dafür ausgebildet. Bei diesem Menschenmaterial bestimmt keine leichte Aufgabe. Sein System der Kommissare hat sich durch den Erfolg gerechtfertigt. Wenn wir auch Fabelhaftes geleistet haben, was vorher keiner für möglich hielt, werden wir doch wohl mit einem zweiten Jahr Rußlandfeldzug rechnen müssen.

Was damals, im Krieg 1914–1918, nicht gelungen ist, muß und wird uns jetzt gelingen! Das glaube ich felsenfest!

29. November 1941. Knapp 40 Kilometer trennen uns noch vom Kreml, doch denke ich nicht, daß man Moskau mit allen Mitteln zu Fall bringen will. Dann müßte man nämlich die ganze Bevölkerung versorgen. Wahrscheinlich schließen wir es nur ein.

Morgen ist der erste Advent. Wir können keine Teller unters Bett stellen, denn wir haben weder das eine noch das andere. Aber wir leben trotzdem gemütlich. Das Wetter ist schon weihnachtlich. Es liegt Schnee, und die Natur ist mit dickem Rauhreif wie verzuckert. Nur die schwarzen Löcher der Granateinschläge mit den breiten Rändern grauen Pulverschleims stören das friedliche Bild. Verkohlte Balken, abgebrannte Blockhäuser, tote Pferde und gefrorene Leichen erinnern an den Krieg. Doch nach ein paar Tagen deckt der Schnee behutsam seine weiße Decke darüber. Die Zerstörungen sind für uns ein alltägliches Bild geworden. Unsere gute Stimmung beeinträchtigen sie nicht. Der Krieg hat uns zu rauhen Soldaten gemacht, doch zu Weihnachten werden wir mit Kinderherzen an zu Hause denken. Der Weihnachtsmann hat uns ein Beutelager voll mit Wurst, Schinken, Käse und Butter beschert.

5. Dezember 1941. Fast 30 Kilometer sind wir an Moskau heran. Der Russe verteidigt sich mit zunehmender Zähigkeit. Heute nacht ging er schon zu Gegenangriffen*) über, aber wir konnten den Bahnhof halten, der an der Bahnlinie Moskau – Klin in dem Knick nach rechts liegt. Stalin selbst soll den Befehl zur Wiedereroberung des Bahnhofs gegeben haben, sagten Gefangene aus. Bei 26 Grad Kälte ist es für

---

*) Mit dem sowjetischen Gegenangriff, der am 5. Dezember 1941 einsetzte, war die Blitzkriegsstrategie der deutschen Wehrmacht endgültig gescheitert. Bis Anfang Dezember hatte die Wehrmacht mehr als 743 000 Mann an Toten, Verwundeten und Vermißten im Krieg gegen die Sowjetunion zu verzeichnen.

unsere Schützen kein Spaß, in vorderster Linie Sicherung zu stehen. Wie gut haben wir es dagegen, denn unser Gefechtsstand befindet sich in einem Haus, wo wir zwar sehr eng, aber doch einigermaßen warm sitzen. Die Artillerie der Russen ist wieder sehr stark, dauernd gibt es Störfeuer. Ihre Luftwaffe ist sehr rege, und die „Stalinorgeln" beglücken uns mit ihrer eindrucksvollen Musik. Heute morgen war unsere Hauswand etwas durchlöchert. Außer einigen demolierten Kochgeschirren war aber nichts passiert.

Neulich hatte ich ein Mordsschwein. Mit einem Kradfahrer fuhr ich die Vormarschstraße zurück, als drei russische Bomber in Baumwipfelhöhe über den Waldweg brausten. Da sie mit ihren Bordwaffen schossen, hielten wir an. In dem Moment löste der mittlere seine Bomben. Ich sah zwei dikke, schwarze Eier torkelnd auf uns zufallen. Wir standen wie gebannt, dachten nicht daran, uns hinzuschmeißen. Die Bomben prallten zehn Meter vor uns auf die festgefrorene Fahrbahn und sprangen wie Gummibälle meterhoch weiter. Verdutzt sahen wir uns an und sagten wie aus einem Munde: „Blindgänger". In dem Augenblick ertönte ein ohrenbetäubendes Krachen, wie der Blitz lagen wir flach. Die Mistdinger hatten Zeitzünder! Bald darauf erschienen unsere Stukas.

Bei diesen Temperaturen wird man den Kampf bald einstellen müssen. Daß die Einschließung Moskaus nicht vollendet ist, wäre ja gar nicht so schlimm, wenn man den Mund vorher nicht so vollgenommen hätte. Der Krieg in Rußland wird sowieso noch ein weiteres Jahr dauern."

Auf diesen Brief vom 5. Dezember folgte bis zum 23. Dezember 1941 kein weiterer, denn in dieser Zeit begann der Rückzug vor Moskau. Darüber wagte ich nicht zu schreiben, denn es herrschte Nachrichtensperre, und bei den sich überschlagenden Ereignissen wäre auch gar keine Zeit dazu geblieben.

[Schwerin – Charkow – bei Korotojak/Don – Kiew, Rußland
– Rostock – bei Giesen, Pommern*);
Februar 1942–März 1945]

Reinhard Lauenstein

Vorbestraft

Als ich im Februar 1942 mein Abitur machte, war der Zweite Weltkrieg bereits seit zweieinhalb Jahren im Gange. Die Einberufung meines Jahrganges 1924 stand unmittelbar bevor. Ich meldete mich freiwillig zum Heer, denn auf diese Weise konnte ich die Waffengattung wählen, in der ich ausgebildet werden wollte.

Ich hatte mich für die Kavallerie entschieden, weil ich gern zu Pferde saß. Als Junge hatte ich von einem Feldwebel in der Hamburger Garnison meines Onkels, der Offizier und später General war, den ersten Schliff bekommen. Zwar war ich schon damals fest entschlossen, später Medizin zu studieren, aber seinerzeit galt es vielen als Drückebergerei, wenn man den Sanitätsdienst wählte.

Am 16. Februar erhielt ich meine Einberufung zum Infanterie-Reiterzug 12 nach Schwerin. Dieser erste freiwillige Schritt in eine ungewisse Zukunft erwies sich aus zweierlei Gründen als Beginn eines Leidensweges für mich.

Mein erster Ausbilder hatte schwerwiegende persönliche und psychische Probleme. Feldwebel Graf von Roedern hatte bereits im Hunderttausend-Mann-Heer, das der Versailler Vertrag nach dem Ersten Weltkrieg dem besiegten Deutschland zugestanden hatte, gedient. In die Wehrmacht übernommen, war er dann aus mir unbekannten Gründen vom Offizier zum Feldwebel degradiert worden. Diese Be-

---

*) heute Koszalin in Polen

strafung machte ihn derart verbittert, daß er seine Unterge-
benen den eigenen Makel, kein Offizier mehr zu sein, mit
sadistischer Freude büßen ließ. Sein Selbstwertgefühl wurde zudem durch sein Äußeres eingeschränkt. Sein tiefschwar-
zes, glattes Haar kontrastierte mit fast schneeweißer Haut,
von der sich relativ großflächige Sommersprossen deutlich
abhoben. Seine Arme und Beine wirkten kraftlos und ließen
an freien Stellen eine ungewöhnlich dichte, dunkle Behaa-
rung erkennen. Zu Pferde gab von Roedern eine klägliche
Figur ab, etwa so, wie Napoleon nach der Schlacht von Bere-
sina abgebildet worden war. Als Spitznamen hatte er sich
bei der Kompanie irgendwann die Bezeichnung „Weibchen"
eingehandelt. Das alles trug zu dem gespannten Verhältnis
zwischen ihm und der Mannschaft bei.

Der Feldwebel hatte zwei der jungen Rekruten auf dem
Gewissen, die sich während meiner Ausbildungszeit unab-
hängig voneinander in der Kaserne erhängten, weil sie seine
Quälereien nicht mehr aushielten.

Besonders berüchtigt waren die unzähligen sogenannten
Kompaniebefehle, deren Nichteinhaltung automatisch Arrest nach sich zog, ganz gleich, aus welchem Grund ein Re-
krut so und nicht anders gehandelt hatte. Daher waren die
vorhandenen 16 Arrestzellen fast ständig belegt, oft sogar
mit zwei Mann.

Eines Tages wurde auch ich ein Opfer des Feldwebels. Es
war noch Winter. Eigentlich sollte ich im Kasernengelände
den kräftigen Braunen des Herrn Oberst bewegen, der selber auf Lehrgang war. Dann hieß es aber, auf eines der noch
verbliebenen Pferde umzusatteln. Ich erwischte einen
Droschkengaul, der zwei Schritte rückwärts trat, wenn er
die Sporen bekam. Normalerweise ritt ich das Führungspferd,
deshalb behielt ich die Reihenfolge im Gelände bei. Der erste Sprung war ein festgenagelter Oxer. Das ist ein besonders schweres Hindernis aus zwei festen Stangen mit dazwi-
schenliegender Bepflanzung, die bis zu zwei Meter hoch und

breit sein konnte. In dem unberührten Schnee von etwa einem halben Meter Höhe verweigerte das mir noch ungewohnte Pferd, so daß ich am Schluß des Zuges noch einmal anrei-
ten mußte. Auch für diesen Fall gab es einen Kompaniebefehl, der – hier durchaus sinnvoll – bestimmte, daß beim
Sprung über das Hindernis die Zügel loszulassen seien, um
mit beiden Händen die Mähne des Pferdes ergreifen zu können, damit das Tier nicht zurückgerissen und am Ende
springuntauglich würde.

Die Sache hatte für mich einen Haken: Wir waren zum
ersten Mal feldmarschmäßig mit Pferdepacktaschen zu beiden Seiten, Patronengurten, Karabiner, Stahlhelm und Gas-
maske aufgesessen. Das Pferd hatte eine Menge zu tragen.
Wenn ich das etwas unwillige Roß schärfer angeritten hätte,
wäre ich bei erneuter Verweigerung möglicherweise aus dem
Sattel gefallen. Ich wollte ausschließen, daß ich mir dabei
das Genick brach. Also entschied ich, mir den notwendigen
Halt zu verschaffen, indem ich beim Sprung nur die Zügel
losließ, aber die Hände am Sattelzwiesel behielt. Ich wollte
sicher gehen, im Sattel zu bleiben. Für mich war damit der
Kompaniebefehl trotzdem erfüllt, weil auch so das Ziel erreicht wurde, das Pferd im Sprung nicht zu behindern.

Die Argusaugen des Feldwebels sahen das jedoch anders.
Als dem Hauptmann die Sache gemeldet wurde, legte dieser
meine Erklärung als Feigheit aus. Ich hätte nicht darüber
zu entscheiden, wie ein Kompaniebefehl auszulegen sei. Großzügig meinte der Hauptmann, ich solle mich beim Feldwebel
entschuldigen, was dem Strafexerzieren gleichkam. Deshalb
unterließ ich es erst einmal.

Am nächsten Tag kassierte ich erneut eine Meldung. Der
Hauptmann ließ wieder keine Entschuldigung gelten, wollte
aber noch einmal Gnade vor Recht ergehen lassen, „um meine Laufbahn nicht zu behindern", wie er meinte. Diese letzte Meldung auf der Schreibstube geschah mittags, so daß ich
noch schnell mein Essen fassen konnte, bevor die übliche

Formalausbildung begann. Wie immer leitete der von Roedern die Ausbildung. Danach ging es sofort bis zum Abendbrot in die Ställe. Darauf folgte der Stubendienst. Wir räumten besonders sorgfältig auf, um beim Stubenappell nicht auf-
zufallen. Nun erst konnte ich mich befehlsgemäß auf die Suche nach dem Feldwebel machen, der angeblich auf meine
Entschuldigung wartete. Ich begegnete ihm auf dem Flur,
als er gerade seinen Dienst als Wachhabender antrat. Er
nahm jedoch meine Entschuldigung nicht an, sondern jagte
mich davon.

Am nächsten Mittag, beim Pferdestriegeln, wurde ich erneut auf die Schreibstube beordert. Ich hatte zwar ein rei-
nes Gewissen, doch stellte sich das ganze Theater als abge-
kartetes Spiel heraus. Der Hauptmann behauptete, mir wäre
gestern nachmittag genügend Zeit verblieben, um mich zu
entschuldigen. Aber ich hätte doch während der Ausbildung
nicht einfach aus dem Glied heraustreten können! Das wäre
sicher erst recht beanstandet worden. Der Hauptmann ließ
das nicht gelten. Und auf dem Flur habe man sich schon gar
nicht zu entschuldigen, bemängelte er zusätzlich.

Ich stand auf verlorenem Posten. „Herr Hauptmann, ich
habe bisher beim Militär noch nicht gelernt, wie man sich
vorschriftsmäßig entschuldigt", erwiderte ich. Jetzt war mir
ein dreitägiger Arrest sicher. Wie üblich, waren bei uns alle
Zellen besetzt. So eskortierten mich zwei Soldaten mit aufgepflanztem Seitengewehr durch die halbe Stadt, von der
Fritsch-Kaserne zur Hindenburg-Kaserne der Infanterie.
Dort war ich dann bei 15 Zellen der einzige Arrestant.

Etwa vierzehn Tage später bestellte mich unser Hauptfeldwebel zu sich und teilte mir mit, daß die R.O.B-Lehrgän-
ge, die Lehrgänge für die Reserveoffiziersbewerber, beginnen würden. Er betrachte meinen Arrest als nicht so schwer-
wiegend und werde deshalb vorschlagen, die entsprechende
Eintragung ins Soldbuch erst nach der Schulung vorzuneh-
men.

Bei dem Lehrgang schnitt ich sehr gut ab. Ich kehrte zur Einheit zurück und wartete mit den anderen Absolventen auf die Unteroffiziersschule, während die übrigen Rekruten zur weiteren Ausbildung ins besetzte Frankreich geschickt wurden.

Eines Mittags stand von Roedern neben mir am Schwarzen Brett und fragte mich, was ich hier treibe. Ich käme gerade vom R.O.B.-Lehrgang, antwortete ich. Er behauptete, daß ich den gar nicht bestanden hätte. Ich bestritt das energisch, denn in diesem Fall hätte ich der Truppe nach Frankreich folgen müssen. Abends sagte mir unser Stubengefreiter, der eine Art Vertrauensperson war, der Feldwebel habe mittags gleich den Major, der unseren Lehrgang abgehalten hatte, angerufen, mich bei ihm schlechtgemacht und den Arrest nachgemeldet.

Bald darauf wurde ich wieder zum Hauptfeldwebel befohlen. Da mein Arrest nachgemeldet worden sei, meinte er, müsse ich jetzt leider bei der Truppe bleiben und Rekruten ausbilden. Das lehnte ich strikt ab. Ich wollte mich nicht länger schikanieren lassen. Als einziger Ausweg blieb mir die freiwillige Meldung zur Front. So erklärte ich mich bereit, in den Krieg zu ziehen, um Feldwebel von Roedern ein für allemal zu entgehen.

Am Abmarschtag durften mich meine Eltern, die extra aus Rostock angereist waren, nur zwei Stunden sehen. Als ich schließlich abmarschbereit noch einmal auf den Feldwebel traf, fragte mich dieser scheinheilig, wohin ich denn wolle. Ich erwiderte: „Herr Feldwebel, ich gehe an die Front!"

Er darauf eiskalt: „Dann wünsche ich Ihnen für Ihren Fronteinsatz ein Eisernes Kreuz vor die Brust und eine Kugel in den Kopf!"

Nach einem Aufenthalt auf dem Truppenübungsplatz Groß Born fuhr ich genau an meinem 18. Geburtstag zum ersten Mal an die Ostfront. Ich ahnte jedoch nicht im geringsten, welche unglaubliche Macht von Roedern immer noch über

*Dieses Bild im „Bratenrock",
wie wir die Ausgeh-Uniform-
jacke nannten, entstand zu
der Zeit, als ich mich freiwillig
zum Fronteinsatz meldete, um
meinem unberechenbaren
Vorgesetzten zu entgehen.
Während der zweimonatigen
Rekrutenzeit hatten wir
keinen Ausgang.*

mich hatte. In meinem Marschgepäck trug ich, ohne es zu
wissen, ein Dekret bei mir, das eine zweijährige Beförderungs-
und Auszeichnungssperre über mich verhängte, weil ich
meinen Arrest, nach dem mich bei der R.O.B.-Ausbildung
übrigens niemand gefragt hatte, verschwiegen hätte.

Von nun an begann für mich ein regelrechtes Spießruten-
laufen. Wir marschierten von Charkow an den Don. Vorher
war ich in die 14. Kompanie als Meldereiter aufgenommen
worden. Weil einer der Züge motorisiert worden war, erhielt
ich zusätzlich eine Ausbildung an der 5-cm-Panzerabwehr-
kanone (Pak).

Der erste harte Einsatz war vom 13. bis 19. Juli 1942 am
Brückenkopf bei Korotojak*). Unser Zug verlor allein in dieser einen Woche fünf Geschützführer an drei Geschützen.
Ich war an der 5-cm-Pak mit dem besten Richtschützen zusammen, der gleich acht Panzer abschoß, so daß unsere Be-
dienung später im Divisionsbefehl lobend erwähnt wurde.
Alle – bis auf mich – erhielten das Eiserne Kreuz Erster bzw.

---

*) kleine Stadt am Don, etwa 60 Kilometer südlich der im Sommer 1942 schwer
umkämpften Millionenstadt Woronesch/Don

Zweiter Klasse. Mein Zugführer meinte daraufhin zu mir, man könne nicht gleich beim ersten schweren Einsatz ausgezeichnet werden. Mit dieser Erklärung gab ich mich damals zufrieden, obwohl die anderen immer wieder argwöhnten, mit meiner Laufbahn könne irgend etwas nicht stimmen.

Als ich dann in Kiew, nach anderthalb Jahren Fronteinsatz, heimlich meinen Wehrpaß einsah, gingen mir die Augen auf. Ich fand ein eingelegtes Blatt, auf dem eine ausführliche Begründung für meine zweijährige Beförderungs- und Auszeichnungssperre stand. Sie war offensichtlich nachträglich auf den Bescheid meines unbedeutenden Arrestes aus der Rekrutenzeit mit einer Schreibmaschine einer anderen Schrifttype hinzugefügt worden! Fünfzehn Unterschriften von Kompanieführern zierten dieses Angebinde. Im Wehrpaß war außer nackten Zahlen über meine Fronteinsätze nichts weiter vermerkt.

Ich ließ mich trotzdem nicht kleinkriegen! Von nun an änderte ich meine Einstellung Vorgesetzten gegenüber, indem ich kein Blatt mehr vor den Mund nahm.

Im Oktober 1943, kurz nachdem ich den Grund für meine Benachteiligung entdeckt hatte, gerieten wir in die Abwehrschlacht um Kiew. Zusammen mit einem Unteroffizier und späteren Ritterkreuzträger, der dann durch einen Kopfschuß fiel, schoß ich einen sowjetischen Panzer T 34 ab. Als Gruppenführer einer Infanterieeinheit, die 14 Tage lang ihre Stellung in einem Moorgebiet ohne Verbindung nach rückwärts hielt, hatte ich erneut die Gelegenheit, mich auszuzeichnen. Wir verloren in dieser Zeit nur zwei Mann.

Bei der späteren Meldung an unseren Hauptmann überraschte mich dieser mit dem Ansinnen, mich für „Tapferkeit vor dem Feind" zum Gefreiten zu befördern. Und das nach anderthalb Jahren als Reserveoffiziersbewerber an der Front! Spontan lehnte ich ab, womit ich mich natürlich wiederum unbeliebt machte.

Vor Schitomir hatte ich bei einer Besprechung mit unserem Regimentskommandeur ein tragikomisches Erlebnis. Der Kommandeur bemerkte unter anderem, ich solle meine Uniform besser in Ordnung halten. Ich verstand das nicht. Mein Zugführer meinte später zu mir, ich solle mir doch die Regimentskameraden, nur 127 Mann waren übriggeblieben, einmal genauer ansehen. Der Chef habe sagen wollen, daß jeder sein Ordensband vom Eisernen Kreuz*) im Knopfloch trage, nur ich nicht! Der „Alte" könne ja nicht wissen, daß ich als einziger noch nicht ausgezeichnet worden sei! Er selber könne sich das auch nicht erklären, denn er hätte mich mehrmals zum EK vorgeschlagen, jedoch jedes Mal eine Absage bekommen. Ich wußte den Grund, aber da ich ihn eigentlich gar nicht kennen durfte, schwieg ich dazu.

Weihnachten 1943, als wir in Malratscha, einem Dorf nordöstlich von Schitomir, lagen und ich zum dritten Mal verwundet worden war, hoffte ich noch, zusammen mit dem silbernen Verwundetenabzeichen das EK zu bekommen. Doch unser Hauptmann blieb hart; die zwei Jahre waren noch nicht vorüber!

Nach einem langen Marsch in bitterer Kälte wurde mein rechter Oberarm gelähmt. Ein Granatsplitter hatte zwölf Tage zuvor meine Schulter durchschlagen, er steckte noch darin und eiterte. Bis zum Herbst 1944 versuchte ich, den Arm zu Hause auszukurieren. Als eine Heilung bereits aussichtslos erschien, kam ich wieder zur Truppe und wurde Ausbilder bei der Infanterie-Panzerjäger-Ersatz-Kompanie 522 in meiner Heimatstadt Rostock. Vom 20. Dezember 1944 bis 22. Januar 1945 war ich dort kaserniert. Ich befand mich in ständiger Bereitschaft, bis die Einheit dann an die Front nach Pommern geworfen wurde. Obwohl ich damals

---

*) Eisernes Kreuz, militärische Auszeichnung zwischen 1813 und 1945, wurde in zwei Klassen verliehen. Während des Zweiten Weltkrieges kam als höchste Auszeichnung noch das Ritterkreuz hinzu.

GVH (garnisonverwendungsfähig Heimat) war, meldete ich mich trotz des gelähmten Oberarmes an die Front. Es sollte ja nicht um einen Kriegseinsatz, sondern um den Schutz der einheimischen Bevölkerung gehen, deren Rücktransport wir gewährleisten sollten.

Mein neuer Kompanieführer fragte mich als erstes, ob ich denn in den drei Jahren noch keine schweren Einsätze mitgemacht hätte, weil keine Eintragungen vorlägen. Ich solle alle Sturm- und Nahkampftage aufzählen und von meiner Einheit bestätigen lassen. Ein Kurier nahm dann meine Anfrage mit. Wie durch ein Wunder wurde alles nachgetragen!

Vor Giesen rieben die Russen unsere Einheit restlos auf, stießen jedoch nicht nach. In dieser Situation gelang es mir, mich zum Regimentsgefechtsstand durchzuschlagen, um als erster zu melden, daß vorn eine Frontlücke klaffte. Der Kommandeur tadelte mich zunächst, weil ich das Gewehr nicht richtig hielt, woraufhin ich ihm anhand des Soldbuches meine Lähmung nachwies. Seine erste Reaktion war: „An der Front können wir keine Krüppel gebrauchen!" Dennoch hatte er ein Einsehen. Er beorderte mich zum Kompanietrupp, wo ich den Kompanieführer täglich im Jagdeinspänner an die Front fuhr.

Erst am 1. März 1945 wurde ich vom Regimentskommandeur persönlich für Tapferkeit vor dem Feind zum Unteroffizier befördert. Ich erhielt das Sturmabzeichen und die silberne Nahkampfspange, aber immer noch nicht das EK. Vielleicht war auch keines mehr verfügbar?

Ich weiß es wirklich nicht und konnte es nicht mehr erfahren, denn am 7. März 1945 geriet ich bei Kolberg in russische Gefangenschaft.

(Weitere ZEITGUT-Beiträge dieses Autors sind im Autorenverzeichnis am Ende des Buches vermerkt.)

Helmut Kohl

Begegnung mit dem Papst

Am Nachmittag des 24. Dezember 1942, also am Heiligen
Abend, kamen wir in Rom, Stazione Termini, an. Wir waren
nicht gerade in festlicher Stimmung – schließlich waren wir
mitten im Krieg. Wir, ein Oberfeldwebel aus dem Verwal-
tungsdienst, ein Obergefreiter und ich – damals noch einfacher Matrose und seit über zehn Monaten bei der Kriegsmarine – hatten den Auftrag, auf dem Weg nach Nordafrika in
der Metropole Italiens lediglich Zwischenstation zu machen.
Die kleinen Weihnachtsbäume in Bahnhofsnähe entlockten
uns bei sommerlichen Temperaturen von 24 Grad allenfalls
ein müdes Lächeln.

Uns lief der Schweiß von der Stirn, als wir mit unseren
schweren Seesäcken auf den Schultern der Via Nazionale
zusteuerten. Dort hatte man für uns Quartier in einem Al-
bergo vorbereitet. Damals wurden für die Unterbringung von
deutschen Soldaten Hotels oder Pensionen requiriert. Wir
hatten es ganz gut getroffen, denn zur Ankunft floß der Chi-
anti in Strömen, jeder wollte mit uns anstoßen.

Die erste Etappe auf dem Weg nach Nordafrika war erreicht. Tagsüber hatten wir sehr viel Zeit, um Rom kennenzulernen. Lediglich zum Mittagessen im Bocca di Leone
(„Maul des Löwen"), unweit der Piazza Espana, mußten wir
pünktlich erscheinen. Dies machte uns zudem einen riesigen Spaß, weil lang entbehrte Genüsse bereitstanden: Mak-

*Seit März 1942 diente ich
bei der Kriegsmarine.*

karoni in allen Variationen, Orangen und Mandarinen, nicht
zu vergessen Rotwein in Karaffen, die stets nachgefüllt wurden, wenn wir sie geleert hatten.

Erstmals konnten wir auch Kontakte zu Italienern knüp-
fen. Dabei kam manchem das in der Schule so ungeliebte
und ständig eingepaukte Latein zu Hilfe. Ich selbst hatte
darüber hinaus zwei Jahre zuvor einige Lektionen des Fern-
lehrgangs Italienisch von Langenscheidt studiert, so daß ich
oft dolmetschen mußte, wenn Kameraden einen Einkaufs-
bummel unternehmen wollten. Ich hatte mir rasch die
Sprachmelodie meiner Gesprächspartner angewöhnt, die das
sehr schätzten, und am liebsten mit mir reden wollten. Meine Kameraden fanden auch bald heraus, daß es nur Vorteile
brachte, mich bei Einkäufen mitzunehmen. Ob sie Lederwa-

ren oder Armbanduhren kauften, ich handelte den Preis herunter und ersparte ihnen so viele Lire. Den italienischen Geschäftsleuten schien es Spaß zu machen, mit mir lautstark zu feilschen.

Etwa zwei Wochen nach dem Weihnachtsfest kamen wir auf die Idee, der Peterskirche einen Besuch abzustatten. Es waren unvergeßliche Eindrücke, die uns den Krieg und alle damit verbundenen furchtbaren Erlebnisse für ein paar Stunden völlig vergessen ließen. Unsere Gruppe, rund einem Dutzend Marineangehörige, stand vor dem Bronzestandbild von St. Petrus, dessen einer Fuß von den ständigen Küssen der Besucher schon stark abgenutzt war. Wir bewunderten in der Sixtinischen Kapelle die kunstvolle Altarwand, die Michelangelo mit dem „Jüngsten Gericht" gestaltet hatte, und all die herrlichen Kunstschätze, die St. Peter zu bieten hat.

Hier trafen wir einen jungen Geistlichen aus München, der sich freute, uns in dieser schönsten aller römischen Kirchen zu begegnen. Er führte uns durch die päpstliche Gemäldesammlung mit den vielen wertvollen Werken alter Meister, von denen uns manches recht nachdenklich werden ließ. Als wir zaghaft anfragten, ob vielleicht die Möglichkeit bestünde, auch den Papst im Vatikan zu besuchen, war unser geistlicher Landsmann sofort bereit, eine Audienz zu organisieren.

Wir warteten eine Zeitlang auf dem Petersplatz. Groß war der Jubel, als der junge Seelsorger mit der frohen Botschaft zurückkam, er habe für uns einen Audienztermin erhalten. Die Zeit bis dahin überbrückten wir mit weiteren Besichtigungen und Diskussionen, wobei sich der Geistliche sehr aufgeschlossen zeigte.

Dann durften wir an den Posten der Schweizer Garde vorbei ins Allerheiligste, in die Gemächer des Vatikans. Andächtig betraten wir den Audienzsaal, dessen Wände von rotem Samt leuchteten. Nachdem wir Aufstellung genommen hatten, gab uns der Päpstliche Hofmarschall noch einige Ver-

Vatikanstadt mit der Kuppel von St. Peter. Historische Ansicht von 1942. Die Audienz bei Papst Pius XII. war für uns alle ein unvergeßliches Erlebnis.

haltensregeln. Der Papst sei ausschließlich mit „Eure Heiligkeit" oder „Heiliger Vater" anzureden. Außerdem könne man kein Autogramm bekommen. Wir fieberten dem bevorstehenden Ereignis entgegen. Unserer Gruppe gehörten nicht nur Katholiken an, sondern ebenso Lutheraner und sogar ein Atheist. Dieser fiel freilich am Ende auf, weil er eine Frage des Oberhirten mit einem „Jawohl, Herr Papst!" beantwortete, sich also nicht an die Regeln hielt.

Man konnte fast eine Stecknadel fallen hören, als Papst Pius XII. den Saal betrat. Wir knieten folgsam nieder. Nun kam er zu jedem einzelnen, fragte ihn nach seinem Heimatort und gab ihm gute Wünsche mit auf den Weg.

Als der Heilige Vater von mir hörte, daß ich im unterfränkischen Hammelburg geboren sei, war sein Interesse geweckt. Als Nuntius war er 1919 im dortigen Lager, um die italieni-

schen Kriegsgefangenen zu besuchen. So hatte er damals
Kontakte geknüpft und sich wiederholt an das Städtchen an
der fränkischen Saale erinnert. Daher wollte er einiges wis-
sen: „Gibt es noch das gute Märzen-Bier? Was macht der
Stadtpfarrer?"
Ich mußte ihm ausführlich berichten, so daß er mir fünf
Minuten seiner kostbaren Zeit widmete. Zum Schluß schenkte er mir einen Rosenkranz für meine Mutter, und als ich
ihn darum bat, durfte ich einen weiteren für meine Tante in
Empfang nehmen.
Diese Audienz war ein Erlebnis, wie man es nur selten im
Leben geboten bekommt. Einige Minuten lang war ich versucht, irgendwie im Vatikan unterzutauchen und damit dem
Kriegsgeschehen zu entfliehen. Vielleicht hätte mir sogar der
junge Geistliche aus München dabei geholfen? Aber die Idee
war schnell wieder verworfen, als mir einer der Kameraden
mit der Bemerkung „Auf in den Kampf!" auf die Schulter
schlug und mich zum Gehen mahnte.
Der Alltag holte uns schnell wieder ein und ließ uns nur
noch wenige schöne und unbeschwerte Tage bis zur Abreise
in Richtung Nordafrika. Vorher hatte ich jedoch ein Feld-
postpäckchen auf den Weg gebracht, um das Geschenk des
Papstes nach Hause zu senden.

[Karlshagen und Peenemünde, Insel Usedom;
1943/1944]

Michael Klimenko

In deutscher Kriegsgefangenschaft

Nach drei Monaten Ausbildung an einer Militärschule wurde ich Funker im Nachrichtendienst einer Brigade der Roten Armee. An einem regnerischen Augustmorgen des zweiten Kriegsjahres nahmen mich deutsche Soldaten nahe Moskau auf dem Weg zum Brigadestab gefangen. Es folgte eine Odyssee durch mehrere Kriegsgefangenenlager, zuletzt in Wolgast, bis ich am Silvestertag 1942 nach Karlshagen, auf die Insel Usedom, kam.

Das Lager hier bestand aus vier Baracken. Es waren Militärbaracken für Mannschaften mit Betten, Schränken und anderen Einrichtungen. Eigentlich waren es zwei selbständige Lager: In den ersten beiden Baracken waren wir, die russischen Kriegsgefangenen, untergebracht, in den anderen, durch Stacheldraht von uns getrennt, französische Gefangene, später dann Ostarbeiter.

Mit den Franzosen teilten wir eine Klosettbaracke, die ebenfalls durch einen Bretterverschlag und Stacheldraht in zwei Teile geteilt war. Obwohl uns jeglicher Kontakt mit den Franzosen strengstens verboten und für die Zuwiderhandlung ein Tag Karzer oder Prügel angedroht waren, wickelten wir dort mit ihnen kleine Tauschgeschäfte ab. Die Wachsoldaten lauerten oft draußen, um das zu unterbinden, aber wir waren äußerst vorsichtig und gingen immer zu zweit dorthin, so daß einer die deutsche Wache beobachten konnte. Die Franzosen waren frei, ohne Wache. Sie schoben uns heimlich Zigaretten, Lebensmittel und sogar Kleidungsstükke zu, womit sie vom Roten Kreuz ausreichend versorgt wurden.

Etwa zwei Monate nach meiner Ankunft wechselten die Franzosen in ein anderes Lager und Ostarbeiter, zumeist aus der früheren polnischen Ukraine, wurden untergebracht. Obwohl Zivilisten, waren sie noch weniger frei als wir. Auf der linken Brustseite und auf dem Rücken ihrer Kleidung war eine Litze aufgenäht, auf der in großen, blauen Buchstaben das Wort „Ost" stand.

Die Ostarbeiter bewegten sich sehr ängstlich im Lager. Sie getrauten sich nicht einmal, in unsere Richtung zu blicken. Der Kontakt mit ihnen war uns natürlich ebenfalls verboten. Das Leben dieser Menschen fand leider ein tragisches Ende. Bei einem nächtlichen Luftangriff im Sommer 1944, wir Kriegsgefangenen waren von den Wachen längst in einen Luftschutzraum gebracht worden, hatte niemand die Baracke der Ostarbeiter aufgeschlossen. Eine Bombe traf das Gebäude, keiner der Insassen überlebte.

Wir waren im Lager Karlshagen 180 russische Kriegsgefangene. Obwohl unter uns auch Ukrainer, Armenier, Oseten und Moldauer waren, bezeichnete man uns alle als Russen. Die Deutschen setzten einen russischen Kommandanten, einen Stellvertreter und einen Dolmetscher ein, die für Ordnung, Disziplin und einen reibungslosen Tagesablauf zu sorgen hatten. Die Insassen jedes Raumes mußten sich einen „Starosta", einen Stubenältesten, wählen.

Außerdem gab es noch einen Stab des Lagerdienstes – Köche, einen Friseur, einen Schuster, und in der Waschküche arbeiteten drei Waschmänner.

Appell war abends. Major Afanassiew, der russische Kommandant, mußte uns zählen und dem deutschen Kommandanten Meldung machen. Danach wurden die Baracken von außen abgeriegelt. Um 22 Uhr hatten wir das Licht zu löschen. Das wurde aber nicht streng eingehalten. Manchmal, wenn es in einem der Räume noch laut zuging, klopfte einer der Wachleute von draußen ans Fenster. Meistens sorgten wir aber selbst für Ruhe und Ordnung.

Die Lagerinsassen wurden in Arbeitskommandos von Schlossern, Tischlern, Schleifern, Fräsern und in andere Berufe eingeteilt. Es gab auch ein Kommando von Kartoffelschälern und ein Kommando Werkbahn. Jede Gruppe bestand aus etwa zwanzig Gefangenen. Die meisten Kommandos arbeiteten in einer Fabrik in Peenemünde, fünf bis sechs Kilometer von Karlshagen entfernt.

Jeden Morgen, gegen 7 Uhr, kamen Wachsoldaten an das Tor und meldeten bei der Lagerwache, welches Kommando sie abholen sollten. Die Lagerwache übermittelte dies Major Afanassiew, der dann mit dem Ruf: „Tischler (Kartoffelschäler oder was sonst gerade gebraucht wurde) antreten!" den Befehl gab. Die Lagerwache überprüfte die zahlenmäßige Stärke des Kommandos und unterstellte es den Wachsoldaten, die für die Vollständigkeit der Gruppe den ganzen Arbeitstag über verantwortlich waren. Am Abend brachten die Wachleute ihr Kommando ans Tor und übergaben es wieder der Lagerwache.

Wir fuhren entweder mit der Werkbahn zur Arbeit oder gingen zu Fuß, je nachdem, was die Wachleute bestimmten. Manchmal fragten sie uns auch, ob wir laufen oder lieber fahren wollten. Peenemünde war Industrieort, Karlshagen die Wohngegend. In Minutenabständen fuhren Vorortzüge die Pendler zur Arbeit. An jedem Zug war ein Wagen, der nur für russische Kriegsgefangene bestimmt war.

Bei der Werkbahn
Bei meiner Ankunft hieß es zuerst, ich würde dem Kommando Tischlerei zugeteilt, tatsächlich kam ich jedoch zur Werkbahn. Ich war froh, denn von der Tischlerei hatte ich wenig Ahnung.

Die Arbeit bei der Werkbahn war hart, daher erhielten wir eine Verpflegungszulage von etwa 200 Gramm Brot und etwas Fett täglich. Zum Werkbahnkommando gehörten etwa zwölf Männer, alles stämmige Kerle und schon länger im Lager. Strelnikow, der Anführer, Ingenieur von Beruf, gab sich als einfacher Soldat aus, war aber mit Sicherheit in der Roten Armee höherer Offizier gewesen. Major Koslow, der älteste unter uns, war leidenschaftlicher Antikommunist, er sprach sich offen gegen den Kommunismus und gegen Stalin aus.

Der Dezember 1942 war noch recht mild gewesen, aber im Januar 1943 wurde es bitterkalt. Wir mußten auf den Fabrikhöfen und an der Bahn Schnee schippen. Wenn es keinen Schnee zu räumen gab, reparierten wir die Gleise. War es draußen allzu kalt, brachten uns die Werkmeister in einen Eisenbahnwagen, wo wir uns aufwärmen konnten. Im geheizten Abteil ließen sie uns russische Lieder singen. Wir stimmten meistens Militärmärsche aus der Vorkriegszeit an, in denen von den Siegen der Roten Armee und von Stalin die Rede war.

Die Deutschen fragten uns, ob wir wirklich an den Sieg Rußlands glaubten. Unsere Antwort war immer ein einstimmiges Ja. Das waren wir unserer Würde schuldig. Ob wir zu diesem Zeitpunkt wirklich von einem Sieg der Roten Armee überzeugt waren, kann ich nicht sagen. Vielleicht wollten wir es nur glauben. Hier im Lager erreichten uns keinerlei Informationen, wir konnten deshalb auch nicht wissen, wie es um die deutschen Truppen bei Stalingrad stand. Die Hauptsache war, daß Mütterchen Rußland nicht unterginge, daß es uns erhalten bliebe.

Major Koslow zeichnete für die Deutschen Portraits. Sie bezahlten ihn für ein Bild mit einem Pfund Brot. Es schien mir, als wollten sie damit einem Mann helfen, der sich selbst zu helfen wußte. Wenn er zeichnete, brauchte er nicht draußen in der Kälte zu arbeiten. Das ärgerte natürlich viele von uns. Eigentlich hätten wir uns um seine Arbeit nicht zu kümmern brauchen, denn es war keine Norm zu erfüllen, und man fragte uns auch nicht, wieviel wir gearbeitet hatten. Es war wohl eher Neid, man wollte dem Major die paar ruhigen Stunden nicht gönnen.

Der wirkliche Grund aber war: Der Major war sicher nicht der einzige, der das Sowjetsystem ablehnte, aber nur er sprach es offen aus und war dafür im Lager bekannt. Im Grunde wünschte die Mehrheit von uns, aus welchen Motiven auch immer, das Ende des Kommunismus herbei.

Nachdem die Rote Armee den Vormarsch der Wehrmacht bei Stalingrad endgültig gestoppt hatte, begannen die Kommunisten und Stalinisten unter uns Gefangenen, den Ton anzugeben. Die kleinste antikommunistische Äußerung betrachteten sie als antirussische, antipatriotische Einstellung. Und antipatriotisch war in unserer Lage gleichzusetzen mit deutschfreundlich. Die Gruppensolidarität unter den Gefangenen gebot jedoch eine eindeutig antideutsche Haltung. Gegen diese ungeschriebene Regel verstieß ihrer Meinung nach Koslow.

Behandelten die Deutschen Koslow deshalb bevorzugt? Ich glaube, sie verstanden seine Einstellung nicht. Wie konnte er als Russe gegen den Kommunismus und gegen Stalin sein? Gab er damit nicht seinen Patriotismus auf?

Daß Menschen wie Koslow dennoch sehr russisch, sehr patriotisch denken und handeln konnten, war für Nichtrussen immer sehr schwer zu begreifen. Auch nach dem Krieg bin ich diesem Phänomen oft begegnet.

„Kommissar" Julius

Bei der Werkbahn blieb ich etwa fünf Wochen. Anfang Februar teilte mir Major Afanassiew mit, daß ich nun doch dem Kommando der Tischler zugeteilt werde. Einen Vorteil brachte das für mich: Ich brauchte nun nicht mehr draußen in der Kälte zu arbeiten.

Das Tischlerkommando bestand aus fünfzehn Mann. Vier oder fünf waren vom Fach, ebenso viele waren Zimmerleute. Wir anderen kannten uns in diesem Beruf nicht aus. Einer war ein junger Leutnant, der gleich nach Beendigung der Militärschule an die Front nach Charkow befohlen worden war. Ein anderer, ein Armenier, hatte noch nach Kriegsausbruch sein Examen als Jurist abgelegt.

Zum Kommando gehörte außerdem ein Bauer aus dem Raum Wologda, der als früherer Kulak – Großbauer im zaristischen Rußland – zehn Jahre lang in einem Lager an der Kolyma, in Ostsibirien, gefangen gewesen war.

Wir arbeiteten getrennt von den Deutschen in einer Halle der großen Fabrik. Den Meister, der uns überwachte, nannten sie „Kommissar" Julius. Für uns war er „Meister Affe", denn er sah tatsächlich einem Affen etwas ähnlich. Julius trug sein großes Nazi-Parteiabzeichen stolz auf der Brust. Er tat so, als sei er für die gesamte Fabrik zuständig. Niemals saß er still, immer lief er herum, um nach dem Rechten zu sehen. Ständig hatte er irgend etwas zu beanstanden. Wenn er seine Anweisungen gab, fuchtelte er mit beiden Armen. Es hieß, er habe eine große Familie zu ernähren.

Am ersten Morgen fragte mich „Meister Affe", ob ich Tischler gelernt hätte. Da ich nun einmal hier war, bejahte ich seine Frage. Er wies mich an eine leere Werkbank, auf der ein Kasten mit Tischlerwerkzeugen stand. Zum Glück wußte ich, wozu man die einzelnen Werkzeuge gebrauchte. Nach einer Weile brachte mir der Meister einen Plan und gab mir den Auftrag, einen Hocker anzufertigen.

„Das sollte einfach sein", dachte ich.

Jeder von uns war mit seiner eigenen Arbeit beschäftigt, ich hätte niemanden fragen können. Auch wenn ich wußte, wie gesägt, gehobelt, genagelt und gebohrt wurde, war damit der Hocker noch nicht fertig. Ich würde es schaffen, da war ich mir ganz sicher. Ich hatte alle Werkzeuge und konnte alle Maschinen benutzen. „Meister Affe" lief in der Fabrik umher, ich sah ihn von weitem. Dann kam er näher. Als er an meiner Werkbank vorbeiging, schüttelte er den Kopf und brummelte ärgerlich etwas vor sich hin. Im nächsten Moment war er wieder weg.

Als ich fertig war, zeigten die Beine des Hockers nicht in die vorgegebenen Richtungen. Ich wollte es eben korrigieren, da stand der Meister schon vor mir. Wutentbrannt zerschmetterte er das Werkstück auf dem Boden. Was er dabei brüllte, konnte ich nicht verstehen. Es war mir in diesem Moment sowieso egal.

Nach dem Vorfall gab mir „Kommissar" Julius keine selbständigen Arbeitsaufträge mehr. Ab jetzt mußte ich Hilfstätigkeiten wie Nägeleinschlagen oder Kistenkleben verrichten. Zu tun gab es dabei immer.

In der Tischlerei mußten wir uns körperlich nicht allzusehr anstrengen. Der Meister lief umher, schimpfte, tobte, konnte uns aber nicht zu Mehrleistungen zwingen. So sehr er auch wünschte, daß wir mehr arbeiteten, am Ende mußte er doch resignieren und sich mit dem begnügen, was er von uns bekam.

Wenn der Meister außer Sichtweite war, holte jeder sein persönliches Werkstück hervor, eine kleine Kassette, eine Dose oder ein Spielzeug. Wir mußten nur aufpassen, daß der „Kommissar" nichts davon merkte. Einer von uns stand immer Wache und signalisierte, wenn sich der Meister unserer Halle näherte. Ein lauter Schrei auf Russisch genügte, und alle hörten mit ihren Eigenarbeiten auf.

Unsere Produkte waren für den heimlichen Handel mit den Deutschen bestimmt. Sie mochten solche Dinge. Der übliche Preis für eine verzierte Dose war ein Zwei-Pfund-Brot. Obwohl der persönliche Kontakt mit Kriegsgefangenen streng verboten war, kauften alle, Wachleute und deutsche Arbeiter. Besonders gefragt waren kleine, mit einem Hakenkreuz bemalte Spielflugzeuge. Nur „Kommissar" Julius kaufte nie. Sicher bot ihm auch niemand etwas an.

Es war nicht schwer, unsere Handelsware aus der Werkstatt zu schmuggeln. Wir versteckten sie in den Suppentrögen vom Mittag, die wir ohnehin hinausschleppen mußten. Auch in Holzabfälle, die wir mitnehmen durften, verpackten wir unsere Ware und brachten sie unbemerkt aus der Werkstatt. Die Wachleute und die deutschen Arbeiter taten so, als wüßten sie von nichts.

In diesem Zusammenhang muß ich an eine russische Anekdote denken, in der folgendes erzählt wird: „In einer Schubkarrenfabrik in Mütterchen Rußland nahm ein Arbeiter jeden Abend eine nagelneue Karre mit nach Hause. Er legte Holzabfälle, Stroh oder Sand hinein und lief damit durchs Tor. Der Wachposten war sich ziemlich sicher, daß der gute Mann irgend etwas heimlich mit hinausnahm. Bloß was?

Darauf kam er lange Zeit nicht.

Eines Tages sagte er zu dem Arbeiter: ‚Höre, Freundchen, ich weiß, du stiehlst etwas. Sag mir, was es ist, ich werde dich nicht verraten!' Der Arbeiter glaubte ihm und zeigte auf die Schubkarre."

Ich blieb ungefähr vier Wochen bei den Tischlern, bis mein Einsatz in diesem Kommando durch einen dummen Zwischenfall beendet wurde. Der Meister holte mich, um mit ihm eine Bohle in die Werkstatt zu bringen. Gemeinsam hoben wir sie an. Doch sie war zu schwer für mich, ich ließ mein Ende zu Boden fallen. „Meister Affe" am anderen Ende verletzte sich. Vor Wut schreiend stürzte er auf mich zu und faßte nach meinem Jackenkragen. Unbewußt machte ich eine Armbewegung, als wolle ich mich verteidigen. Daraufhin ließ der Meister los, drehte sich um und ging.

Ich begriff zunächst nicht, was passiert war. Doch dann schoß es mir durch den Kopf: „Wie wird der Meister die Sache auslegen? Hat er gedacht, ich wollte ihn angreifen?"

Am Abend übermittelte mir Major Afanassiew, der deutsche Ingenieur wolle mich sprechen. Mit unguten Erwartungen ging ich in das Zimmer des Obergefreiten. Der Ingenieur fragte mich auf Russisch, was vorgefallen sei. Ich berichtete wahrheitsgemäß, daß die Bohle, die ich mit dem Meister tragen sollte, einfach zu schwer für mich gewesen war. Mehr sagte ich nicht. Über meine Handbewegung, die ich im Reflex gemacht hatte, schwieg ich. Ich weiß nicht, ob ich mich tatsächlich verteidigt hätte. Der Ingenieur schwieg.

Meister Julius hätte mich damals vernichten können. Ich war völlig in seiner Hand, Recht und Gesetz waren auf seiner Seite. Hätte er gesagt, er sei von mir angegriffen worden, wäre mein Schicksal besiegelt gewesen. Um einen Kriegsgefangenen zu beseitigen, bedurfte es noch nicht einmal der Buchstaben des Gesetzes. Ob Meister Julius den Vorfall einfach nicht so wichtig nahm oder sogar Mitleid mit der ihm ausgelieferten Kreatur fühlte? Jedenfalls hatte er mich durch sein Schweigen mindestens vor dem Konzentrationslager gerettet.

Bei den Kartoffelschälern

Tags darauf wurde ich dem Kommando der Kartoffelschäler zugeteilt. Der Ingenieur hatte wohl gedacht, ich sei zu schwach und hätte eine Erholung nötig. Die Tätigkeit hier war leicht, den ganzen Tag sitzen und Kartoffeln schälen.

Wir arbeiteten in einer Großküche für die deutschen Soldaten in Karlshagen. In der Küche standen 100 Kessel, in jeden gingen 250 Liter Inhalt. Von der Suppe und den Kartoffeln konnten wir reichlich essen. Obwohl es nicht erlaubt war, nahmen wir natürlich auch einiges ins Lager mit. Das erste, was ich deshalb brauchte, war ein größeres Kochgeschirr. Mein 1,5-Liter-Geschirr, das ich noch aus dem Lager Sytschevka hatte, war zu klein, die anderen Kartoffelschäler hatten viel größere. Die Schlosser versprachen, mir ein 5-Liter-Gefäß anzufertigen.

Wenn wir beim Wachpersonal vorbeikamen, versteckten wir das volle Kochgeschirr unter unseren breiten Mänteln. Wir mußten es nur hoch genug halten, daß es nicht unter dem Rockschoß hervorlugte. Sicherlich war zu erkennen, daß wir unter dem Mantel etwas verbargen. Und wieder schauten die Wachen weg. Manchmal meinten sie sogar, wir sollten unsere Beute besser tarnen, damit die Zivilisten sie nicht bemerkten. Während der Kriegsgefangenschaft konnte ich die Erfahrung machen, daß es in Deutschland auch Menschen gab, die sich weniger von den Vorschriften und Gesetzen der Nazis als vielmehr von ihrer eigenen Einstellung leiten ließen.

Einer der Wachmänner, er stammte aus Süddeutschland, benahm sich, als sei er im Kopf nicht ganz richtig. Er konnte niemals ernst sein, und er glaubte wohl, daß unser Wohlergehen im Lager und in der Küche von ihm allein abhinge. Wenn einer von uns besonders schwer beladen an ihm vorbeikam, lachte der Wachmann laut, als wollte er sagen: „Hast du es nicht gut bei mir?" – Wir hatten wirklich keinen Grund, uns über ihn zu beklagen. War er mit sich und der Welt zufrieden, ließ er uns in Ruhe.

Leider endete meine Tätigkeit bei den Kartoffelschälern wegen eines Streites mit diesem Wachmann. Als ich vier oder fünf Wochen in diesem Kommando gearbeitet hatte, brachte er uns einmal aus der Soldatenküche eine Suppe, die uns nicht schmeckte. Wir waren auch schon satt, deshalb aßen einige von uns die Suppe nicht. Der Wachmann wollte wissen weshalb. Die anderen verlangten von mir, ich solle ihm übersetzen, daß eine solche Suppe in Rußland nicht einmal die Schweine fressen würden. Ich fand das ungehörig und unklug, und ich versuchte, sie von der Sinnlosigkeit einer solchen Antwort zu überzeugen.

Aber sie bestanden darauf. Ich mußte es übersetzen, wollte ich nicht als unkameradschaftlich und deutschfreundlich gelten. Das war das Schlimmste, was einem Gefangenen passieren konnte. Wer verdächtigt wurde, auf der Seite der Deutschen zu stehen, war sich im Lager seines Lebens nicht mehr sicher. Sympathie für den einen oder anderen Deutschen zu hegen, das ging ja noch an, aber im Streit Partei für sie ergreifen, das duldeten die Mitgefangenen nicht.

Also übersetzte ich. Der Wachmann reagierte sehr wütend. Sein Zorn richtete sich weniger gegen jene, die nicht gegessen hatten, sondern vielmehr gegen mich. Ohne zu überlegen warf er mit der großen Schöpfkelle, die er gerade in der Hand hielt, nach mir und schrie: „Dolmetscher, morgen nix Kartoffeln schälen!"

Er hielt Wort. Am nächsten Tag erklärte Major Afanassiew, daß ich zur Arbeit auf einem landwirtschaftlichen Gut abkommandiert sei. Ich war der Solidarität unter uns Gefangenen zum Opfer gefallen. Die Kartoffelschäler zeigten mir gegenüber so etwas wie ein schlechtes Gewissen und versprachen, mir jeden Tag etwas Suppe mitzubringen. Aber schon bald dachte keiner mehr daran.

Auszug aus dem noch unveröffentlichten Buchmanuskript dieses Autors: „Ein Blick von unten her. Erlebnisse eines russischen Soldaten in deutschen Kriegsgefangenenlagern 1942–1945".

[Zülpich, Nordrhein-Westfalen – Gießen;
1943/1944]

Margareta Pesch

Die Kistenfabrik

In den Semesterferien mußten wir Studentinnen Fabrikeinsätze leisten oder in kriegswichtigen Betrieben die fehlenden Männer ersetzen. So arbeitete ich in der vorlesungsfreien Zeit 1943 und 1944 in meiner Heimatstadt in einem Holzverarbeitungsbetrieb, den wir allgemein die Kistenfabrik nannten. Das war eine ausgelagerte Filiale der Kölner Möbelfirma Kaiser, die sich hier, in der alten Molkerei in der Martinstraße, sicherer vor den Bomben glaubte.

Leider stellte die Werkstatt in dieser Zeit keine Möbel her, sondern Ersatzteile für Wehrmacht-LKWs, so zum Beispiel Armaturenbretter und Werkzeugkästen. Im oberen Raum werkelten etwa zehn dienstverpflichtete Frauen im Alter von 18 bis 45 Jahren, im unteren arbeiteten russische Kriegsgefangene an den großen Band- und Kreissägen.

Mein Platz war an der Bohrmaschine, manchmal auch an der kleinen Kreissäge. In dicke, schwere Buchenholzplatten bohrten wir Löcher unterschiedlicher Größe und sägten verschiedene Formen von Öffnungen hinein. Immer wieder mußte ich die schweren Platten auf den Tisch des Zirkelbohrers wuchten. Diese Maschine war wohl eine Behelfskonstruktion, die der Werkmeister mangels besserer Ausrüstung erfindungsreich aufgebaut hatte. Der Zirkel lief manchmal heiß, und das Holz fing an zu schmoren, was mir eine willkommene Reparaturpause bescherte.

Wir dienstverpflichteten Frauen im Hof der Kistenfabrik von Zülpich.
Vorne Pott und links Sorel, die beiden Schreiner, oben, im Fensterkreuz, stehe ich.

Die meisten Frauen schmirgelten Kanten glatt oder setzten Schrauben ein. Sorel, ein flämischer Schreiner, wies uns in die Arbeit ein und zeigte uns die nötigen Handgriffe. Er war ein munterer Kerl, der gern sang.

Die russischen Arbeitskollegen gingen zur Pause in den Hof, den wir von unseren Fenstern aus einsehen konnten. Es hatte sich herumgesprochen, daß die Russen aus Holzabfällen schönes Spielzeug bastelten, und das war sehr begehrt. Vorsichtig nahmen wir durchs Fenster Kontakt mit ihnen auf, was natürlich streng verboten war. Deshalb bewachte immer eine von uns Frauen die Tür, durch die der gefürchtete Werkmeister plötzlich auftauchen konnte. Auch die Russen hatten eine Wache.

Unter ihnen gab es Spezialisten für Eisenbahnen, Autos, Puppenbettchen, Wiegen oder Hampelmänner. Wer etwas haben wollte, suchte sich seinen Mann aus und gab mit Hilfe einfallsreicher Gesten die Bestellung auf. Nach ein paar Tagen kam die Ware, die wir unter dem Arbeitskittel versteckt nach draußen schmuggelten. Wir brachten den Russen dafür Butterbrote und Obst.

So entstand, allen Verboten zum Trotz, ein reger freundschaftlicher Tauschhandel. Den beiden Schreinerkollegen war das nicht verborgen geblieben. Einer der beiden war Flame. Sie schwiegen nicht nur dazu, ich denke, sie waren heimlich unsere Verbündeten und verwickelten in den Pausen den Werkmeister in zeitraubende Gespräche. Der Werkmeister hätte, um seine Linientreue zu beweisen und seinen Posten zu behalten, wahrscheinlich eingegriffen. Mißtrauen und Unsicherheit kennzeichneten im allgemeinen die zwischenmenschlichen Beziehungen, soweit es sich nicht um Familienangehörige und gute Freunde handelte, weil man nie wußte, auf welcher Seite der andere stand.

Eines Tages brachte mir Pjotr, ein weißblonder, schüchterner Junge mit kindlichem Gesicht, ein geschnitztes Bilderrähmchen, da er ganz richtig bemerkt hatte, daß ich kein Spielzeug brauchte. Ich belohnte ihn reichlich. Aber was war das schon! Wie er so dastand und mich erwartungsvoll anschaute, hätte ich ihn am liebsten nach Hause eingeladen. Ich konnte mir vorstellen, daß er abends auf seiner Pritsche in der Baracke vor Heimweh weinte.

Pjotr, ich wünsche mir, daß du lebst und mir deine Geschichte erzählen könntest! Es müßte die Geschichte einer wunderbaren Rettung sein!

Was haben die Diktatoren und ihre verblendeten Gefolgsleute in unserem Jahrhundert angerichtet! Im Schatten der Katastrophe haben wir Frauen von der Kistenfabrik die Politik der Menschlichkeit praktiziert. Wir hofften, daß russische Frauen auch so handeln würden.

Als im September/Oktober 1944 die Alliierten bis zur Westgrenze vorrückten, verschwanden über Nacht sowohl die

Kistenfabrik als auch die Russen aus dem Frontgebiet. Daß die Gefangenen nichts Gutes erwartete, war zu befürchten. In dem Durcheinander jener Wochen war es unmöglich, etwas über ihr Schicksal zu erfahren.

Auch die letzten in Zülpich verbliebenen Juden waren bei Nacht und Nebel abgeholt worden. Nur die unmittelbare Nachbarschaft bekam etwas mit. Hinter vorgehaltener Hand wurde nur Ungenaues weitergegeben.

Im Oktober 1944 erreichte mich als letzte böse Überraschung der Hitlerzeit ein Stellungsbefehl zu einer Scheinwerferbatterie in Gotha. Verzweifelt suchte ich nach einem Ausweg. Fahnenflucht zu den Amerikanern?

Diesen Plan verwarf ich aus Angst vor den Folgen für meine Eltern. Der Gedanke, es könnte ein Abschied für immer sein, machte mich krank. Kanonenfutter in einem verbrecherischen Krieg, der bereits verloren war? Gleichzeitig haderte ich mit mir, weil ich nicht wie die anderen einfach gehorchen konnte. Schließlich packte ich unter Tränen meinen Koffer. Am Abend vor der befohlenen Abreise war ich mir bis zuletzt nicht im klaren darüber, wie ich handeln würde.

Am anderen Morgen blieb ich vor Aufregung völlig erschöpft im Bett. Meine Mutter rief einen Arzt. Dieser verstand und schrieb ein Attest. Aber was würde danach kommen?

Der Transport, zu dem ich gehören sollte, geriet in Köln in einen fürchterlichen Bombenangriff und wurde zerschlagen. Die Überlebenden retteten sich nach Hause. Wahrscheinlich waren auch die Einberufungspapiere verbrannt, denn es folgte kein neuer Stellungsbefehl. Da es hier immer noch Parteigenossen gab, die einem sehr gefährlich werden konnten, beschloß ich fortzugehen. Mit anderen „Reisenden" fuhr ich auf einem LKW bis Bonn und von dort mit dem Zug nach Gießen, wo ich mich an der Universität einschrieb.

Mein Aufenthalt sollte jedoch nur zwei Wochen dauern. Während ich in einer Germanistik-Vorlesung saß, erlebte Gie-

ßen den ersten schweren Bombenangriff. Der Professor er-
örterte gerade die Frage, ob Goethe seinen Werther in ein
Heft oder auf lose Blätter geschrieben habe, während der
Boden des Hörsaals bereits erbebte. Keiner rührte sich.
Hanna Vogt, eine Klassenkameradin aus Euskirchen, und ich,
die wir die Gefahr bereits kannten, saßen eingeklemmt in der
Mitte. Gewaltsam brachen wir uns Bahn und rannten zum
Luftschutzkeller. Da dieser völlig unzureichend war, flüchteten
wir in einen Bunker. Hanna und ich waren fest entschlossen,
die Stadt zu verlassen. Das Haus, in dem ich wohnte, stand
direkt am Bahnhof, es sollte bei einem der nächsten Angriffe
total zerstört werden. Wir packten unsere Sachen und brachen
zu einer abenteuerlichen Heimreise auf. Teils mit dem Zug,
teils zu Fuß am Bahngleis entlang bis zur nächsten Mitfahrgelegenheit kamen wir bis Eitorf, wo wir in der Schule übernachte-
ten. Ein Schaffner hatte uns den Tip gegeben. Auf den harten Schulbänken versuchten wir, etwas zu schlafen.

Die Flucht der Nazis über den Rhein war bereits in vollem
Gange, und das konnte uns nur recht sein.

[Hamburg – München – Mittenwald, Oberbayern;
24. Juli – September 1943]

Trudi Pätz

Flucht aus dem Inferno

Am 1. Juli 1943 nahm ich im Harvestehuder Weg*), direkt
an der Außenalster, eine Ausbildung als Nachrichtenhelferin auf. Ich lernte nette junge Mädchen kennen und freun-
dete mich mit Anita Bauer an. Wir waren beide 21 Jahre alt
und teilten uns ein Zimmer. Im diesem Sommer wurde Hamburg am Tag und in der Nacht häufig bombardiert. Bei Alarm
flüchteten wir in das unter der Unterkunft liegende kata-
kombenähnliche, niedrige Gewölbe. Vor dem Krieg wurde
hier Wein gelagert. Dicht gedrängt, in gebückter Haltung,
warteten wir auf die Entwarnung.

Das Wochenende vom 24. auf den 25. Juli hatte ich frei.
Ich fuhr nach Hause. In unserer Wohnung in Lokstedt war
niemand, meine Eltern und Geschwister hielten sich im
Schrebergarten in Niendorf auf. Am Abend legte ich mich,
nur mit einem Hemdchen bekleidet, in Vaters Bett. Ich mußte
wohl so tief geschlafen haben, daß ich die Sirenen und das
Herannahen der feindlichen Bomber nicht hörte. Erst durch
das Krachen und Bersten der Fensterscheiben schreckte ich
aus dem Schlaf.

Die zerrissene Verdunkelung wehte knatternd zwischen
den zersplitterten Scheiben. Die am Himmel hin- und her-
kreisenden Scheinwerfer der Flugabwehr verbreiteten ein
gespenstisches Licht. Über mir dröhnten unendlich viele
feindliche Flugzeuge. „Christbäume", von den Flugzeugen

*) Harvestehude ist ein Stadtteil von Hamburg.

abgeworfene, langsam zur Erde schwebende grünleuchtende Phosphorgebilde und wiesen den Bombern den Weg. Das Detonieren von Luftminen erschütterte das ganze Haus. Heiße Feuerschwaden drangen durch die Fensteröffnungen herein. Aus den Nachbarhäusern loderten Flammen.

Ich konnte nicht klar denken. Vor Aufregung fand ich den Haustürschlüssel nicht. Mein neues Innsbrucker Dirndl sah ich vor mir, aber ich mußte hinaus. Wie ein gehetztes Tier lief ich durch die Räume. Wo waren bloß die Schlüssel?

Endlich entdeckte ich sie. In aller Eile riß ich einen alten Mantel meiner Mutter von der Garderobe und sprang im Hemd die Treppe hinunter. Die erwachsenen Kinder unserer Nachbarin halfen mir, den Mantel überzuziehen. Sie hatten nicht gewußt, daß ich zu Hause war, sonst hätten sie mich geweckt.

Ich hatte den Keller gerade erreicht, als unser Haus wieder von Luftminen, die ringsherum einschlugen, erschüttert wurde. Unser Hauswirt, der einen Moment draußen war, kam in den Schutzraum zurück und schrie: „Das Haus brennt, alles brennt lichterloh!" Fluchtartig rannten alle durch den schon herabfallenden Schutt ins Freie.

Als ich loslaufen wollte, bemerkte ich in einer Ecke zwei verängstigte Kinder sitzen, deren Eltern ohne sie hinausgestürzt waren. Ich nahm an jede Hand ein Kind, zog beide die bereits wankende Kellertreppe hoch und brachte sie in einen noch intakten Nachbarkeller. Als ich zu unserem Haus zurückging, kamen mir die Eltern entgegen. Sie schrien mich an: „Fräulein Schröder, wo haben Sie unsere Kinder gelassen?" – Stumm zeigte ich auf den betreffenden Eingang.

Dann rannte ich in unser brennendes Haus. Ich brauchte doch etwas zum Anziehen! Schwankend ging ich die Treppe zum ersten Stock hoch. Das Geländer neben mir brannte. Geradeaus lag die Wohnung der Nachbarin, aus der bereits Flammen schlugen, rechts war unsere. Die Eingangstür fehlte. Ganz vorsichtig lief ich durch die Scherben im Flur, vorbei an meinem Fahrrad, der Überseekiste und dem großen Koffer mit meiner Aussteuer.

Die Hälfte unserer Wohnzimmereinrichtung und des Fußbodens brannte bereits, auch das Klavier, die Nähmaschine, das Sofa und der große Spiegel waren von Flammen erfaßt. Auf dem Tisch, an dem die Flammen schon leckten, lag unversehrt meine rote Lederhandtasche mit meinen Papieren. Meine Knie zitterten. Als ich einen Schritt in das glühendheiße Zimmer wagte, knackten die Dielen bedrohlich. Es ging nicht. Aus meinem Kleiderschrank im Flur waren die Türen herausgerissen, die Kleidungsstücke lagen zwischen Glas und Holzsplittern verstreut. Ich griff mit beiden Händen in die am Boden liegenden Sachen und schleppte sie in den Nachbarkeller. Als ich noch einmal ins Haus zurückgehen wollte, war kein Weg mehr frei. Das Treppenhaus war die brodelnde Hölle, es zischte und prasselte.

Frau Rump aus der zweiten Etage war wieder nicht in den Schutzraum gegangen. Jetzt war ihr der Weg durch das Treppenhaus abgeschnitten. Ihre Tochter kletterte über das Dach und zog sie durch das Küchenfenster ins Freie. Dann sprangen beide in die vor dem Haus stehende Linde und landeten, zum Glück nur mit leichten Schrammen, auf der Erde. Ihre Katze verbrannte.

Der Himmel war dunkel. Von Rauchschwaden umhüllt, standen die Überlebenden aus der Umgebung in Gruppen auf der Straße. Die stickige Luft ließ uns kaum atmen. Wir hielten uns Tücher vor Mund und Nase. Mehrere Pavillons des Eppendorfer Krankenhauses*) brannten, die Flammen loderten zu uns herüber.

Wir Jüngeren liefen zum gegenüberliegenden Grundstück der Familie Funke. Dort, wo das langgezogene Holzhaus der Kartoffel- und Getreidehandlung gestanden hatte, glimmten nur noch einige verkohlte Balken. Ein Lastwagen nä-

---

*) heute Hamburger Universitätsklinik

herte sich, der Fahrer bremste scharf. Zwei Männer sprangen heraus. Sie wollten uns wegjagen, doch wir blieben wie
versteinert stehen. Vor unseren Augen warfen sie die ver-
kohlten Leichen, die aussahen wie kleine, verschrumpelte
Schwarzbrote, auf den Wagen und fuhren zum nächsten
Trümmerberg.

Vater und Mutter Funke sowie deren Schwiegertochter mit
ihren drei kleinen Kindern waren verbrannt. Der Sohn und
Vater der Kinder fiel später im Krieg. Adolf, der jüngere Sohn,
ein Spielkamerad von mir, wurde daraufhin von der Front
entlassen. Ein paarmal sah ich ihn betrunken aus der Kneipe kommen, dann traf ich ihn nie mehr. Eine ganze Familie
war ausgelöscht.

Der Sohn unseres Kohlenhändlers, dessen Wohnung und
Lager in Eppendorf von den Bomben verschont geblieben
waren, stand mit seinem Fahrrad bei uns. Ich bat ihn, mir
das Rad zu leihen, damit ich zu meinen Eltern und Geschwi-
stern nach Niendorf fahren und dort nach dem Rechten sehen konnte.

Die Kollaustraße war menschenleer. Einige Häuser loderten noch. Die Ruinen mit den leeren Fensterhöhlen wirkten
wie eine Geisterstadt. Auf den Straßen lagen kreuz und quer
die Oberleitungen der Straßenbahnen sowie Schutt und
Hausrat. Ein totes Pferd, daneben eine zerfetzte Gestalt versperrten mir den Weg. Oft mußte ich von dem Herrenfahrrad steigen und es über die Trümmer hinwegheben.

Mein Vater, Sprengmeister und Hilfspolizist auf der Ved-
del, einem Stadtteil in der Nähe des Hafens, hatte in unserem Schrebergarten ein Hilfslazarett eingerichtet, da er auch

---

*Rechte Seite: Ende Juli/Anfang August 1943 erlebte die Bevölkerung von
Hamburg die bis dahin schwersten Bombenangriffe, bei denen 40 000
Menschen starben. Das Foto zeigt Aufräumarbeiten in der Wieland-,
Ecke Mozartstraße, einer dicht besiedelten Gegend in Barmbek und
Wandsbek. Mein Vater war hier zu Aufräumungsarbeiten eingesetzt.*

als Sanitäter ausgebildet war. Er und Mutter versorgten Verwundete aus der Umgebung, die zumeist auf dem Rasen lagen. Auch auf unsere Laube fielen mehrmals Brandbomben. Mein Vater, der nie in den kleinen selbstgebauten Schutzraum unter der Erde ging, sondern immer im Freien blieb, gelang es jedesmal, das beginnende Feuer sofort zu löschen.

Dieses Wochenende hatte Vater auch frei. Als ich schmutzig und verschmiert den Schrebergarten erreichte, sahen mich die Eltern mit großen, fragenden Augen an. Ich schüttelte den Kopf. „Nichts mehr!" brachte ich nur heraus.

Meine Mutter weinte still vor sich hin. Alles, was sie sich mühevoll erarbeitet und liebevoll eingerichtet hatte, war über Nacht dem Erdboden gleichgemacht worden. Ich sehe heute noch, wie die Eltern eng umschlungen dastanden.

„Weine nicht", tröstete Vater meine Mutter, „es hätte schlimmer kommen können! Wir leben, und Tuti (so nannte man mich), um die wir uns solche Sorgen gemacht haben, ist jetzt auch bei uns."

Am nächsten Tag suchte mein Vater in den Trümmern unseres Wohnhauses nach noch brauchbaren Gegenständen. Mein Rad hing, ausgeglüht zwischen Parterre und erstem Stock. Vater fand ein fast komplettes Eßservice und stellte es auf den Hof. Es gehörte den Leuten unter uns. Weiter holte er seinen eisernen Schusterleisten und meine massive Silberschale, die vollkommen schwarz war, heraus. Später putzte er die Schale unermüdlich, bis sie einigermaßen silbrig schimmerte. Später kaufte ich dafür die ersten versilberten Besteckteile. Als ich meine geretteten Kleider aus dem Nachbarkeller holen wollte, waren sie verschwunden. Nur die hellbraune BDM-Jacke lag noch da.

Bevor ich das geborgte Fahrrad zurückgab, fuhr ich noch nach Hoheluft, einem Nachbarort von Lokstedt, und sah mir die Schäden an. In der Breitenfelder Straße suchten die Leute ebenfalls nach Resten ihrer Habe. Vor mir lag ein schönes, sauberes Taschentuch, ich wagte nicht, es an mich zu nehmen. Fast alle Häuser hier waren zerstört. Mit Hilfe der Elefanten aus dem Tierpark Hagenbeck wurden später in der Bismarckstraße schwere Stützbalken und Eisenträger aus den Trümmern gezogen und abtransportiert. Vater mußte schließlich wieder zum Arbeitseinsatz. Er ließ Ruinen, die einzustürzen drohten, mit Kränen einreißen, grub Tote aus den Trümmern und sprengte Blindgänger.

Mittagspause in der Schadenstelle Wielandstraße. Mein Vater steht vorn in der Mitte.

Für kurze Zeit versah ich noch meinen Dienst im Harvestehuder Weg. Anita, die schon ihren Verlobten im Felde verloren hatte, berichtete teilnahmslos: „Mein Vater lag im St. Georg-Krankenhaus. Der Pavillon wurde getroffen und Vater nicht wiedergefunden."

Ich lernte den Klappenschrank, die Vorrichtung zur Herstellung der Telefonverbindungen, zu bedienen und zu reparieren. Dann traf es auch unsere Unterkunft. Einige der Mädchen wurden verwundet, viele waren ausgebombt und suchten ihre Angehörigen.

*Nach unserer Ausbombung setzte ich später in Straßburg, Westpreußen,
meine Ausbildung zur Nachrichtenhelferin fort. Ganz links sitze ich.*

Seit der Zerstörung unseres Heimes an der Alster kümmerte ich mich um meine Mutter und die Geschwister. Meine
Mutter war in Panik. Sie wollte so weit wie möglich von Hamburg weg. Jede Nacht Fliegeralarm und sie allein mit drei
Kindern in der unzureichend ausgestatteten Schrebergar-
tenlaube. Vater war ständig im Einsatz.

Ich mußte handeln. Kurz entschlossen brachte ich Mutter, meine 16jährige Schwester Ilse mit ihrer Freundin, deren Eltern in der Bombennacht vom 24. Juli ums Leben gekommen waren, sowie meinen fünfjährigen Bruder Berni
zum Hauptbahnhof. Da ich meinen grauen Nachrichtenhel-
ferinnen-Kittel mit dem aufgestickten Adler trug, hielten
mich einige für eine organisationsberechtigte Krankenschwester.

Der Zug war völlig überfüllt, die Leute hingen an Türen
und Fenstern. Nirgendwo war Begleitpersonal zu sehen. Mein
Kittel verhalf mir zu Respekt. Ich ließ für eine Kranke – meine

Mutter – einen Platz freimachen, setzte Berni auf ihren Schoß und die Mädchen davor auf den Boden.

Der Zug bewegte sich langsam in südliche Richtung. Mein Ziel war Mittenwald in Oberbayern oder Seefeld in Tirol/ Österreich, Orte, die ich von früher kannte. Unterwegs sahen uns die Leute mitleidig an. Wir mußten ein Bild des Jammers abgegeben haben. Wenn beim Umsteigen die Schaffner hörten, daß wir aus Hamburg kamen, durften wir unentgeltlich weiterfahren.

In München suchten wir Gleixners, alte Bekannte, auf. Oma Gleixner ließ uns, ohne viel zu fragen, sofort herein und versorgte uns mit dem Nötigsten. Sie hatte nicht vergessen, daß meine Mutter sie vor einigen Jahren in Hamburg gesund gepflegt hatte. Für alle fand sie Schlafgelegenheiten. Ich schlief bei ihrer Tochter Annemie, deren Mann zur Wehrmacht eingezogen war. Annemies Töchterlein, fünf Monate alt, lag im Körbchen am Fußende der Ehebetten. Ich konnte mich nicht satt sehen an dem hübschen Kind.

In der ersten Etage wohnte ein junges Ehepaar. Die Frau schenkte mir eine modische Garnitur Unterwäsche aus hellgrünem Charmeuse. Von Annemie bekam ich ein leichtes, buntes Sommerkleid. Freudestrahlend lief ich damit zu Oma Gleixner. Sie befühlte und begutachtete lange das Kleid. Dann meinte sie: „Das ist zu schade, das kann Annemie nicht verschenken!"

Stillschweigend, aber mit erhobenem Kopf zog ich das Kleid aus und legte es über einen Stuhl. Es tat nicht einmal weh.

Einmal fuhr ich mit Berta, dem jüngsten Gleixner-Kind, in die Stadt. Ich hatte aus Hamburg Bezugsscheine für Wäsche mitgebracht. In einem kleinen Geschäft neben dem Münchener Rathaus fragte ich, ob ich dafür etwas bekommen könne. Die ältere Inhaberin verneinte. Beim Hinausgehen sagte ich unter Tränen, wir kämen aus Hamburg. Da holte uns die Verkäuferin zurück, und die Chefin schenkte mir drei Taschentücher und ein Paar Socken.

Wie erniedrigt ich mir vorkam, kann ich nicht beschreiben. Die Anspannungen der letzten Wochen machten sich jetzt sehr bemerkbar. Ich fühlte mich nicht wohl.

Schließlich raffte ich meine ganze Kraft noch einmal zusammen und brachte uns nach Mittenwald. Als wir dort ankamen, dämmerte es schon. Meine Mutter, Berni und Ilses Freundin ruhten sich in einem Straßengraben aus. Ilse und ich suchten eine Unterkunft.

Das Rathaus war bereits geschlossen. Wir irrten ziellos durch die Hauptstraße. Die Verantwortung für meine Familie, die Angst, keine Bleibe zu finden und vor allem der Hunger ließen mich ohnmächtig werden. Als ich wieder zu mir kam, standen zwei Paare um mich herum. Der eine Herr fragte seine Begleitung, nachdem sie von unserem Schicksal gehört hatten, ob sie uns nicht vorübergehend unterbringen wollten. Sie hätten doch ein großes Haus! Aber das Ehepaar verneinte und verschwand in der Dämmerung.

Doch das andere Paar war sehr hilfsbereit und kümmerte sich um uns. Es nahm uns alle mit in seine kleine Wohnung. Wir konnten uns waschen und bekamen ein warmes Essen. Die Kinder des Ehepaares überließen uns ihre Betten.

Wie sich herausstellte, waren wir bei einem Schuhmachermeister, der in Mittenwald ein gutgehendes Schuhgeschäft hatte, untergekommen. Später besorgte er uns in einer Pension Obdach. Für einige Zeit waren wir in Sicherheit.

*(Weitere **ZEITGUT**-Beiträge dieser Autorin sind im Autorenverzeichnis am Ende des Buches vermerkt.)*

[Bad Kreuznach, Rheinland-Pfalz, 1945;
Ostpolen etwa 1943]

Hermann Küchemann

Das Amulett

Amerikanische Kriegsgefangenschaft, Lager Bad Kreuznach,
Frühjahr 1945.
Eine mehrtägige Regenperiode liegt hinter uns. Nachts
haben Leutnant Weber, Leutnant Knoepfle und ich in unserem engen Dreierloch gehockt, durch Webers Mantel, den
wir uns um die Schultern gelegt haben, und Knoepfles Zelt-
bahn über unseren Köpfen nur unzureichend geschützt.
Tagsüber sitzen wir auf unseren Packtaschen oder schlei-
chen, vom Hunger geschwächt, auf der Lagerstraße auf und
ab. Ergeben wie Weidevieh haben wir die Regenschauer über
uns ergehen lassen. Unsere Uniformen sind naß, kalt und
dreckverkrustet von dem Schlamm ringsum, der von Tau-
senden von Stiefeln durchgeknetet ist.
Jetzt bricht die Sonne wieder durch, ein lauer Wind treibt
die restlichen Wolken fort. Mit kreatürlichem Wohlbehagen
recken wir uns den Sonnenstrahlen entgegen. Am Vormittag wird es richtig warm, und uns überkommt der Drang,
die klammen Kleider vom Leibe zu reißen und sie wie auch
unsere Körper an der Wasserleitung von Schlamm und Dreck
zu befreien.
Während Uniformjacken und Hemden, auf den Packtaschen ausgebreitet, trocknen, bürsten wir Hosen und Stiefel
ab und laufen mit bloßem Oberkörper umher. Dabei werden
wir auf einen kleinen, silbernen Anhänger an einem Kett-

chen um Webers Hals aufmerksam, offensichtlich ein Madonnenbild, wie man es von Ikonen kennt.

Neugierig geworden, erkundigen wir uns nach der Herkunft dieses ungewöhnlichen Amuletts. Weber reagiert ausweichend, fast abweisend auf unsere Frage. Das reizt uns noch mehr, ihn zu bedrängen, vermuten wir doch eine zarte Liebesgeschichte dahinter. Schließlich gibt er nach und beginnt zu erzählen.

Es war während der Kämpfe im Osten. Weber war noch einfacher Soldat, als seine Einheit hinter der Front von polnischen Partisanen beschossen wurde. Als Rache und zur Abschreckung erging der Befehl, ein in der Nähe befindliches Dorf und alle seine Bewohner zu liquidieren. Webers Kompanie erhielt den Auftrag, das Dorf in weitem Bogen in einer Art Schützenkette wie bei einer Treibjagd zu umstellen und jeden Flüchtenden, ohne Rücksicht auf Alter und Geschlecht, zu erschießen, während eine andere Einheit das Dorf durchkämmte.

So fand sich der junge Soldat in einem lockeren Kiefernaltholz mit Buchen- und Strauchwerkunterwuchs wieder, vor sich einen gegen das Dorf hin leicht abfallenden Hang. Wegen des Unterholzes konnte er weder seine Nebenmänner noch das Dorf und dessen Flur sehen. Weber stellte sich hinter eine dickere Kiefer, den Karabiner in der Hand, lugte um den Stamm herum und hoffte inständig, keinen Polen zu Gesicht zu bekommen.

Plötzlich gewahrte er mit Schrecken, daß sich in einiger Entfernung Unterholzzweige bewegten. Unsicher starrte er in die Richtung, aus der für ihn das Schicksal nahte. Oder war es nicht eher umgekehrt?

Weber erkannte eine dunkle Gestalt, die, ständig nach allen Seiten um sich blickend, durch das Unterholz hastete. Während er den Karabiner anhob und entsicherte, schlug ihm das Herz bis zum Hals. Übelkeit stieg in ihm hoch. Er brachte die Waffe in Anschlag und drückte sich hinter den Baumstamm.

Da teilten sich vor ihm die Zweige, und auf wenige Meter Entfernung standen sie sich gegenüber: der junge deutsche Soldat mit eindeutigem Tötungsbefehl und ein polnisches Mädchen, das voll Entsetzen wahrnahm, daß es genau vor die Waffe eines Deutschen gelaufen war, denen entronnen zu sein es eben noch geglaubt hatte. In Erwartung des tödlichen Schusses stand es reglos da. Kein Laut drang aus dem geöffneten Mund, die schreckgeweiteten Augen starrten in das Gesicht des Feindes.

Weber erwachte als erster aus der Erstarrung. Ein kurzer Blick nach rechts, dann nach links, und er hatte sich überzeugt, daß keiner seiner Kameraden in Sichtweite war. Er drehte den Karabiner mit der Mündung nach oben, legte den Zeigefinger auf den Mund und deutete mit dem Daumen hinter sich.

Es dauerte einen Augenblick, bis das Bewußtsein der jungen Polin registrierte, was ihre Augen wahrnahmen. Mit zitternden Fingern nestelte sie an ihrem Hals, und ehe Weber recht begriff, hing eine kleine Kette mit silbernem Anhänger über seinem Kragen. Dann schlugen die Zweige des Unterholzes hinter der Davoneilenden zusammen.

Er war wieder allein.

Der Krieg hatte einen Augenblick lang den Atem angehalten. Das Abbild der Schwarzen Madonna von Tschenstochau an dem Kettchen bewies, daß diese Begegnung kein Traum gewesen war. Als Amulett hatte es hinfort seinen Platz unter Webers Uniform. Er mußte es gut verstecken, denn ein Bekanntwerden des Vorgangs hätte den Träger wegen Befehlsverweigerung vor ein Kriegsgericht gebracht.

[Antwerpen, Belgien – Aachen – Recklinghausen;
März 1943–1944]

Victor Van Assche

Schweigen ist eine Sünde

In Belgien gibt es jetzt immer weniger deutsche Soldaten,
die Fronten fordern ständig Nachschub. Nur die deutsche
Marine ist noch stark vertreten. Mit ihren Schnellbooten sind
die Männer zwar häufig im Einsatz, liegen aber auch oft an
Land. Und in den Häfen leben die Matrosen lustig, wie überall auf der Welt.

Die Lage der Zivilisten wird angespannter. Nachdem die
Besatzungsmacht zuerst Fahrräder und Autos beschlagnahmt hat, werden jetzt in Deutschland Menschen gebraucht.
Das Reservoir an deutschen Arbeitskräften ist leer, es soll
mit Zwangsarbeitern aus den Besatzungsgebieten aufgefüllt
werden. Eine Verordnung der Feldkommandantur 520 in Antwerpen verpflichtet alle Arbeitgeber, mit ihren Personalli-
sten im Kommandantur-Arbeitsamt zu erscheinen. Deren
Büros sind auf dem Gelände der Reederei „ami". Wer zehn
Arbeitnehmer beschäftigt, muß zwei „abgeben". Hier wird
mit Menschen gehandelt, als seien sie Ware.

Auch mein Vater, der eine Wäscherei besitzt, muß mit einer Personalliste zur Feldkommandantur, bei der einige deutsche Bürokraten und auch flämische Bürger beschäftigt sind.
Diese Flamen kooperieren mit den Deutschen, um nicht zum
sogenannten Arbeitseinsatz zu müssen. Zwei Arbeitskräfte
unserer Wäscherei werden für Deutschland ausgesucht:
meine Cousine, die als Büglerin bei uns arbeitet, und ich mit

*Bevor ich im März 1943 nach Deutschland dienstverpflichtet wurde,
arbeitete ich in der Wäscherei meines Vaters. Hier bin ich mit dem
Wäschekarren in den Straßen Antwerpens unterwegs.*

meinen 19 Jahren! Ich bin unruhig, nach all dem, was wir
unter deutscher Besetzung erlebt haben, erwarte ich nichts
Gutes. Wohin würde es mich wohl verschlagen?

Wie sooft im Leben, kommt mir ein Zufall zu Hilfe. Einige
Tage nach der Meldung für den Arbeitseinsatz sitzt mein
Bruder in einer Straßenbahn, als er bemerkt, daß er sein
Portemonnaie vergessen hat. Er steigt vorzeitig aus, um sich
bei einer Tante das Fahrgeld zu leihen. Sie erzählt ihm, daß
unser Vetter Albert gerade aus Deutschland zurückgekom-
men sei. Er habe dort freiwillig ein halbes Jahr in der Landwirtschaft gearbeitet, und er habe es gut gehabt. Mein Bruder läßt sich die Adresse geben.

Einige Tage später stehe ich beim Arbeitsamt. Es herrscht
großer Andrang. Formulare und nochmals Formulare müssen ausgefüllt werden. Als ich endlich an der Reihe bin, zeige ich die Adresse des deutschen Arbeitgebers. Der Büroangestellte blättert in einem dicken Buch und schreibt endlich

in sein Formular „Reichsknappschaft Bochum". Wo liegt Bochum? Mir gefällt das alles nicht, mich stört das Wort „knapp", denn das bedeutet auch in Flämisch „wenig". Geschrieben – beantragt – genehmigt!

Nur kurze Zeit später bekomme ich einen dicken Brief vom Arbeitsamt. Wieder viele Formulare sowie ein Fahrschein: Am 1. März 1943 soll es losgehen.

Der Tag kommt schnell. Mit Sack und Pack stehe ich am Zentralbahnhof, aufgeregt, unsicher und mit tausend Fragen: Was erwartet mich? Wie werde ich aufgenommen werden? Wann komme ich zurück?

Helferinnen vom Roten Kreuz verteilen Kaffee und Kekse. Ich höre, wie eines der Mädel sagt: „Täglich fährt hier ein Sonderzug mit Deportierten ab." – Deportierte? Habe ich richtig gehört: „deportiert", nicht „dienstverpflichtet", wie es beim Arbeitsamt genannt wurde? Wohl alle jungen Männer, die mit mir in den Zug von Brüssel nach Anderlecht einsteigen, haben dieselben unguten Gedanken. Ich bin nicht alleine, aber ich fahre einer ungewissen Zukunft entgegen.

In Anderlecht hält der Zug ein erstes Mal. Auf dem Bahnsteig laufen ein paar Dutzend Feldgendarme umher. Sie tragen an einer Kette ein Schild mit der Aufschrift „Feldgendarmerie" um den Hals. Ich mag diese Polizisten nicht, sie erinnern mich an die Soldaten in Hoogboom, die wir Kettenhunde nannten. Niemand darf aussteigen, wie Gefangene sitzen wir alle im Zug. Mit einem Stoß werden noch mehrere Waggons angehängt, sicherlich mit Männern aus Ost- und Westflandern. Endlich fährt der Zug wieder ab. Die Fahrt geht über Leuven, Lüttich und Verviers nach Aachen.

Endstation. Wie ein Bienenschwarm und vollbepackt wie Auswanderer folgen wir dem Begleitpersonal. An einer Sperre werden die Fahrausweise kontrolliert. Auffallend freundlich ist das Bahnpersonal: „Bitteschön, Dankeschön!" Das habe ich von den Besatzungssoldaten zu Hause nie gehört. Hier geht es zivilisierter zu als beim Militär. In langen Reihen gehen wir zum Arbeitsamt Aachen; Formulare kontrollieren, abstempeln, eintragen, bitteschön, dankeschön.

Zum Übernachten werden wir in ein Kloster gebracht. Meine erste Nacht in Deutschland! Dieses Durchgangslager für Deportierte scheint gut organisiert zu sein. Täglich müssen wohl viele Menschen aus den Besatzungsgebieten ankommen. Ich liege auf einem Feldbett und kann nicht einschlafen, ringsherum ist zuviel Lärm. Nun bin ich im Dritten Großdeutschen Reich, bei dem Volk, von dem mein Vater oft erzählt hat. Ein Volk von Musikern wie van Beethoven, Brahms, Bach, Wagner und anderen. Ein Volk von Dichtern wie Goethe, Schiller, Heine.

Heute aber ist es das Land von Hitler und seinen Militärs. Ein Land, das ganz Europa unter seine Knechtschaft gebracht hat, von dessen Boden schreckliche Bomber starten, um unschuldige Menschen zu töten. Ich denke an ein Gedicht von Heinrich Heine, das ich in der Schule gelernt habe: „Denk' ich an Deutschland in der Nacht, dann bin ich um den Schlaf gebracht." Ich auch, mein lieber Heine, ich auch!

In dieser Nacht erlebe ich meinen ersten Fliegeralarm in Deutschland. Es wird eine lange Nacht, aber auch sie geht vorüber. In einem großen Saal bekommen wir Frühstück. Das Brot hier ist schlecht. Danach werden erneut alle Papiere und Formulare kontrolliert und abgestempelt. Auch die Fahrkarten werden noch einmal verlangt. Auf meiner Karte steht Bochum, aber dorthin will ich doch gar nicht. Vetter Albert war in Recklinghausen! – Abwarten.

Mit allen Gepäckstücken geht es zurück zum Bahnhof Aachen. In der Stadt sind viele Häuser zerstört. Jetzt sind es die Engländer, die Bomben auf Städte werfen. Keine guten Aussichten für mich. Wäre ich doch schon in Recklinghausen! Im Hauptbahnhof eine unübersehbare Menschenmenge. Ich höre Französisch und Flämisch, aber kein Deutsch. Ich sehe riesige Lokomotiven mit großen Rädern und langen Dampfkesseln. Fernzüge sind das, so große Kessel habe ich noch nie gesehen. Ich schließe mich ein paar flämischen jungen Männern an, die nach Köln fahren müssen. Das ist auch meine Richtung, durchs Rheinland ins Ruhrgebiet, soweit habe ich mich bereits informiert.

Der Zug ist vollbesetzt, wir stehen im Gang. Ein Kontrolleur zwängt sich zwischen den Reisenden durch. „Heil Hitler, die Fahrscheine bitte!" Es geht gesittet zu. Freundlich, aber bestimmt fragt er nach dem D-Zug-Zuschlag. Was meint er? Ich verstehe ihn nicht. Keiner versteht ihn, und niemand hat einen D-Zug-Zuschlag bezahlt. Er brummt vor sich hin und zieht weiter.

Den Kölner Bahnhof erlebe ich voller Staunen. Ein riesiges Gebäude, größer als das in Antwerpen. Daneben sehe ich zwei hohe Kirchtürme, das muß der Dom sein. Wo wollen nur all die vielen Menschen hin?

Meine mitreisenden Flamen sind verschwunden. In gebrochenem Deutsch frage ich, wie ich nach Recklinghausen komme. Die Treppe hoch und wieder hinunter gelange ich auf einen anderen Bahnsteig. Auf der Anzeigetafel steht Dortmund. Ich bin also richtig. Wieder koppelt eine große Lokomotive an. Hinein in den langen Zug. Die Fahrt geht über Düsseldorf und Duisburg. Ich erfahre vom Schaffner, daß ich in Essen umsteigen muß. Die Leute sind alle freundlich, ganz anders, als es die Soldaten zu Hause waren. Die Städte sind teilweise sehr zerstört. Hier haben die englischen Flieger viel Unheil angerichtet. Ich sehe auch die Industrie im Ruhrgebiet: Fabriken, hohe Schornsteine, Türme von Zechen. Die Gegend erinnert mich an die Borinage in Belgien.

In Essen erneut die Frage: Wie gelange ich an mein Ziel? Mit dem Gepäck wieder treppauf, treppab. Nach langem Suchen finde ich einen Zug Richtung Münster via Gelsenkirchen und Wanne-Eickel, der in Recklinghausen halten soll. Endlich habe ich mein Ziel erreicht.

Mein Vetter hatte gesagt, ich müsse mich im „Knappschafts-Krankenhaus" melden. Bei der Polizei bekomme ich

Auskunft und finde meine zukünftige Dienststelle. Das Krankenhaus sieht aus wie eine Kaserne. Der Pförtner möchte freundlich wissen, zu welcher Station ich will. Station? Eisenbahn? Davon habe ich vorerst genug und versuche zu erklären, daß ich zu einem Bauernhof will. Er lacht: „Stationen sind Krankenabteile und keine Bauernhöfe. Und Vieh haben wir hier auch nicht."

Da fällt ihm der Gutshof ein, der zum Knappschafts-Krankenhaus gehört. Er geht zu einer Telefontafel, nimmt ein paar Stecker und stöpselt die langen Drähte in verschiedene Löcher. Es dauert eine Weile, bis er meint: „Du wirst abgeholt." Ich bin gespannt, wie es weitergeht.

Mein neues Zuhause, eine neue Welt

Es dauert fast eine Stunde, bis ein Junge hereinkommt. „Ich soll dich abholen", sagt er und hilft mir, das Gepäck auf einen Pferdewagen zu laden. Wir sitzen vorn auf dem Wagenbock. Es ist inzwischen dunkel geworden, aber das Pferd kennt den Weg. Helmut ist als Landjahrjunge auf dem Gutshof. In Deutschland muß jeder Jugendliche nach der Schule ein halbes Jahr zum Reichsarbeitsdienst, sofern er nicht gleich zur Wehrmacht einberufen wird. Als er erfährt, daß ich aus Belgien komme, redet er wie ein Maschinengewehr: „Mit dem Vertrag von Versailles haben die Belgier den Deutschen Unrecht getan. Nur gut, daß Hitler gekommen ist und den Vertrag zunichte gemacht hat."

Ich bin müde und überzeugt, daß Helmut in der Schule alles auswendig lernen mußte. Aber ich antworte ihm trotzdem: „Hör' mal, der Vertrag von Versailles wurde 1919 unterzeichnet, da waren wir beide noch nicht einmal geboren! Und was heißt Unrecht: Hat Deutschland nicht Belgien überfallen? Deportiert Deutschland nicht Zivilisten? Ist es kein Unrecht, wenn ich heute hier bin?"

Helmut schweigt und ich dann auch. Die Fahrt geht durch einen Wald, dann erreichen wir den Gutshof. Von der Familie Rehring, so heißen die Verwalter, werde ich freundlich empfangen. Nach all der Ungewißheit tut mir diese Freundlichkeit gut. Ein junges Mädchen steht in der großen Küche, begutachtet mich und lächelt mir etwas spitzbübisch zu. Mutter Rehring macht einen gemütlichen Eindruck. Sie fragt mich, ob ich Hunger hätte. Das schon, aber zum Essen sei ich zu müde, meine Augen würden mir bald zufallen, antworte ich. Daraufhin zeigt sie mir mein Zimmer.

Als ich vor dem Bett stehe, überlege ich, wie ich darin schlafen soll. Über das ganze Bett liegt ein riesiges Kissen. Soll ich da hineinkriechen? Bei uns schläft man zwischen zwei Laken, darüber eine warme Wolldecke. Ich bin viel zu müde, ich krieche unter das Riesenkissen und schlafe sofort ein.

Mitten in der Nacht werde ich von höllischem Donner geweckt. Träume ich? Nein, es ist Wirklichkeit. Es ist Kanonendonner, ganz in der Nähe! Dann höre ich Rufen: „Aufstehen! Fliegeralarm!" In Sekunden habe ich meine Hose an und renne mit allen Familienangehörigen in den Keller. Dort unten erfahre ich, daß auf dem Feld 18 große 8,8-cm-Flak-Geschütze stehen. Im Halbschlaf muß ich meine Gedanken ordnen. Vor ein paar Stunden noch war ich froh, auf einem Bauernhof gelandet zu sein und dadurch keinen Hunger leiden zu müssen. Ich glaubte, ich sei weit entfernt von den Gefahren des Luftkrieges! Und jetzt das! Das Brummen der Flugzeuge wird leiser. In der Ferne dröhnt der lange Signalton einer Sirene. „Das ist die Entwarnung", sagt man mir. Zurück ins Bett und weiterschlafen.

Am nächsten Morgen sehe ich mir meine neue Umgebung an. Alles erscheint fremd. Das Haus ist sauber. Mein erstes Frühstück gleicht einer Königstafel: Jetzt, mitten im Krieg, stehen Weißbrot und Schinken auf dem Tisch! Ich traue meinen Augen nicht. Mutter Rehring drückt ein dickes, rundes Brot vor die Brust, macht mit einem langen Brotmesser ein Kreuz darauf und schneidet dann, wie mit einem Säbel, lange Scheiben davon ab. „Hoffentlich zieht sie sich das Messer

nicht in den Bauch", denke ich. Das Brot schmeckt besser
als alles Brot, was ich bisher gegessen habe. Ich fühle mich
wie im Schlaraffenland!

Aber dann entdecke ich durch das Fenster mehrere lange
Kanonenrohre, die aus Erdbunkern herausragen. Etwas weiter entfernt sind die hohen Fabrikschornsteine und Kühl-
türme der Zeche „Auguste Viktoria" zu erkennen. Ich erfahre, daß sich hinter der Zeche, in Marl-Hüls, die chemische
Fabrik Buna befindet. Rings um die Fabrik liegen, an Stahls-
eilen verankert Fesselballons. Bei Fliegeralarm läßt man sie
aufsteigen, damit Tiefflieger die Fabrik nicht angreifen können. Sehr friedlich scheint das Landleben hier nicht zu sein!

Mutter Rehring setzt sich mit an den Tisch und beginnt
ein Gespräch: „Düsse verdammte Krieg, usse Heinrich het
se na Rußland verfrachtet, en dü müss na Dütsland komme." Ich verstehe kaum etwas. Als sie es merkt, fragt sie
mich, ob ich kein Plattdeutsch könne. Ich bemühe mich zwar,
ahne aber nur, was sie meint. Sie schimpft wohl auf den Krieg.

Am nächsten Tag muß ich mich bei der Polizei und beim
Arbeitsamt melden. Ich denke an die schlechten Erfahrungen, die ich auf den Behörden in Antwerpen gemacht habe.
Die jüngste Tochter der Rehrings, Lisabeth, fährt zum Ein-
kaufen in die Stadt. Sie werde mich zu den verschiedenen
Ämtern begleiten, sagt sie. Ich solle die Straßenbahn nehmen, sie fahre mit dem Rad. Am Lohtor würden wir uns treffen. Das ist einfach gesagt, aber ich kenne Recklinghausen
nicht. Lisabeth gibt mir eine genaue Wegbeschreibung.

Nach 20 Minuten Fußweg erreiche ich die Haltestelle. Mit
der Linie 16 geht's zur Stadt. Die freundliche Schaffnerin
will mir Bescheid geben, wenn wir am Ziel sind. Die Straßenbahn schaukelt wie ein Kirmeswagen, bergauf und bergab, und tatsächlich ruft sie schon bald: „Hinaus mit dir!"
Das wäre also geschafft.

Ich stehe am Lohtor und sehe Recklinghausen bei Tages-
licht. Kleine Häuser, teilweise mit Holz verkleidet. Auf den

Straßen fahren nur Pferdefuhrwerke. Die Menschen sind einfach gekleidet, auch daran erkennt man die Kriegszeit. Ich nehme die neuen Eindrücke interessiert auf, bin in Gedanken versunken, als eine Stimme ruft: „Vico, komm!"

Das ist Lisabeth, die mit ihrem Fahrrad auf mich wartet. Zusammen gehen wir zum Rathaus, einem sehr schönen Gebäude, umgeben von Platanen. Lisabeth stellt ihr Fahrrad neben vielen anderen Rädern ab. Keines ist angeschlossen. „Hier wird nicht geklaut", erklärt sie mir.

Wir steigen die breiten Treppen hoch und stehen vor einer Tür mit der Aufschrift „Meldeamt". Hinter dem Schreibtisch sitzt ein älterer Mann. Er schaut auf meine Papiere, sieht mich an und sagt auf flämisch: „Zet uw voeten maar onder de stoof, mijnheer."*) Ich bin sprachlos!

Er legt meine Papiere zur Seite und erzählt: „Als wir im Ersten Weltkrieg von der Front kamen und bei flämischen Bürgern Unterkunft fanden, wurde ich in einem Haus mit diesen Worten empfangen." Nun werde ich in ein dickes Buch eingetragen, denn Ordnung muß sein. Der Meldebeamte stempelt noch ein paar meiner Formulare ab und sagt dann: „Alles erledigt."

Nun zum Arbeitsamt. Hier treffen wir auf einen sturen Beamten mit einem Bart, wie Hitler ihn trägt. Er hat einen steifen Arm. Mit dem üblichen Gruß „Heil Hitler" werden wir empfangen. Er begutachtet meine Formulare und brummt Lisabeth an: „Was glauben die in Antwerpen, die eingebildeten Kollegen im Ausland? Die haben ja keine Ahnung! Wir hier bestimmen, wer Arbeitskräfte braucht! Warum soll dieser Mann auf dem Knappschaftsgutshof arbeiten?"

Lisabeth kennt die Mentalität solcher Bürokraten und entgegnet: „Rufen Sie doch bei der Knappschaft an."

Der Beamte brummt weiter und telefoniert: „Heil Hitler, hier ist das Arbeitsamt. Wer bestimmt eigentlich, wo die Ar-

---

*) „Stellen Sie Ihre Füße ruhig unter den Ofen, mein Herr!"

*Als Belgier und Städter werde ich
auf dem Bauernhof der Familie
Rehring gut aufgenommen.*

beitskräfte eingesetzt werden? Wir brauchen Tausende im Bergbau." Der rüde Mann wird etwas ruhiger, er hat wohl am anderen Ende ein entsprechendes Echo gehört. „Gut, gut, Heil Hitler", beendet er das Gespräch und stempelt meine Formulare ab. Ich habe von der Unterredung nur wenig verstanden, aber Lisabeth beruhigt mich: „Alles in Ordnung. Wie man in den Wald hinein ruft, so schallt es zurück."

Bei der Polizei, meiner letzten Station, geht alles problemlos. Formulare stempeln, Fingerabdrücke hinterlassen, fertig. Bin ich froh, alles hinter mir zu haben!

„Sanctus Bürocratismus erledigt", sagt Lisabeth. Ich verstehe nicht, was sie mit dem Heiligen meint. Jetzt brauchen wir nur noch das Fahrrad beim Rathaus abholen und zurück zur Haltestelle am Lohtor. Auf dem Weg dahin begegnen uns zwei Männer, schwarz gekleidet, mit einem Zylinder auf dem Kopf. Über die Schulter tragen sie aufgerollte Stahldrähte, an denen runde Bürsten hängen. „Komische Tracht", denke ich und mir fallen dabei Abbildungen auf Neujahrskärtchen ein. „Was sind das für Männer?" frage ich.

Lisabeth lacht. „Das sind Schornsteinfeger, sie bringen Glück. Und dann gleich zwei! Wir hatten schon Glück, du kannst bei uns bleiben, mußt nicht im Bergbau arbeiten. Dort

ist Schmalhans Küchenmeister." Ich verstehe nur die Hälfte, zeige es aber nicht. Mit der Straßenbahn fahre ich wieder
zurück. Lisabeths Worte gehen mir nicht aus dem Kopf. „Zwei
Schornsteinfeger ... bei uns bleiben ... Glück bringen..."

Ich denke auch an die Kanonen im Feld. Das Leben auf
einem Bauernhof kenne ich noch nicht. Ich komme aus einer anderen Welt.

Meine Pflichten auf dem Bauernhof

Mittags sitze ich wieder an einem reichgedeckten Tisch. Es
gibt Gemüseeintopf und Speck, soviel jeder mag, und zum
Nachtisch eine dicke Milchsuppe. Mit uns sitzen zwei junge
Russen am Tisch, die beide schon länger auf dem Gutshof
leben. Mutter Rehring betet vor und nach dem Essen, und
alle sagen laut „Amen". Hier wird der christliche Glaube groß
geschrieben.

Nachmittags sollen am Bahnhof Pflanzkartoffeln aus Thüringen abgeholt werden. Iwan, der eine Russe, kennt den
Weg zum Bahnhof und soll mich mitnehmen. Zwei dicke Pferde werden vor einen großen Wagen gespannt. Der Wagen
sieht aus wie jene, die die Deutschen mitbrachten, als sie in
Belgien einmarschierten. Hier heißt er Leiterwagen.

Iwan spricht kein Wort, sicher kennt er die deutsche Sprache noch weniger als ich. Wir fahren durch einen Wald, über
Feldwege, vorbei an einem großen Park. Ich merke mir die
Straßennamen, damit ich mich später orientieren kann. Über
einen abschüssigen Sandweg gelangen wir zur Hindenburg-
Allee. Hier tauchen die ersten Häuser auf. Iwan lenkt die
Pferde zum Güterbahnhof, rangiert mit viel Geschick, bis
wir vor einer Waggontür stehen. Er kann gut mit Pferden
umgehen, ich dagegen habe Respekt vor großen Tieren und
halte lieber Abstand.

Am Güterbahnhof stehen an diesem Morgen viele Russen, die in der Landwirtschaft beschäftigt sind, mit ihren
Pferdefuhrwerken. Iwan wird jetzt sehr gesprächig, er kann

also doch reden. Ich verstehe kein Wort Russisch, das bestimmt noch viel schwieriger ist als Deutsch. Mit breiten Gabeln, die kleine Kügelchen an den Spitzen haben, werden die Kartoffeln aus dem Waggon heraus auf den Leiterwagen geschaufelt. Ich plage mich bei dieser Arbeit sehr, Iwan dagegen scheint sie Freude zu machen. Unser Wagen wird voll.

Iwan geht zu den Pferden, klopft beiden an den Hals, nimmt das Halfter, streichelt die Tiere und sagt: „Charascho." Das wird „Auf geht's, nach Hause," heißen, denke ich. Bergauf, bergab, die Pferde schwitzen. Wenn ich auf die Menge Kartoffeln sehe, möchte ich zu gern ein paar nach Hause schicken. Für ein kleines Säckchen sind wir einmal über die belgische Grenze nach Holland gelaufen, doch mußten wir die Schmuggelware den Grenzposten überlassen.

Auf dem Bauernhof ist alles neu für mich. Der Umgang mit den Tieren beeindruckt mich am meisten. Fünf Pferde, 18 Kühe und etwa 100 Schweine gibt es hier. Heute soll ich Milch ausfahren. Zuerst muß ich zur Molkerei, dann mit der Magermilch zum Krankenhaus. Aber ich kenne den Weg nicht, wie soll ich das bewerkstelligen?

Vater Rehring lädt acht große Milchkannen auf den Wagen und meint, ich solle mich nicht sorgen, Irma kenne den Weg. Irma ist das Pferd. Und tatsächlich: Irma zieht über den Feldweg auf die Hauptstraße, links und wieder rechts, in die Stadt, bis hin zur Molkerei. Auf dem Hof wendet sie von allein und kommt direkt vor der Rampe zum Stehen. Irma muß ein Zirkuspferd sein. Mir wird erklärt, wo ich die Milchkannen abstellen soll. Auf einem Transportband verschwinden sie, kommen nach einiger Zeit leer zurück und werden dann auf der Rampe mit einem langen Schlauch wieder gefüllt. Das soll Magermilch sein? Den Lieferschein?

Ja, den habe ich auch bekommen und sogar versucht, ihn zu entziffern. Keinen Buchstaben konnte ich lesen. „Was steht darauf?" will ich wissen. Das Fräulein lacht: „Das ist Suttersche Schrift." – So, so, Mutter Rehring schreibt also in Sutterscher Schrift. An der Molkerei höre ich die Männer Plattdeutsch reden. Deutsch, Plattdeutsch, Suttersch – alles ist neu für mich.

Nun sind die Milchkannen voll, und wenn Irma jetzt noch den Weg zum Krankenhaus weiß, bin ich froh. Das Pferd lenkt alleine. Vor einer großen Tür auf dem Hof des Krankenhauses bleibt es stehen. Hier muß die Küche sein. Ich schaue mich um und gelange in eine Küche, groß wie ein Saal. In der Mitte stehen Kochtöpfe, so groß wie Badewannen. Etwa zwanzig Mädchen, alle mit weißen Kopftüchern, laufen emsig wie Ameisen hin und her. An einem der riesigen Kochtöpfe stehen zwei ältere Frauen, die mit einem großen Paddel rühren. Eine der beiden sagt im barschen Ton: „Was willst du hier? Du hast hier nichts zu suchen!"

Kein netter Empfang, trotzdem frage ich, ob die Milch hierher geliefert werden soll. Die andere Frau ist freundlicher und zeigt mir einen großen Kessel, in den die Milch gegossen wird. Bei dieser schweren, ungewohnten Arbeit geht mir schnell die Luft aus. Die Köchin lächelt und tröstet mich: „In den nächsten Tagen wird's besser gehen." Sie läuft zu einem Schrank und kommt mit einem Apfel für mich zurück. „Wir werden wohl miteinander auskommen", meint sie. Diese lieben Worte sind Balsam für meine Seele, ich bedanke mich: „Merci." „Bist du Franzose?" „Nein, Flame." Die Frau bekommt ein rotes Gesicht und geht zurück zu ihrem Badewannenkessel. „Ich heiße Topp", sagt sie nur noch.

Der Lieferschein muß zur Verwaltung, die Büros sind in den oberen Stockwerken. Über einige Gänge gelange ich zur richtigen Tür, klopfe an und trete mit „Guten Morgen" ein.

Ein Brüllen kommt zurück: „Das heißt Heil Hitler!"

Erschrocken bleibe ich stehen. Eben in der Küche noch freundliche Worte, jetzt so ein Geschrei!

„Was machst du hier? Warum bist du nicht Soldat?"
Ich verstehe nicht alles und sage, während ich mich schon umdrehe und hinausgehe: „Hier ist der Lieferschein."

„Ha, du bist der Neue vom Gutshof, Heil Hitler!"
Ich bin froh, daß ich wieder gehen darf. Das war wohl wieder ein echter Nazi, wie der, den ich vor einigen Tagen beim Arbeitsamt getroffen habe. Die leeren Milchkannen stehen wieder auf dem Wagen. Mit dem Kommando „Irma los!" beginnt die Rückfahrt. Irma läuft jetzt wie ein Traber, selbstverständlich kennt sie auch den Weg zurück. Kurz vor dem Gutshof stehen zwei Pferde vor einem Pflug. Der Mann dahinter gibt ein Zeichen, und Irma hält an. Er nähert sich und fragt: „Bonjour, est-ce-que tu est Belge?"*) Erstaunt antworte ich „Oui" und überlege, wie es möglich ist, hier auf Französisch angeredet zu werden. Hat es sich nach drei Tagen schon herumgesprochen, daß ich Belgier bin?

Der Mann erzählt, er sei Kriegsgefangener und arbeite in der Nachbarschaft. Als er hört, daß ich Flame bin, spricht er deutsch, viel besser als ich. Er kommt aus der Wallonie, dem französischsprachigen Teil Belgiens, sein Name ist Oskar. Seit drei Jahren ist er zusammen mit 40 anderen Gefangenen in Recklinghausen-Hochlar untergebracht. Er schimpft auf die Engländer, die uns Belgier 1940 im Stich gelassen und es vorgezogen haben, wie die Hasen zurückzulaufen. Als er erfährt, daß ich nicht freiwillig hier bin, drückt er mir die Hand. Seltsam, hier in der Fremde klappt die Verbrüderung zwischen Flamen und Wallonen besser als im eigenen Land.

Nach und nach lerne ich den Landwirtschaftsbetrieb besser kennen. Nur vor den Kühen und Pferden habe ich noch etwas Respekt. Großen Tieren bin ich bisher nur im Antwerpener Zoo begegnet, dort leben sie hinter Gittern. Ich übe mich im Melken. Anfangs schmerzen meine Handgelenke. Auch die Kühe merken, daß ich Anfänger bin, sie sind unruhig und wedeln ständig mit dem Schwanz.

Auf dem Hof ist die Arbeit gut organisiert, jeder hat seine Aufgaben. Mutter Rehring und ihre drei Töchter sind für

*)„Guten Tag, bist du Belgier?"

Auf dem Knappschaftsgutshof von Recklinghausen.

Haus, Garten und Milchvieh verantwortlich. Iwan ist für die grobe Arbeit auf dem Feld und für die Pferde zuständig. Das ist sein Beruf, er stammt aus einer Kolchose in der Ukraine. Leonid, der andere Russe, ist ein Stadtjunge aus Stalino*). Er ist genausowenig Bauer wie ich. Leo muß die Tiere füttern und die Ställe sauberhalten. Ich habe vorerst außer Milchfahren und Melken keine weiteren Pflichten. Ich soll erst einmal alles kennenlernen.

Im Monat März gibt es noch nicht viel Arbeit. Jetzt laufen die Vorbereitungen für die Frühjahrsbestellung. Alle Geräte und Maschinen werden in Ordnung gebracht.

Man schickt mich mit dem Pferd Ella zum Schmied, denn sie braucht neue Hufeisen. Ella läuft mit ihren großen Hufen direkt neben mir her, ich habe Angst um meine Füße...

Auf dem Hof sder Schmiede tehen mehrere Bauern und warten. Alle reden Plattdeutsch. Ich beobachte die Gehilfen, die einem Pferd alte Hufeisen abziehen und die Hufe säubern – auf den ersten Blick eine einfache Arbeit. Der Schmied sorgt für gutes Feuer und glühende Kohle. Mit einer langen

---

*) heute Donezk in der Ukraine

Zange legt er jedes Hufeisen einzeln hinein und holt es erst wieder heraus, wenn es glutrot ist. Dann klopft er es auf seinem Amboß, bis es die gewünschte Form hat. Schön, diese Arbeit zu verfolgen.

Jetzt kommt Ella an die Reihe. Ich gehe mit ihr in die Schmiede und binde sie an einem Haken an der Mauer fest. So haben es meine Vorgänger auch gemacht.

Herr Funcke, der Schmied, befiehlt: „Vorderbeine hoch!" Das schaffe ich nicht.

„Paß mal auf!" sagt er und schnappt mit einer Hand Ellas Gelenk. Ich probiere es und tatsächlich, es geht. Ella steht stramm auf ihren restlichen drei Beinen. Der Schmied zieht das alte Eisen vom Huf, glättet das Horn und das Laufbett mit einem Messer und einem Meißel. Dann nimmt er mit den Augen Maß und probiert ein vorgefertigtes, heißes Hufeisen an. Es stinkt nach verbranntem Horn. Das Hufeisen bekommt auf dem Amboß ein paar Schläge, jetzt paßt es. Abgekühlt wird es mit viereckigen Nägeln auf den Huf genagelt. Die Nägel gucken seitlich heraus, werden abgekniffen und umgeschlagen. Ein Bein ist fertig.

Meinen Rücken spüre ich schon jetzt kaum noch. Ellas Beine sind schwer! Als nächstes kommt das rechte Vorderbein dran. Die gleiche schwere Prozedur. Endlich steht sie mit den Vorderfüßen in ihren neuen Schuhen.

Nun die Hinterbeine. Ich kenne ja jetzt die Spielregeln, und mit „Ella hoch!" habe ich ein Hinterbein in der Hand. Aber genau das gefällt Ella wohl nicht. Sie zieht ihr Bein vor und zurück. Ich ziehe mit und lande, ehe ich mich versehe, in einer Ecke der Schmiede, mitten in einem zusammengekehrten Haufen von abgehobeltem Horn. Ich fluche, flämisch natürlich, so kräftig ich fluchen kann.

Der Schmied lacht: „Ich zeige dir, wie du das Hinterbein halten mußt. Du mußt das vierte Bein des Pferdes sein." Er hebt Ellas Hinterbein hoch und stemmt seinen Körper gegen den Bauch des Tieres. Ich mache es ihm nach, und so bekommt unsere Ella auch hinten neue Hufe. Ich bin geschafft. Meine Augen brennen, und ich stinke nach Horn. So schwierig habe ich mir das Beschlagen nicht vorgestellt. Wie müssen sich die Schmiedemeister im Antwerpener Hafen mit den vielen Pferden plagen? Die Kaltblüter dort sind noch viel schwerer. Ich bin froh, daß es wieder nach Hause geht.

Mitten auf dem Weg plötzlich Sirenengeheul. Auch das noch! Was jetzt? Wenn es brenzlig wird, werde ich Ella irgendwo anbinden, um selber Schutz zu suchen. Am Himmel fliegt ein Schwarm Flugzeuge in V-Form, umgeben von kleinen Wölkchen, entstanden durch explodierende Flugabwehrgranaten. Und dann – eins der Flugzeuge zieht einen dikken, schwarzen Rauchstreifen hinter sich her: Es wurde getroffen. Ein paar weiße Punkte fallen vom Himmel, das könnten Fallschirme sein. Ja, je tiefer sie kommen, um so besser kann ich sie erkennen. Das Flugzeug kippt zur Seite, zieht immer noch den schwarzen Streifen hinter sich her. Aus der Ferne höre ich einen schweren, dumpfen Schlag und eine Explosion. Das Flugzeug ist abgestürzt und hatte wohl noch Bomben an Bord. Hoffentlich ist es auf ein freies Feld gefallen! Ein schreckliches Erlebnis! Aufgeregt und erschöpft erreiche ich das Gut.

Hier herrscht paradiesische Ruhe. Gäbe es den Luftkrieg nicht, wäre der Hof der Himmel! Aber die Kanonen im Feld bringen meine Gedanken zurück zur Realität. Mit der Zeit lerne ich die Soldaten der Flak-Stellung kennen. Sie haben nicht viel zu tun und langweilen sich. Sie kommen aus verschiedenen Regionen Deutschlands, sprechen unterschiedliche Dialekte. Ich lerne immer besser Deutsch, kann schon vieles verstehen und mich auch einigermaßen unterhalten. Auch orientieren kann ich mich inzwischen recht gut, habe mir alle Wege und Richtungen gemerkt.

Eines Tages werde ich zur Mühle nach Marl geschickt, dorthin soll ich vier große Säcke Getreide zum Mahlen bringen. Ich bin neugierig, denn dieser Weg ist mir unbekannt. Hinter dem Steinernen Kreuz soll es sein. Endlich komme ich an ein Gebäude, das wie eine Mühle aussieht, aber keine Flügel hat. Die müssen wohl irgendwann abgebaut worden sein. Innen stehen keine Mühlsteine, sondern Maschinen mit Walzen. So etwas habe ich noch nie gesehen! Könnte ich doch bloß meiner Mutter einen halben Sack Mehl schicken! Wenig später sind meine vier Säcke Weizen bereits gewalzt, mahlen kann man das nicht mehr nennen.

Ich gewöhne mich an das Leben auf dem Gutshof und bekomme immer mehr Pflichten auferlegt. So muß ich eine der Kühe zum Stier bringen. Der Stier steht beim Bauern Korthaus. Ich hoffe, daß dies einfacher sein wird, als mit Ella zum Schmied zu gehen!

Bei Korthaus angekommen, soll die Kuh in einer Vertiefung stehen. Der Bauer kommt mit einem riesigen Stier aus dem Stall. Er hält ihn mit einem Stock, der am Nasenring des Tieres befestigt ist. Mit schnellen Schritten geht Korthaus mit dem Stier auf mich zu – am liebsten würde ich weglaufen! Der Stier steht nun hinter der Kuh, deren Kopf ich festhalten muß. Der dicke Stierschädel kommt immer näher, er ist wesentlich größer als der einer Kuh. Kurze, gerade Hörner, Augen wie Feuerkugeln. Noch nie habe ich aus dieser Nähe einen Stier gesehen! Er bläst gewaltig aus seiner Nase, mit einem Satz springt er auf die Kuh. Jetzt stehe ich dem Ungetüm Auge in Auge gegenüber. Die Kuh sackt in die Knie. Ich bete darum, daß sie stehen bleibt! Dann steigt der Stier ab und Bauer Korthaus führt ihn in den Stall. Er dreht sich noch mal zu mir um und sagt schmunzelnd: „Na also, das Tier ist lammfromm!"

Aus dem Wald müssen wir Holz für den Backofen holen. Ella und Lotta werden angespannt, Leonid und ich setzen uns auf den Wagen, auf dem schon Äxte und Sägen liegen. Iwan läuft neben den Pferden her. Über Feldwege gelangen wir in die Burg, so heißt das Stückchen Wald, das zum Gutshof gehört. Auf einer Lichtung hält Iwan die Pferde an. Alles ist still, ein paar Rehe springen an uns vorbei, und ich genieße den Augenblick. Iwan begutachtet ein paar Birken und fällt dann mit wenigen Axthieben einen der Bäume. Jeder Schlag sitzt. Leonid und ich, nicht so geschickt im Baumfällen, entfernen die Äste und laden die Stämme auf. Wir haben einige Stunden zu tun. Wenn wir für längere Zeit außerhalb des Gutshofes arbeiten, bekommen wir Kaffee und Brote mit. Herrlich die Pause in der freien, ruhigen Natur! Leonid erzählt, wie er nach Deutschland gekommen ist: Er war in Stalino auf dem Markt, als deutsche Truppen den Platz umzingelten. Männer und Frauen wurden in Eisenbahnwaggons getrieben. Wie Vieh verfrachtete man sie nach Deutschland. Leonid hat Tränen in den Augen.

Wir arbeiten weiter, bis der große Wagen mit Stämmen und Ästen voll beladen ist. Iwan lenkt das schwere Gefährt durch den Wald wie ein Lotse das Schiff im Hafen. Die Pferde müssen schwer ziehen, die Wagenräder liegen tief im Sand. Auf dem Gutshof werden die Stämme abgeladen und zersägt. Iwan versorgt zuerst die Pferde. Jedes bekommt einen Eimer Wasser.

Auch sonntags müssen die Kühe gefüttert und gemolken werden. Die Milch wird wie jeden Tag zur Molkerei und zum Krankenhaus gebracht. Das Krankenhaus hat eine kleine Kapelle, und so kann ich am Sonntag zur Kirche gehen. Die Kapelle ist voll besetzt mit Krankenschwestern, jede trägt ein weißes Häubchen mit einem Roten Kreuz. Mich erinnert das an einen Schwarm von Pinguinen. Ich bin der einzige Mann und werde bestaunt, als käme ich von einem anderen Stern. Ein Pfarrer hält den Gottesdienst ab. Am Ende kniet er vor den Altarstufen: „Lasset uns beten für Führer, Volk und Vaterland!"

Ich glaube, nicht richtig verstanden zu haben. Hier wird für Adolf Hitler gebetet? Mit einem Kloß im Hals verlasse ich die Kapelle. Ich denke an die ersten deutschen Soldaten, die ich in meiner Heimat sah. Auf ihren Koppelschlössern

Mutter Rehring, eine zutiefst gläubige Frau, die auch uns Zwangsarbeiter gut und gerecht behandelte.

stand: „Gott mit uns". Wieder auf dem Gutshof, erzähle ich von meinem Erlebnis. Mutter Rehring spricht jetzt hochdeutsch: „Wir haben in unserem Glauben gelernt, liebe deine Feinde." Vater Rehring ist anderer Meinung: „Hitler ist der Richtige für das deutsche Volk!"

Da holt Mutter Rehring tief Luft und schimpft: „Er ist ein falscher Prophet!" Die Töchter wollen ihre Mutter beruhigen: „Die Nazis werden dich noch mal holen, bitte sei ruhig!" Doch das ist für Mutter Rehring Öl aufs Feuer. Je mehr die Töchter versuchen, auf sie einzureden, desto mehr kommt die Mutter in Rage: „Heute sind die Juden an der Reihe, morgen die Katholiken. Schweigen ist eine große Sünde!" Vater Rehring geht aus dem Zimmer, er hat genug. Maria, die älteste Tochter, bittet mich: „Du hast nichts gehört!"

Ich habe diesen Familienkrach nicht verursachen wollen. Mir ist auch nicht klar gewesen, wie gefährlich es sein kann, das Regime zu kritisieren. Daheim in Belgien glaubt mein Vater, daß das deutsche Volk geschlossen hinter Hitler steht.

Aber das stimmt nicht. Viele Menschen denken wie Mutter Rehring, aber nur wenige sprechen ihre Meinung so offen aus. Ich bin erst wenige Wochen hier, erfahre aber immer wieder, daß Menschen hinter vorgehaltener Hand Kritik an Hitler üben. Ich bin mit meinen Äußerungen vorsichtig.

Eine weitere Tochter der Familie Rehring, Gertrud, kommt zu Besuch. Sie macht den gleichen ruhigen Eindruck wie ihre Mutter. Ihre Redensart ist von großer Frömmigkeit geprägt. Sie paßt in diese Familie. Maria begrüßt ihre Schwester mit strahlendem Gesicht: „Johannes kommt bald auf Urlaub!" Dann kann er endlich seinen kleinen Sohn in die Arme nehmen, den er bis heute noch nicht gesehen hat.

Auf dem Gutshof gibt es ein Telefon, das einzige in der Nachbarschaft. Und Nachbarn sind auf dem Lande mehr wert als ferne Verwandte. Ob Geburt, Hochzeit, Begräbnis, die Nachbarschaft weiß es immer zuerst, hilft immer zuerst. Und für jegliche Hilfe ist das Telefon gut. Eines Nachts klopft einer der Nachbarn stürmisch an die Tür und ruft erregt: „Laßt den Doktor rufen, unsere Magd ist krank!" Es dauert nicht lange, da brummt ein Auto über den Hof und fährt zum Nachbarbauern. Eine Weile später heulen die Sirenen. Fliegeralarm! Alle flüchten in den Keller. Die Kanonen der Flak donnern mit aller Kraft. Die Kellertür geht auf und der Doktor stürmt herein. „Auch das noch", schimpft er, „hätte ich gewußt, daß nur die Magd krank ist, wäre ich nicht herausgekommen und jetzt auch noch Fliegeralarm."

Ich glaube, nicht recht zu hören. Ein Arzt sagt so etwas? Auch Mutter Rehring scheint meiner Meinung zu sein. Sie kennt den Arzt und redet Plattdeutsch mit ihm: „Leewe Doktor, hör to! Wi sünd all Kinner van usen Herrgott, of Magd, of Buersfro, of Bettler, of Kaiser. Un noch wat: To Hus kann di uck ne Bombe up den Kopp fallen!" („Hör mal, lieber Doktor, wir sind alle Gotteskinder, ob Magd oder Bäuerin, ob Bettler oder Kaiser. Und noch etwas: Zu Hause kann dir auch eine Bombe auf den Kopf fallen!")

Damit hat der Mann nicht gerechnet. Wenn auch viele mit Respekt vor einem Arzt schweigen, Mutter Rehring nicht!

Als ich ein paar Tage später zum Krankenhaus komme, bittet mich Fräulein Topp, vom Schlachthof Eisstangen zu holen. Irma kennt den Weg, ich muß nicht lange suchen. Kurz vor einer Unterführung begegnet uns eine Kolonne russischer Kriegsgefangener. Neben ihnen laufen deutsche Soldaten mit aufgesetzten Seitengewehren. Ich halte an, um näher hinzusehen. Unter den Gefangenen sind einige Asiaten. Alle Männer sehen ausgemergelt und abgerissen aus. Sie sind in wattierte Jacken gekleidet, einige haben Mützen wie Eskimos. Nur wenige tragen Schuhe, viele haben Lumpen um ihre Füße gewickelt. Einer der Wachposten schreit mich an: „Weiterfahren!" Mir läuft es kalt über den Rücken.

Als wir am Abend zusammen in der großen Küche sitzen, kommt ein Nachbar zu Besuch, der gerade von der Front nach Hause gekommen ist. Er wurde in Stalingrad verwundet und konnte mit einem der letzten Flugzeuge ausgeflogen werden. Wie es im Kessel von Stalingrad zugegangen sei, wolle er lieber nicht beschreiben. Nur soviel, daß er vor der Hölle jetzt keine Angst mehr habe, denn dort habe er sie erlebt. Zigtausende Russen und Deutsche seien regelrecht abgeschlachtet worden! Stumm hören wir zu.

Aus dem Volksempfänger, dem kleinen Radio an der Wand, tönen die Nachrichten: „Das Oberkommando der Wehrmacht gibt bekannt: ..." Mutter Rehring dreht den Radioknopf ab. „Wi mööt jede Nacht in'n Keller, un de dämliche Hitler sitt in'n Bunker twüschen dicke Müern!" („Wir müssen jede Nacht in den Keller, und der dämliche Hitler sitzt im Bunker zwischen dicken Mauern!")

Die Töchter versuchen wieder, ihre Mutter zu beruhigen. „Du hast recht", meint der Soldat, „viele meiner Kameraden in Stalingrad haben ähnliches gesagt!"

Am nächsten Sonntag besuche ich die belgischen Kriegsgefangenen in Recklinghausen-Hochlar. Dort sehe ich erstmals wieder belgische Militäruniformen, besser gesagt, was davon nach drei Jahren übriggeblieben ist. Oskar empfängt mich und stellt mich den anderen vor. Es sind Wallonen, wir sprechen französisch und deutsch. Alle wollen wissen, wie es in Belgien aussieht. Da fallen mir Lisabeths Worte ein. „Schmalhans ist Küchenmeister", sage ich, und sie wissen, was gemeint ist.

Ein älterer Soldat erzählt von seinen ersten Monaten als Gefangener. Er war mit flämischen Kameraden zusammen, aber die durften schon bald wieder nach Hause, weil sie als „Germanen" eingestuft wurden. Jetzt kämen keine flämischen Deportierten mehr, sagt er. Der Soldat schimpft über die Art und Weise, wie Menschen in fremde Länder gebracht würden, weit weg von ihrem Zuhause. Und dennoch, sie hätten es schlechter treffen können. Sie arbeiteten in der Landwirtschaft, bekämen gutes Essen und dürften Post aus der Heimat empfangen. Alle verwünschen Léon Degrelle, der mit seinen Anhängern die „Wallonische Legion" gegründet hat, die zur SS gehört. – Und sie alle haben Heimweh.

Leonid bittet mich eines Sonntags, mit ihm zusammen russische Kriegsgefangene in Oer-Erkenschwick zu besuchen. Nach einem langen Marsch erreichen wir das Bergbaustädtchen. Vor uns erhebt sich der große Förderturm der Zeche, gleich daneben sind die Wohnungen der Bergleute.

Dann stehen wir vor dem Kriegsgefangenenlager, hier Stalino-Lager genannt. Sofort erkenne ich den Unterschied zum belgischen Lager. Es ist mit Stacheldrähten gesichert, und deutsche Soldaten halten Wache. Leonid lügt den Wachposten an, er mache einen Krankenbesuch. Leonid kennt den Weg, er war schon häufig hier, viele Holzbaracken in langen Reihen. Wir gehen in die zweite Baracke hinein und stehen vor zwei bis drei übereinander gebauten Bettkästen.

Als ich die ersten Russen sehe, bin ich maßlos erschrokken: Abgemagerte Gestalten, eher als Skelette zu beschreiben. Ihre Augen liegen tief im Kopf, ihre Finger sind wie Stäbchen, mit Haut überzogen. Mir laufen Tränen über die Wangen. Ich sehe Tote, die sich bewegen. Ich schäme mich, weil mir jeder ansehen kann, daß ich gut ernährt bin.

Leonid holt zerdrückte Butterbrote aus einer Tüte und verteilt sie. Sankt Martin! Aus Leonids Worten höre ich „Belgika", er redet von mir. Einige Männer lächeln. Ein solches Lachen habe ich noch nie gesehen: Das sind Lippen, die sich in einem Totenkopf bewegen, ein unvorstellbarer Anblick!

Wie ist das in Gottes Namen möglich? Fantasiere ich? Wie ist es möglich, daß Menschen Menschen so etwas antun? Ich schäme mich. Ist das ein Teil von Hitlers Kriegsführung? Wird das Lager mit Stacheldraht umzäunt, damit die Insassen nicht herauskommen oder sollen vielmehr die Bürger nicht erfahren, wie es hinter dem Zaun aussieht? Haben hier Kriegsgefangene keine Rechte? Kennt das Naziregime nicht die Genfer Konvention? Wo ist das Rote Kreuz? Wo sind die Kirchen, die soviel von der Nächstenliebe predigen?

Ich kann nicht schlafen. Am nächsten Tag sehe ich krank aus. Ja, ich bin krank. Seelisch krank, weil ich lebendige Tote gesehen habe. Weil ich mir soviel Unrecht und Elend nicht ausmalen konnte. Mein Vater glaubt immer noch, daß Hitlers Ideologie Flandern helfen kann, besser helfen kann, als der belgische Staat es tut. Wenn Vater sehen könnte, wie Hitler seine Gefangenen behandelt, würde er den Glauben an Flanderns Zukunft unter Hitler schnell vergessen. Und er würde das Unrecht dieser Barbarei verurteilen.

Die Arbeit auf dem Hof läßt die Erlebnisse etwas vergessen. Ich danke dem Herrgott, daß ich täglich genug zu essen habe und immer an einem gedeckten Tisch sitzen kann. Jetzt verstehe ich Mutter Rehring besser, wenn sie vor dem Essen betet „Herr segne uns und diese Deine Gaben, die wir von Deiner Güte jetzt empfangen werden. Amen."

[Haren, Emsland – Essen – Leipzig – Köln – Kevelaer –
Neustadt/Weinstraße – Lingen/Ems – bei Brüssel;
August 1939; September 1943–Juli 1945]

Hermann Kimmann

Ich werde abhauen!

Am 25. August 1939, eine Woche vor Kriegsausbruch, mußten alle Bauern aus der Gegend um Meppen im Emsland die
schon vorher gemusterten Pferde auf den Pfarrhof nach
Wesuwe bringen. Dort begutachtete man die Tiere noch einmal und setzte den Preis fest. Am folgenden Tag wurden die
Pferde von den Höfen abgeholt.

Als Anfang September deutsche Truppen in Polen einmarschierten, wurden ausgebildete Reservisten sofort eingezogen. Männer, die unabkömmlich waren, erhielten eine
vormilitärische Ausbildung. Als Landwirt gehörte auch ich
zu dieser Gruppe. Wir mußten einmal wöchentlich zur
Übung, die meist in Haren auf dem Sportplatz stattfand.

Im September 1943 bekam ich dann einen Stellungsbefehl nach Münster-Gievenbeck. Als ich mich dort meldete,
war die Einheit nach Essen-Krey in eine große, neue Kaserne verlegt worden. Drei Kompanien des Luftwaffen-Sonder-
kommandos waren dort stationiert, eigentlich eine Art Feuerwehr. Bei diesem Kommando trat ich meinen Dienst an.

Wir hatten die Aufgabe, nach großen Bombenangriffen
Feuer zu löschen und für Ordnung zu sorgen. Bei jedem Luft-
alarm mußten wir mit voller Ausrüstung, also mit Gewehr,
Rucksack und Stahlhelm, im Kellerbunker der Kaserne
Schutz suchen. Meistens konnten wir uns bei Entwarnung
wieder ins Bett legen. Wenn wir aber einen Einsatzbefehl

bekamen, rückten wir aus. Die Fahrzeuge standen immer fahrbereit auf der Straße. Mein erster Einsatz war in Hagen, dann folgten Einsätze in Kassel, Düsseldorf und Münster. In Münster sah es am schrecklichsten aus. Drei Kirchtürme standen in Flammen. In den Straßen lagen Schutt, Trümmer und Leichen. Wir mußten erst die Wege freiräumen, bevor wir durchfahren konnten.

Kurz danach erlebten wir einen schweren Angriff auf unsere Kaserne in Essen-Krey und auf die Kohlenzeche „Katharina", die gegenüber lag. Wie üblich, blieben wir nach dem Fliegeralarm noch einige Zeit im Luftschutzbunker, als es über uns plötzlich krachte. Über 40 Bombeneinschläge zählte ich anderntags auf dem Kasernengelände! Das Gebäude, in dem sich auch unsere Kleiderkammer befand, wurde total zerstört, die anderen kamen mit leichteren Schäden davon.

Im November 1943 wurde unsere Einheit nach Berlin verlegt. Auf der Fahrt in die Reichshauptstadt hatten wir nachts einen Unfall: In der Nähe von Magdeburg stürzte unser Wagen mit acht Mann die etwa drei Meter tiefe Böschung der Autobahn hinab und kippte um. Unverletzt konnten wir aus der verklemmten Tür hinausklettern. Mittlerweile war die ganze Kolonne an uns vorbeigefahren, ohne etwas bemerkt zu haben. Bei kaltem Regenwetter suchten wir unter einer Autobahnbrücke Schutz. Am anderen Tag kehrte ein Wagen aus Berlin zurück, um nach uns zu suchen.

In Berlin kamen wir nicht mehr zum Einsatz, wir wurden nach Leipzig verlegt. Dort blieben wir längere Zeit. Erst mußten wir Brände löschen, dann Dächer reparieren. Viele der Stadthäuser waren doppelt mit Dachziegeln gedeckt. Wir verlegten sie einzeln und konnten so einige Löcher wieder schließen.

Anfang 1944 absolvierte ich in Posen*) einen Kfz-Lehrgang und kehrte dann wieder zu meiner alten Einheit zurück. Das Luftwaffen-Sonderkommando war inzwischen nach Hilden bei Düsseldorf verlegt worden. Dort hatten wir eine

---

*) heute Poznan in Polen

Beim Kfz-Lehrgang im Januar 1944 in Posen.

ziemlich ruhige Zeit. Weil ich Zahnschmerzen hatte, fuhr ich
mehrmals zum Zahnarzt nach Oberkassel. Ich nahm die Straßenbahn und hatte den ganzen Tag frei.

Im Sommer 1944 bekam ich Ernteurlaub. Während des
Urlaubs half ich beim Hafermähen im Moor. Einmal flogen
über uns in großer Höhe etwa 700 feindliche Flugzeuge hinweg. Sie nahmen Kurs auf Hannover.

Gleich nach meinem Urlaub kam ein Offizier der Fall-
schirmtruppen in unsere Einheit, um Freiwillige zu werben.
Etwa 25 Mann meldeten sich, damit gab er sich aber nicht
zufrieden. Deshalb wurden alle, die nach 1907 geboren waren, für eine Woche zur Ausbildung nach Gardelegen bei Sten-
dal geschickt. Für mich begann nun ein neuer Abschnitt
meiner Soldatenzeit. In einem großen Zeltlager wurden wir
erneut auf Tauglichkeit überprüft.

Nach der Ausbildung stieß ich in Köln-Wahn zur 7. Fall-
schirmjägerdivision, die noch kurz zuvor an der Verteidigung
der Festung Montecassino in Italien beteiligt gewesen war
und dabei große Verluste erlitten hatte. Einige Tage später
wurden wir mit der Eisenbahn nach Roermond in Holland

verlegt. Dort teilte man mich dem Troß, der Versorgungseinheit, zu. Abends brachten wir mit Pferden Essen und Munition bis in die vordersten Linien. Wenn sich die Stellungen
verschoben hatten, mußten wir auch für die Tiere neue Stand-
orte sowie Brennholz für die Feldküche finden.

In vielen Orten bezogen wir Quartier, so in Venlo, Horst,
Castenray, Nimwegen, Arnheim und Bree in Belgien. In Horst
wollte ich mein Pferd in der Schmiede beschlagen lassen.
Während der Schmied das Hufeisen zurechtklopfte, holte ich
mir aus einem Garten auf der anderen Straßenseite einige
Äpfel. Plötzlich begann Artilleriefeuer, und eine Granate
schlug etwa 15 Meter von mir entfernt in den Obstgarten
ein. Die Fenster in der Schmiede zersplitterten, und der sechs
Zentner schwere Amboß fiel um. Das Pferd war verschwunden. Meine Mütze auf dem Kopf hatte ein paar Risse und ich
hatte einen Schock.

Bei Castenray bot sich uns ein schreckliches Bild. Auf einem Gestüt waren mehrere Pferde, darunter zwei Kaltblut-
hengste getötet worden. Ein Vetter aus Holland erzählte mir
nach dem Krieg, einer der beiden sei der wertvollste Zucht-
hengst des Landes gewesen.

In dieser Zeit war ich einmal mit einem Kameraden in
Holland in einer Kirche. Während der Messe entstand große
Unruhe in dem Gotteshaus, und die meisten Menschen liefen nach draußen. An diesem Sonntag hatten die Deutschen
alle jungen Männer zur Zwangsarbeit eingezogen.

In der Gegend wurde viel Obst angebaut, hauptsächlich
Äpfel. Weil keine Züge mehr fuhren, wurden die Äpfel wie
Kartoffeln in die Erde eingemietet. Als Pferdefutter wurden
Möhren angebaut. Auf einigen Schlägen sah man Stangen-
bohnen. Die wuchsen nicht an Stangen hoch, sondern an
Maschendraht. Die holländischen Bauern fuhren mit 2-Rad-
wagen, von einem Pferd gezogen. Einige hatten moderne vier-
rädrige Wagen mit Gummibereifung, doch die hatten sie unter Stroh versteckt, damit die Deutschen sie nicht requirie-

ren konnten. Die Pferde zogen nicht mit Sielen-, sondern mit Kummetgeschirr.

Zwischen den Fronten irrte häufig Vieh umher. Wir fingen insgesamt elf Pferde ein und einmal sogar eine Milchkuh, die uns jeden Tag sechs bis acht Liter Milch gab. Wenn wir weiterzogen, banden wir die Kuh an einen Wagen.

Einmal fuhren wir zu dritt mit Pferd und Wagen auf einem schmalen Weg durch den Wald und kamen auf eine große Lichtung. Der Feldwebel befahl mir: „Geh in die Schneise und warte. Wir sind in etwa einer Stunde zurück."

Ich suchte Schutz im Wald und band mein Pferd an einen Baum. Nach kurzer Zeit begann die feindliche Artillerie zu schießen. Inzwischen war es dunkel geworden. Die Einschüsse konnte ich nicht sehen, aber der scharfe Pulverdampf zog mir in die Nase. Das Pferd wurde wild und zerrte unablässig an seinem Strick. Ich hatte es mit einem doppelten Strick angebunden, einer war schon gerissen. Durch gutes Zureden und Klopfen konnte ich das Tier etwas beruhigen. Nach einer Weile kamen meine Begleiter wohlbehalten zurück. Sie begrüßten mich mit den Worten: „Mensch, Hermann, daß du noch lebst!" Ich wunderte mich ebenso, daß die beiden unverletzt geblieben waren.

Kurz nach Weihnachten 1944 erlebte ich einen traurigen Unfall. In dem nahe der Grenze gelegenen holländischen Dorf Kessel mußte ich Verpflegung nach vorn zur Kompanie bringen. Unsere Leute hatten zwischen zwei Häusern ein Geschütz aufgebaut. Ich hielt mich mit einigen Kameraden im Wohnzimmer des einen Hauses auf, während draußen Schüsse fielen. Auf einmal gab es einen Knall. Die Wanduhr fiel zu Boden. Als wir nach draußen eilten, bot sich uns ein schrecklicher Anblick. Ein Rohrkrepierer hatte das Geschütz auseinandergerissen. Karl war sofort tot, drei Männer kamen ins Lazarett. Karl war 29 Jahre alt. Seine Mutter war bereits Witwe, und es war ihr einziges Kind gewesen.

Wir wechselten in jener Zeit fast täglich unser Quartier.

Ich erinnere mich an einen Gutshof. Er hieß Scholtenhof und gehörte der Harpener Bergbaugesellschaft, die früher die Fischteiche in Geeste, im Emsland angelegt hatte. Das Stallgebäude, ein Rundbau, war das modernste, daß ich je gesehen hatte. Es war ein Rundbau. Auf dem Futterplatz in der Mitte konnte ein großer Futterwagen entladen werden. Auf einer Straße waren Gleise verlegt, auf denen Loren mit Milchkannen und auch die Loren zum Ausmisten fuhren.

Es ging weiter nach Weeze und Winnikendonk. Von dort wurden wir nach Kevelaer, einem Wallfahrtsort, verlegt. Unser Bataillon hatte in der letzten Zeit große Verluste erlitten. Die ganze 7. Division wurde neu aufgefüllt.

In Kevelaer wurden wir auf die Eisenbahn verladen und fuhren in Richtung Osten. Doch wir hatten Glück, wir mußten nicht zur Ostfront. Weiter ging es über Baden-Baden nach Elsaß-Lothringen. Unsere erste Station war Bellheim. Hier blieben wir einige Tage. Das Wetter wurde schlechter, es fing

Hier stehe ich als letzter bei der Essenausgabe beim KFZ-Lehrgang in Posen Januar 1944. An der Front war das Essenfassen schwieriger. Ab August 1944 gehörte ich zu einer Versorgungseinheit. Abends brachten wir mit Pferden Essen und Munition bis in die vordersten Linien.

an zu schneien. Beim nächsten Standortwechsel konnten wir kein Quartier finden und machten uns deshalb im Landauer Forst ein Feuer. Aus Ästen und Zweigen bauten wir einen Wall, der uns etwas vor dem kalten Wind schützen sollte.

Am anderen Tag erreichten wir Neustadt an der Weinstraße. Es war eine neuzeitliche und altdeutsche Stadt. Die Straßen liefen gleichmäßig und gerade nebeneinander her. Die Einwohner hatten den Ort verlassen, und die Pumpen, die an jeder Straßenkreuzung standen, waren alle bis auf eine, die dick umwickelt war, zugefroren. Wir mußten das Wasser etwa 300 m weit holen.

An einem Vormittag dröhnten über uns Flugzeuge. Einige Kameraden liefen aus den Kellern nach draußen, kamen aber sofort wieder zurück. Da gab es einen lauten Knall. In unserem Haus zersprangen die Fensterscheiben, das Nachbarhaus wurde halb und das Gebäude daneben völlig von einer Bombe zerstört. Wieder mußten wir umziehen.

Wir erreichten ein Dorf, das noch bewohnt war. Hier wurden wir bei Familien einquartiert. Zum ersten Mal seit langer Zeit ein warmes Bett! Ich glaube, ich habe in meinem ganzen Leben nie so fest geschlafen wie in jener Nacht. Doch schon bald kam ein Meldefahrer und weckte uns. Feindalarm! Wir mußten los. Unsere Einheit zerstörte in Schweighausen mit vier Schüssen einen Kirchturm, weil ein vorgeschobener Beobachtungsposten der Alliierten darin vermutet wurde.

Als es in Elsaß-Lothringen ruhiger wurde, zogen wir uns immer weiter ins Rheinland, nach Weeze, Winnikendonk und Kevelaer, zurück. Schließlich setzten wir mit der Fähre über den Rhein. Einige Tage lagen wir bei schönem, ruhigen Wetter in der Nähe von Wertherbruch in Westfalen, in einer flachen Gegend ohne jede Deckungsmöglichkeit. Als mehrere feindliche Flugzeuge nahten, befürchteten wir, sie würden Fallschirmjäger absetzen. Der Schriftführer unserer Kompanie fragte eilig den Spieß: „Soll ich die Unterlagen alle verbrennen?" Aber der Spieß beruhigte ihn: „Warte, bis ich dir ein Zeichen gebe." Die Flugzeuge flogen weiter, ohne einen Schuß abgefeuert zu haben.

Es folgten ruhige Märztage. Die Bauern begannen, das Sommerkorn zu säen. Bis zum Emsland war es nicht weit. Ich bekam Heimweh. Was wohl meine Eltern machen? Sie waren beide schon über siebzig Jahre alt und mit einem Kriegsgefangenen allein auf dem Hof.

Am Ostersonntag 1945 überschritten wir bei Denekamp die deutsche Grenze in Richtung Nordhorn. Mein Beifahrer meinte: „Hermann, was hast du denn heute für einen roten Kopf?" Ich durfte ihm ja nicht verraten, was in mir vorging. Jetzt waren es nur noch 80 Kilometer bis nach Hause!

In Nordhorn machten wir in einem Bauernhaus Quartier. Am anderen Morgen fuhr der Troß in Richtung Lingen weiter. In Lohne legten wir auf einem Hof eine Pause ein. Ich half dem Bauern, seinen fast neuen Wagen auseinanderzunehmen, damit ihn unsere Soldaten nicht beschlagnahmen konnten. In Lingen durften wir nicht über die Emsbrücke. Hier sollten all jene Soldaten, die keine Verbindung mehr zu ihrer Einheit hatten, zu einer neuen Truppe zusammengefaßt werden. Nach ein paar Stunden erhielten wir die Erlaubnis zur Weiterfahrt. Hinter Lingen spannten wir auf einem Hof die Pferde aus und legten uns eine Weile hin. Da kam unser Kradmelder mit dem Befehl: „Anspannen und Weiterfahren! Der Feind steht vor Lingen!" Wir hatten zwei tragende Kaltblutstuten vor dem Wagen, die den Strapazen nicht mehr gewachsen waren. Eine verlor das Fohlen. Kurz vor Lastrup machten wir noch einmal Quartier.

Nachts stand ich Posten. Mir wurde bewußt, daß wir uns von meiner Heimat immer weiter entfernten. Aber ich wollte unbedingt nach Hause! Von einer Minute zur anderen faßte ich den Entschluß: Ich werde hier abhauen! Ich griff ein paar Sachen und eine Waffe und war mir dessen bewußt, wenn ich aufgegriffen würde, wäre das mein Todesurteil.

Unbehelligt erreichte ich Werlte, 15 Kilometer westlich

*Ich war viel lieber Landwirt
als Soldat.
Kurz nach Ostern 1945,
der heimatlichen Gegend ganz
nahe, entschied ich, daß der
Krieg für mich zu Ende war.*

von Lastrup. Das Dorf lag da wie ausgestorben. Auf einem
Bauernhof traf ich einen alten, freundlichen Mann, den ich
nach dem Weg fragte. Er gab mir sogar Kaffee und Brot mit
und seine Adresse. Weiter ging es über Lahn, Wehm und
Hüven. Einmal wurde auf mich geschossen, ich konnte nicht
ausmachen, ob von deutschen oder alliierten Soldaten. Bei
Hüven fand ich einen Strohhaufen als Nachtlager.

Am anderen Morgen lief ich weiter in Richtung Berßen.
Dort mußte ich die Hauptstraße überqueren, sie verlief durch
einen Eichenwald. Ich war 200 Meter von der Straße entfernt, da hörte ich hinter mir Rufe. Ich drehte mich um und
sah, wie zwei kanadische Soldaten mit gezogenen Gewehren
auf mich zukamen. Ich hob die Hände. Die Waffe hatte ich
schon bei Werlte versteckt. Die Kanadier nahmen mir meine
Papiere ab und durchsuchten den Rucksack. Danach wurde
ich in Berßen in die Schule gebracht. Die Kanadier frühstück-
ten gerade und gaben mir von ihrem Essen ab. Kurz darauf
brachte man noch einen Deserteur in Zivilkleidung. Er mußte
angeben, von wem er die Sachen bekommen hatte.

Wir wurden in ein Auffanglager nach Wahn gebracht. Dort

hatte man viele Soldaten und Zivilisten eingepfercht. Sogar zwei Hümmlinger Schäfer mit ihren langen, weißen Mänteln waren darunter. Später fuhr man uns mit Lastwagen über Meppen nach Nimwegen und weiter nach Belgien. Die Fahrt endete in der Nähe von Brüssel, in einem Lager mit 20 000 Kriegsgefangenen. Unterwegs hatten wir die Wut der Belgier zu spüren bekommen. Sie hatten mit Steinen nach uns geworfen und uns mit Messern und Forken gedroht.

Im Lager traf ich Bekannte von zu Hause. Von ihnen erfuhr ich, daß die meisten Städte und Dörfer meiner Heimat ohne schwere Kämpfe besetzt worden waren. Je zehn bis zwölf Soldaten bekamen ein Rundzelt zugewiesen. Drei Monate lebte ich hier bei einer Verpflegung von 1150 Kalorien täglich. Ich erkrankte an Ruhr. Wie ein Wunder überstand ich sie ohne Medikamente.

Ende Juni 1945 wurden alle Landwirte entlassen. In Belgien hatte die Getreideernte begonnen. Wir mußten eine ziemliche Strecke marschieren, wurden aber von der belgischen Bevölkerung nicht mehr behelligt. Mit der Bahn ging es bis nahe Weeze im Rheinland, und nach einigen Tagen weiter nach Osnabrück. Dort wurde ich nach zwei Tagen endgültig entlassen. Wir Landwirte aus der Meppener Gegend meldeten uns vorschriftsmäßig auf dem Arbeitsamt der Kreisstadt. Von dort mußte jeder sehen, wie er nach Hause gelangte. Am 3. Juli 1945, gegen 15 Uhr, kehrte ich auf unseren Hof zurück. Mein Bruder Heinrich, der an der Ostfront gewesen war, folgte nur ein paar Stunden später. Beide hatten wir den Krieg unverletzt überstanden!

Da es bereits Abend war, konnte sich mein Bruder an diesem Tag nicht mehr beim Arbeitsamt in Meppen melden. Deshalb fuhr er zwei Tage später mit einem geliehenen Fahrrad in die Kreisstadt. Bei der Rückfahrt wurde er von einem polnischen Militärfahrzeug angefahren und so schwer verletzt, daß er zwei Stunden später im Krankenhaus verstarb.

[Regensburg;
Winter 1943/1944]

Franz Guschl

Waffensegnung

Neu eingekleidet befand ich mich im Marschbataillon in Regensburg, der besungenen Donau-Stadt, mit gemischten Gefühlen, denn es ging an die Ostfront. Deutlich sehe ich noch heute die Vorbereitung von uns jungen Soldaten auf die Waffensegnung. Müde und verdrossen bewegten wir uns in die Unterkünfte, weil nichts klappte, nicht die einfachsten Aufmarschübungen, vom vorgesehenen forschen Vorbeidefilieren vor der Ehrentribüne gar nicht zu reden. Immer wieder gab es Drill. Dann war es endlich so weit. Erwartungsvolle Stille. Was da wohl Neues zu erwarten sei?

Eine eigenartige feierliche Stimmung machte sich breit: Hakenkreuze umflatterten ein aufgebautes Podium – genau auf den Zentimeter ausgerichtet standen sechs blankgereinigte Artilleriegeschütze, Panzerkanonen, mehrere Maschinengewehre und Granatwerfer in Reih und Glied. Marschmusik ertönte über das riesige Kasernengelände.

Unsere Stiefel auf Hochglanz gewichst, stahlbehelmt und den Gesichtsausdruck dem ehrfürchtigen Ereignis angemessen, knallten wir im Stechschritt an der Tribüne vorbei. Hohe Offiziere setzten ein feierliches Lächeln auf, sie standen oben mit Männern in braunen Naziuniformen, von uns wurden sie „Goldhamster" genannt. Mit herausfordernden Blicken beobachteten sie streng uns Vorbeimarschierer.

In einem riesigen Karree standen dann die Kompanien
bereit. Gellende Kommandos schallten an den Kasernenmau-
ern wider: „Helm ab!" ... „Niederknien!" ... „Setzt Helm auf
das linke Knie!"

Unser Blick, so hatte der Zugführer erklärt, sei fünf Zentimeter über dem Stahlhelm hinweg auf den Boden zu richten, um in Andacht die Worte des Feldgeistlichen zu verneh-
men. Der begann seine Rede. Sie versprühte oft gehörte Phra-
sen ... über den Kampf für die Ehre Deutschlands ... ihn sieg-
reich führen ... dabei auf Gott vertrauen ...

Den Sprecher wollte ich unbedingt sehen und schielte etwas höher als es erlaubt war. Ein gutaussehender Mann mitt-
leren Alters redete inbrünstig. Er trug eine feldgraue Offi-
ziersuniform ohne Schulterstücke, statt dessen hing ein großes Messingkreuz vor der Brust. Er hob es würdevoll in die
Höhe und führte damit das Kreuzzeichen mehrmals über
die Waffen und uns kniende Soldaten und sprach dazu deutlich die lateinischen Worte, die mir noch aus meiner Mini-
strantenzeit geläufig waren: „In nomine patris, et filius, et
spirituae sankti amen!"

Ein Gedanke, über den nachher in den Kasernenstuben
oft und verbissen geredet worden ist, stand in diesen Tagen
eindringlich in meinem Gehirn: Mit den Waffen, die jetzt gesegnet worden sind, werden doch nicht nur Menschen be-
droht, auf sie wird genau gezielt und geschossen! Alles nichts
Neues ... der Waffen Ziel ist der Tod ... und das alles von Gott
gesegnet und von ihm gewollt!

Sollte das Ganze irgendwie anders zu verstehen sein? Aber
wie denn?

Mein theistisches Weltbild geriet schwer ins Wanken. Habe
ich vom fünften Gebot, du sollst nicht töten, nur Oberfläch-
liches in mich aufgenommen? Aber wozu, zum Teufel, erhielten die Waffen den Segen Gottes? Beteten die feindlichen
Soldaten nicht auch zum gleichen Gott und baten um Hilfe?
Waren das einfältige Gedanken?

Doch die Tatsachen ließen mein Gewissen und meine Zweifel schweigen. Diese Riten gehörten nun einmal zum Frontabschub der deutschen Mannen.

Trotz meines erschütterten Glaubens besuchte ich mit zwei Kameraden am nächsten Tag den Regensburger Dom. Es ist ein prächtiges Gotteshaus. Ich habe dort ein Vaterunser gebetet und dabei fest gehofft, das gottvergessene Kriegsspiel zu überleben...

[bei Orel, Rußland – Konstanz – Caen, Normandie –
bei Budapest – bei Prag;
Herbst 1943–Mai 1945]

Leo Keller

Feldgraue Zeiten

Mein Soldaten- und Lebensschicksal entschied sich im Herbst
1943 in der Nähe von Orel in Rußland. Ich war 22 Jahre alt.
Unsere Einheit sollte wieder mal zur Neuaufstellung westwärts verlegt werden. Dieser Befehl betraf aber nur den Divisionsstab. Da das Personal verringert werden sollte, wurde ich vom Stab zu einer Kampftruppe abkommandiert. Das
bedeutete: Wechsel aus der Schreibstube an die Front.

Als ich deprimiert in einer Bauernkate den Fronteinsatz
abwartete, tauchte wie ein Schutzengel mein bisheriger
Stabsfeldwebel auf. Sofort veranlaßte er, daß ich zurück zum
Stab beordert wurde. Er nahm mich gleich mit. Den Einsatz
an der damals schon chaotischen Rückzugsfront hätte ich
wahrscheinlich nicht überlebt. Ich hatte auch vorher noch
nie direkt an der Front gedient.

Jedes Jahr kam ich einmal auf Fronturlaub in meine Heimatstadt Konstanz. Mein Weg führte mich immer in den
Stadtgarten und zur Schweizer Grenze. Wie froh wäre ich
gewesen, auf der anderen Seite dieser Grenze stehen zu können! Aber eine Flucht war sinnlos, die Schweiz lieferte alle
deutschen Soldaten umgehend aus. In Deutschland wurden
Deserteure sofort an die Wand gestellt.

Die hinterrheinische Altstadt von Konstanz wurde wie in
Friedenszeiten abends hell beleuchtet. Da die Alliierten im-

mer wieder Luftangriffe auf Friedrichshafen flogen, sollten
sie annehmen, die Konstanzer Altstadt wäre ein Teil von
Kreuzlingen, das direkt hinter der Grenze lag. Denn die
Schweiz durfte nicht bombardiert werden.

Während meines Urlaubs im Jahre 1941 hatte mir mein
Vater ein ganzseitiges Gebet mitgegeben, das aus dem Jahre
1871 stammte. Er hatte es irgendwo abgeschrieben und während des Ersten Weltkrieges stets bei sich getragen. Jeder,
der dieses Gebet im Tornister gehabt hatte, soll unverletzt
heimgekommen sein. Jetzt sollte es mich beschützen. Mein
Vater schrieb dazu: *„Ich wünsche Dir viel Glück im Feindes-
land. Gott möge Dich den Weg der Tugend führen und Dich
bald gesund in die Heimat zurückbringen. Lebe wohl und
behüte Dich Gott, auf ein frohes Wiedersehen. Gott wird Euch
tapferen Kriegern den Lohn noch geben.“*

Die Wirklichkeit sah leider ganz anders aus. Meine Gefangenschaft war das Schrecklichste, was einem Menschen
außer dem Tod passieren kann. Aber ich kehrte, wenn auch

*Ostfront, November 1942: Während eines Transports unserer Lastwagen
griffen Partisanen an. Sie sprengten den Zug in die Luft, gleichzeitig
schossen sie aus einem Waldstück heraus auf uns.*

erst nach Jahren, gesund nach Hause zurück. Diese Wünsche meines Vaters erfüllten sich. Nur für ein Wiedersehen mit ihm war es leider zu spät.

Nach der Schlacht von Stalingrad wäre ich fast vor ein Kriegsgericht gekommen. Warum?

Schon als Jugendlicher hatte ich eine Abneigung gegen die Gleichmacherei der Nazis gehabt. Spätestens nach Stalingrad wurde mir – und vielen anderen sicher auch – klar, was uns im Falle eines „Endsieges" geblüht hätte: Vom Kleinkind bis zum Greis wären wir immer in irgendeiner Uniform schön im Gleichschritt marschiert. So einen Lebensinhalt konnte ich mir beim besten Willen nicht vorstellen. Nur laut sagen durfte ich das natürlich nicht.

Ich hatte mit drei Unteroffizieren beisammen gestanden und über Stalingrad geredet. Als ich eine negative Bemerkung machte, ging gerade unser Hauptmann, ein sturer, westfälischer Reserveoffizier, vorbei. Er schnappte einen Teil meiner Worte auf und drohte mir sofort mit dem Kriegsgericht. Nur weil meine Kumpel heftig widersprachen, ging diese Sache glimpflich für mich aus. Defätistische Äußerungen wurden sonst rigoros mit dem Tode bestraft.

Mit diesen harten Strafen wurde unter den deutschen Soldaten Angst und Schrecken verbreitet. Besonders beim Rückzug aus Rußland sah ich immer wieder Soldaten, die man erhängt hatte. Die Feldgendarmerie verhaftete jeden, der ohne gültigen Marschbefehl unterwegs war. Diese Soldaten galten als Deserteure und wurden ohne Gerichtsverfahren hingerichtet. Damit sollten Exempel statuiert werden. Die brutale Abschreckungsmethode erreichte ihr Ziel. Wir alle wußten: wer desertiert, schreibt sein eigenes Todesurteil.

Übrigens, das Wort „Kamerad" existierte für uns nicht, wir sagten „Kumpel", denn wir meinten, die Kameraden seien schon im Krieg 1914–1918 alle gefallen. Umso mehr mißbrauchten jedoch die Offiziere dieses Wort.

Da ich immer noch Obergefreiter beim Divisionsstab war, mußte ich meine Ernennung zum Unteroffizier selbst in die Hand nehmen. Ich füllte das entsprechende Formular aus, und mein Kompaniechef unterschrieb anstandslos. Hinterher spielte er mir einen üblen Streich, denn er wußte, daß ich nicht viel Alkohol vertrug. Heimlich hatte er die Offiziere aufgefordert, mir doch zur Beförderung zu gratulieren. Jedes Mal mußte ich strammstehen und „ex" trinken. Bald hatte ich eine geballte Ladung inne. Zum Schluß konnte ich mich nur noch mit einer Schüssel in der Hand ins Nebenzimmer retten.

Im Frühjahr 1944, kurz vor der Landung der Alliierten in der Normandie, waren wir an die Westfront verlegt worden. Tagsüber konnte man sich draußen nicht zeigen, denn die Luftüberlegenheit der Alliierten war überwältigend. Bei Caen waren wir eines Nachts fast eingeschlossen. Nur eine einzige Straße in Richtung Heimat war noch offen. Im letzten Augenblick konnten wir noch durchschlüpfen.

Der Rückzug verlief chaotisch. Einmal war an einer Straßenkreuzung ein totales Durcheinander. Da stellte sich ein SS-Offizier hin und wollte die Sache auf seine Weise regeln. Daraufhin gingen einige Wehrmachtsangehörige mit gezogener Maschinenpistole auf ihn zu, danach war er sehr schnell von der Bildfläche verschwunden. Mit den Soldaten der Waffen-SS hatten wir ohnehin nie etwas im Sinn.

Die Reste der deutschen Wehrmacht wurden am Marne-Ems-Kanal aufgefangen. Von dort ging es nach Mettmann bei Düsseldorf, wo wir neu formiert und anschließend in die Slowakei verlegt wurden. Hier lagen uns in einem Waldgebiet, an einem kleinen Fluß, rumänische Truppen gegenüber.

In einer stockdunklen Nacht mußte ich auf schmalen Waldpfaden einen Nachschubtransport an die Front führen. Dafür wurden mir acht bis zehn Maultiere mit Treibern zugeteilt. Die Treiber aus Südtirol waren samt ihren Tieren zur Wehrmacht eingezogen worden. Bei der Waffenkontrolle standen mir die Haare zu Berge, denn sie hatten völlig veraltete Gewehre, die wohl noch aus der Zeit des Ersten Weltkrieges stammten! Ein Waffeneinsatz im Falle einer Gefahr wäre also nicht möglich gewesen. Zum Glück kamen wir alle unversehrt an die Frontlinie. Am Tag darauf wurden wir mit heftigem Artilleriefeuer eingedeckt. Der Kompaniechef wollte bei diesem Fronteinsatz wahrscheinlich noch einen Orden und die Ernennung zum Hauptmann herausschinden.

Schließlich kamen wir bis westlich vor Budapest, wo wir in einem Vorort in Einfamilienhäuser einquartiert wurden. Die Bewohner mußten gewaltsam aus ihren Häusern vertrieben worden sein, denn Kaffeetassen und Marmeladenbrote befanden sich noch auf den Frühstückstischen.

Auf dem Weg hierher wurde ich zum ersten Mal mit dem Schicksal der Juden konfrontiert. Ich erlebte, wie Hunderte von Juden in einem langen Zug die Landstraße entlanggetrieben wurden. Wir ahnten zwar, daß es in ein Konzentrationslager gehen würde, aber von Vernichtungslagern war uns damals nichts bekannt.

Obwohl es streng verboten war, hörte ich öfter BBC London oder Radio Beromünster. Dabei mußte man sich vor möglichen Denunzianten sehr in acht nehmen, denn das Verfolgen dieser Programme galt als „Zersetzung der Wehrkraft" und wurde mit dem Tode bestraft. In den Nachrichten war von Judenvernichtung keine Rede. Erst gegen Kriegsende berichteten die Alliierten, die entsprechenden Hinweisen vorher keinen Glauben geschenkt hatten, auch im Radio von den Greueltaten in den Vernichtungslagern.

Im letzten Urlaub 1944, den ich von Ungarn aus antrat, bekam ich zu Hause eine Blinddarmentzündung und wurde im Krankenhaus Konstanz operiert. Nach der Genesung erhielt ich einen Marschbefehl nach Deggendorf. Dort lernte ich Zenta kennen, die mit ihrer 14jährigen Schwester auf einem kleinen Bauernhof in Metten wohnte. Nach dem Tod ihrer Eltern mußten beide die Landwirtschaft allein betreiben. Da ich damals schon Unteroffizier war, erlaubte ich mir, einige Male übers Wochenende in Metten zu bleiben. Zenta und ich führten ein typisches Bratkartoffelverhältnis. Als es wieder an die Front ging, schrieben wir uns noch einige Male, bis die Wirren des Krieges keinen Briefwechsel mehr zuließen. Nach Kriegsende schrieb Zenta noch einmal an meine Eltern. Da ich damals als vermißt galt, konnten sie ihr auch nichts Näheres mitteilen.

Anfang Mai 1945 ging es in einem ungeordneten Rückzug durch Tschechien. Durch ein deutsches Flugblatt erfuhren wir von Hitlers Tod. Unser Treueeid sei auf seinen Nachfolger, auf Großadmiral Dönitz, übergegangen. Ein völkerrechtlicher Unsinn.

Kurz darauf lösten sich die Einheiten in ein Nichts auf. Es existierte keine Führung mehr, die Offiziere waren wie vom Erdboden verschwunden. Wahrlich keine Ruhmestat.

Nach meiner Rückkehr aus der Gefangenschaft hörte ich, daß sich unser Oberbefehlshaber, Generalfeldmarschall Wörner, mit einem „Fieseler Storch", einem Leichtflugzeug, nach Wien abgesetzt hatte, wo er dann verhaftet wurde. Und mein Kompanieführer hatte sich mit einem Auto durch Tschechien gemogelt und war tatsächlich bis Stuttgart durchgekommen. Da er früher ein hoher SA-Führer war, mußte er eine Zeitlang in Stuttgart, in der amerikanischen Besatzungszone, bleiben, weil seine Heimat von den Franzosen besetzt war und diese die Nazis inhaftiert hatten.

Zusammen mit einem Feldwebel machte ich mich auf die Flucht, also auf den Weg nach Deutschland. Bei einem Artillerieangriff wurden wir leider getrennt. Wie ich später erfuhr, geriet auch er in russische Gefangenschaft.

Ich schloß mich zwei anderen Kumpels an. Da wir immer noch östlich von Prag waren, gestaltete sich die Flucht sehr schwierig. Die Tschechen waren von einem Tag auf den anderen alle bewaffnet. Daher mußten wir Ortschaften meiden. Nach der dritten Nacht aber hatten wir nichts mehr zu essen. Vom Waldrand aus beobachteten wir einen Tag lang ein einzeln stehendes Bauernhaus. Da sich dort nichts rührte, liefen wir anderntags ohne unsere Waffen, die wir im Wald liegen ließen, über freies Feld auf das Gehöft zu. Als wir ganz ohne Deckung waren, sprangen plötzlich Zivilisten aus dem Haus und nahmen uns gefangen.

Unter den Tschechen war ein junger Mann, der als Zwangsarbeiter in Deutschland gewesen war und gut deutsch sprach. Er war unsere Rettung. Anhand unserer Soldbücher versicherte er sich, daß wir keine Angehörigen der Waffen-SS waren. In diesem Fall hätte man uns sofort erschossen. Wir wurden ins Dorf gebracht und am Bahnhof in einem Güterwaggon eingesperrt. Tags darauf mußten wir den Bahnhof schrubben, aber wir bekamen ordentlich zu essen.

Am dritten Morgen hörten wir vor dem Waggon Russen brüllen. Die Tür wurde aufgerissen. Draußen standen drei russische Majore. Irgend jemand mußte uns verpfiffen haben. Wir wurden zum nächsten Gefangenenlager gebracht. Zuerst kamen wir auf einen Sportplatz, der von russischen Soldatinnen bewacht wurde. Der Anblick von Frauen mit Waffen in den Händen war für uns sehr ungewöhnlich.

Am folgenden Tag ging es in ein großes Barackenlager, das früher von der SS benutzt worden war. Als Essenfassen angesagt war, hatte ich weder ein Kochgeschirr noch einen Löffel. Ein Kumpel gab mir eine Konservendose und einen alten Löffel. Später wurde mein Kopf mit einer Haarschneidemaschine für Pferde (mit Fußbetrieb!) kahlgeschoren.

Täglich wurden deutsche Kriegsgefangene am Bahnhof verladen und auf einen weiten Weg nach Rußland geschickt. Nach etwa drei Wochen war es dann auch bei mir soweit.

(Weitere ZEITGUT-Beiträge dieses Autors sind im Autorenverzeichnis am Ende des Buches vermerkt.)

[Berlin – Augustusburg, Gückelsberg und Flöha
bei Chemnitz;
November 1943–September 1944]

Annemarie Wieser

Aufschrei der Seele

Mein Vater war nach einem abgebrochenen Studium und als
Kriegsteilnehmer im ersten Weltkrieg 1921 als Flüchtling
aus dem ehemaligen Westpreußen nach Frankfurt/Oder ins
Flüchtlingsheim gekommen. Kurz darauf hat er seine Ju-
gendliebe, die arbeitslose Volksschullehrerin Anna aus Trier,
geheiratet.

In der Hoffnung auf eine bessere Zukunft zog die Familie
mit uns beiden kleinen Kindern 1927 nach Berlin. Jahre von
Wohnungsnot, Arbeitslosigkeit und Hunger folgten. Die politische und familiäre Katastrophe bahnte sich an. Im Herbst
1933 wurde unser Vater, der auf einer religiösen Erziehung
für seine Kinder beharrte, in die Nervenheilanstalt Herz-
berge in Berlin-Lichtenberg gebracht und nach dem Erbge-
sundheitsgesetz 1936 zwangssterilisiert.

Mutter mußte mit uns Kindern von der Wohlfahrt leben.
Meine Schwester Irene und ich bekamen eine Freistelle auf
dem Viktoria-Oberlyzeum in der Prinzenstraße in Berlin-
Mitte. Ich bekam das Notabitur, nachdem ich im Winter 1939/
1940 als Betreuerin in einem Kinderlandverschickungs-La-
ger tätig war. Ein halbes Jahr Zwangsarbeitsdienst folgte.
Ein Jahr später machte meine Schwester das Abitur als Beste ihres Jahrgangs. Da wir beide Geld verdienen mußten
und die AEG Telefunken eine einjährige Ausbildung für Ab-
iturientinnen zur Funktechnikerin mit sofortigem Gehalt

anbot, war zunächst einmal für unseren Unterhalt gesorgt.

In meinem Tagebuch hielt ich meine Beobachtungen, Gedanken und Wünsche fest. 1943 war ich 21 Jahre alt. Hier ein Ausschnitt:

1. November 1943: Ich bewundere Ruth Marbach, meine Freundin aus dem Arbeitsdienst, die gerade einige Tage bei mir zu Besuch ist. Sie hat sich gegen den Willen ihrer Verwandtschaft zur Krankenschwester ausbilden lassen. Ich habe mein erstes gutes Portrait von ihr gezeichnet. Sie ist so lerneifrig! Wir lasen miteinander den „Faust" und gestern abend bei Kerzenschein einige Eichendorff-Gedichte. Vorher waren wir zusammen in Potsdam. Das bunte Laub hing noch an den Bäumen, doch auf dem Gras lag schon ein brauner Teppich. Am Abend wurde es recht gemütlich, als Irene auch noch Hausmusik mit uns machte. Ruth erzählte, sie solle als Krankenschwester nach Auschwitz gehen, aber sie dürfe nicht sagen, was das dort für ein Krankenhaus sei.

17. November 1943: Im Radio waren Berichte über die vielen Partisanen und Deserteure, die erschossen wurden. Der Rückzug seit Stalingrad verläuft wie geplant, heißt es. Die Amerikaner sind auf Sizilien gelandet. Italien hat kapituliert. An allen Fronten Rückzug. Wie soll das nur enden?

Heute nacht habe ich von grauenvollen Massenerschießungen geträumt. Erinnerungen an irgendeine Wochenschau wahrscheinlich. Ich gehe nur selten ins Kino. Ich habe keinen Sinn für seichte Unterhaltung und kein Geld.

22./23. November 1943: Berlin erlebt einen großen Terrorangriff auf die inneren Stadtviertel. Das Zentrum brennt. Zahlreiche Kunstschätze sind vernichtet, Bahnhöfe getroffen und unzählige Menschen umgekommen. In der ersten Nacht brannten das Haus gegenüber und die Schule um die Ecke. Vom Dach aus sahen wir ringsum das Feuer. In der zweiten Nacht schafften es Irene und ich nur bis zu unserem Kohlenkeller; wir kamen nicht schnell genug über den Hinterhof in den Luftschutzkeller. Wir hatten sehr große

Wir drei Frauen im März 1941, bevor ich zum Arbeitsdienst mußte.
Von links: ich, Mutter Anna und meine Schwester Irene.

Angst. Ich betete laut, was ich sonst nie tat. Immer hörten wir die Bomben pfeifen.

Nach dem Angriff gingen wir wieder auf das Dach, um nach Blindgängern zu suchen. Im Norden standen grellrote Flammen, aus der Schule sprühte Funkenregen. Im Osten des roten Firmamentes war der Orion zu erkennen. Nach drei Stunden bleiernem Schlaf in unseren Werktagskleidern mußten wir um sieben Uhr bei der Arbeit sein.

Warum nur bereitet die Menschheit sich selbst diese grauenvollen Schicksalsschläge? Wie kann man in der Kunst Erlebtes gestalten, wenn man keine Kraft zu großen Formen hat? Das Wollen und das Können von Kunst müssen sich entsprechen. Ich will unermüdlich arbeiten. Ich muß flinker arbeiten, mit mehr Überlegung. Drei Tage lang habe ich an einer Anatomietafel gezeichnet.

8. Dezember 1943: Wir hatten einige Tage Ruhe vor den anglo-amerikanischen Bombern. Vergebens habe ich mich bemüht, mich mit dem Gedanken an den Tod abzufinden. Ich habe gekämpft mit mir. Dennoch habe ich jedesmal aufs neue Angst, mein Leben zu verlieren. Ich muß doch noch so viele Aufgaben erfüllen, ich weiß nicht, wie ein kurzes Leben dazu reichen soll.

Jeden Tage spüre ich neu, wie die Stunden dahinfliegen. Aber das geht wohl jedem so, der viel arbeitet. Mit allem Willen und Gottes Gnade will ich meine Talente mit stetem Fleiß entwickeln: Malen und Dichten. Und außerdem ist es meine Lebensaufgabe, die Werke meines Vaters herauszubringen. Reicht dazu mein Leben aus? Ich glaube, ich werde es schwer haben, mich im Leben durchzusetzen. Und doch muß es sein!

17. Dezember 1943: Ich bin so traurig. Wie kann man bei all dem Leid noch froh sein? Papa ist wieder in einer Heilanstalt, und die Zukunft liegt dunkel vor mir. Mutti hat das Leben beinahe hinter sich und umsonst auf das Glück gewartet. Irene und ich – wir sind zu verschieden. Sie wird ihren Weg gehen und sich durchsetzen, sie hat Eigensinn.

Ob ich es auch schaffe? Ob ich eines Tages meine Zurückhaltung und Verschlossenheit überwinden werde?

Mein Talent ist zu klein, um etwas Besonderes leisten zu können, was nutzt da aller Fleiß? Und doch habe ich das Streben. Wie unendlich hoffnungslos! Aber trägt man nicht die Verantwortung, aus seinem Leben etwas zu machen? Und wächst mit der Größe der Aufgaben nicht auch die Fähigkeit, diese zu meistern? Also nur Mut und Energie! An die Arbeit!

18. Dezember 1943: Heute kam der erste Brief von Papa aus der Nervenheilanstalt Klingenmünster in der Pfalz. Er teilt sein Zimmer mit einem alten Mann und kann sich wieder dem Schreiben widmen. Er schickte ein Paßbild von sich. Wie sehr er sich verändert hat! Wie gerade und zielbewußt seine Augen blicken! Welche Energie er hat! Nach all seinen schweren Schicksalsschlägen bringt er diesen Lebensmut auf!

Ich stärke mich an seinem Beispiel. Alles solle uns zum Guten führen, schreibt er. Ob wir den Vater so lange entbehren mußten, damit wir doch noch gesund aus uns selbst wach-

sen können? Es war Muttis Not damals, als sie Papa in die
Anstalt bringen ließ, daß wir Kinder total zerdrückt werden
könnten unter den unglücklichen Spannungen zu Hause, die
durch den politischen Machtwechsel ins Unerträgliche ge-
stiegen waren.

Ist es nicht doch die Aufgabe meines Lebens, das bestmög-
liche aus mir zu machen? Ich will! Auch wenn ich noch so
langsam und einsam gehen muß!

26. Dezember 1943: Nun wird es bald ernst, daß wir Berlin
verlassen müssen. Kurz vor Weihnachten erfuhren wir, daß
Telefunken die Funktionskontrolle der Nachrichtengeräte
nach Flöha in Sachsen verlagert, da das Prüffeld als kriegs-
wichtig gilt. Die Fertigung war von der AEG schon vorher
nach dort verlegt worden. Also gehen Irene und ich nach
Flöha. Zwei Kisten haben wir schon gepackt. Unser lieber
Alexander war bereits in Augustusburg, um Quartiere für
die Belegschaft festzumachen.

An Großmutters 86. Geburtstag, sie ist nun schon sechs
Jahre in Trier, haben wir die alte Platte „Großmütterchen"
gespielt. Weil Mutti erst einmal in Berlin bleiben wird,
herrscht Abschiedsstimmung. Bei den zunehmenden Terror-
angriffen haben wir natürlich Angst um sie. Auch ist Mutters Gesundheitszustand wegen ihrer Herzschwäche so
schlecht, daß sie kaum noch laufen und etwas tragen kann.

Ich liege bei geöffnetem Fenster im Bett, schaue in den
kalten, klaren Sternenhimmel und denke an den Tod. Dort
droben sehe ich kein Leben, dafür aber Schönheit und Un-
endlichkeit. Mit Liebe, Geduld und Entschlossenheit muß
ich meinen Weg weitergehen.

28. Dezember 1943: Am Sonnabend, nach dem Terrorangriff, war ich bei der Reisestelle wegen unserer Verlagerung.
Berlin in Rauch und Qualm. Als ich mich von Alice und Grete verabschieden wollte, standen beide in alten Schürzen auf
der Straße und beseitigten den gröbsten Schutt. Grete wohnt
im dritten Stock eines Mietshauses. Alle Fenster sind zer-

brochen. Welch ein Bild des Grauens bieten die zerbombten Häuser! Das Gebäude gegenüber ist ganz eingefallen. Auch Muttis alte Bekannte sind ausgebombt. Durch das offene Kellerloch sahen wir die Balken der Zimmerdecke noch brennen. Wir fanden die Bekannten auf dem Friedhof und brachten sie in ein Lager für Ausgebombte.

Wir gehen mit Mutti jetzt immer in den bombensicheren Bunker drei Häuser weiter auf dem Luckauer Platz, obwohl für uns eigentlich der Luftschutzkeller in unserem Hinterhof vorgesehen ist. Aber der liegt fast zu ebener Erde – eine Zumutung! Wir wollen uns nicht freiwillig verschütten lassen. Was scheren uns die Drohungen des Blockwartes? In einigen Wochen sagen wir Berlin ade.

Beim Packen haben wir Probleme, in zwei Kisten alles unterzubringen. Der 20 Jahre alte Teddybär, unsere alten Schulhefte, Papas Erinnerungsstücke, seine Mütze, der Bierkrug, die Bänder seiner Königsberger Studentenverbindung von 1908, die Wachstafeln, von denen er mühsam Kopien seiner Dramen abgezogen hatte, der Wäschekorb seiner Mutter, in dem ich als Baby lag, und vieles andere müssen hierbleiben. Aber ich habe, außer meinen Tagebüchern, schon einmal alles zurücklassen müssen, als ich mit Papa in die Schweiz wollte. Irgendwie geht es immer weiter, solange man atmet.

In Augustusburg

8. Februar 1944: Am 31. Januar sind wir aus Berlin wahrhaft geflohen. Die Kisten hatten wir am Tag vorher schon zum Bahnhof geschickt. In unserer letzten Nacht erlebten wir wieder einen großen Terrorangriff. Der Lehrter Bahnhof brannte. Nach der Entwarnung gingen wir noch hin, um zu sehen, wie wir aus Berlin hinauskommen könnten. Wir hatten Glück, daß wir mit nur einer Stunde Verspätung vom Görlitzer Bahnhof abfahren konnten. Unterwegs sahen wir uns kurz in Dresden und Görlitz um. Am Abend konnten

Irene und ich in Augustusburg ein schönes, möbliertes Zimmer in der Villa von Frau Spelthahn, einer Chemnitzer Kinobesitzerin, beziehen. Die herrliche, schneebedeckte Berglandschaft sieht aus wie im Märchen. Wenn wir nur erst Mutti hier hätten!

Ich liege seit drei Tagen mit Halsschmerzen im Bett. Wie wohltuend ist die Ruhe! Allmählich entspannen sich meine Nerven. Sobald wie möglich werde ich mich wieder ans Malen machen.

Der Betrieb in Gückelsberg liegt auch sehr schön. Jeden Morgen, um sechs Uhr, fahren alle, die im Prüffeld arbeiten, mit einem Bus durch den verschneiten Wald. In den Arbeitspausen kann ich auf einen Berg gegenüber steigen und das Schloß Augustusburg in der Mittagssonne bewundern.

Mit Irene den ganzen Tag zusammen zu sein, ist manchmal nicht leicht. Sogar während der Arbeit sitzen wir am selben Tisch, ich prüfe die Sender unseres Kurzwellen-Nachrichtengerätes „Michael", Irene untersucht die Empfänger. Mit unseren Nachnamen werden wir von den Kolleginnen die „Sender- und die Empfänger-Grütter" genannt. 60 Arbeitsstunden in der Woche! Abends sind wir nervös und streiten um Kleinigkeiten. Irene will immer alles exakt und ordentlich machen, ich dagegen erledige unwichtige Dinge sehr schnell.

26. Mai 1944: Ich bin heute zu Hause geblieben. Die ganze Zeit über habe ich so gegrübelt, daß ich fahrig und nervös geworden bin. Papa hat mir nämlich aus der Heilanstalt ein Gedicht geschickt, das mich stark ergriffen hat. Es heißt „Ruf aus der Finsternis" und stammt von einem 24jährigen an Schizophrenie Erkrankten, dessen sich Vater angenommen hat. Das ganze Gedicht ist ein Aufschrei der gedrückten Seele des jungen Mannes, der nur zwei Jahre älter ist als ich.

Letzten Sonntag ging ich schon morgens um fünf Uhr spazieren und erfreute mich an den Blumen am Feldrain. Wie glitzerten die Tauperlen am Saum des Frauenmantels! Dann

„Ich selber einsam in der harten Zelle steh'
Und lehre Weisheit ungehört die Welt,
Mich zehrte einst der Menschheit ganzes Weh,
Drum hatt' ich mich zum Künder aufgestellt ..."

Die erste Zeile eines Gedichts, daß mein Vater, Friedrich Grütter, für meine Schwester Irene und mich in der Nerven-Heilanstalt Hördl/ Elsaß in der sogenannten Sicherheitsverwahrung schrieb.
Das Foto zeigt ihn im März 1942.

saß ich allein im Wald zwischen Hohenfichte und Grünberg und las im Briefwechsel zwischen Goethe und Schiller.

Wie schön ist der Gedanke von Goethe, daß jeder Mensch ein besonderer Sinn der Natur ist, und nur die Gesamtheit der Menschheit die Natur ganz erkennen kann, nie aber das Individuum allein. Darum müssen wir nach Universalität streben! In Gedanken versunken drehte ich mich um, da stand hinter mir ein Rehbock! Wir sahen uns beide an, er bellte und lief davon. Seine Stimme hallte noch lange durch den Wald.

Ich muß an Mutti denken, die in einem Forsthaus in der Nähe von Trier aufgewachsen ist, und an Papas Erzählungen, wie er als Kind seinen Großvater, der Förster auf einem Gut in Westpreußen war, besuchte. Nur in der Einsamkeit der Natur kann ich zu mir selbst finden und Kraft schöpfen.

Neulich beobachtete ich zum ersten Mal, wie zwei Schnekken sich liebten. Wie beglückend zu wissen, daß auch Kreaturen aus dem niederen Tierreich dem Gesetz folgen, das die Menschen Liebe nennen. Den Vorderleib aufgerichtet, preßten sie sich dicht aneinander, liebäugelten im wahrsten Sinne des Wortes mit ihren Fühlern und schienen stille Zwie-

Weithin sichtbar thront das Schloß Augustusburg bei Chemnitz am Fuße des Erzgebirges. Nach den Bombennächten in Berlin kommen wir hier allmählich zur Ruhe.

sprache zu halten. Immer weiter berührten sie sich, krochen fast ineinander. Die Suche nach Seelenverwandschaft führt mich zum Dichten.

11. Juni 1944: Heute, am Sonntag, habe ich gezeichnet: Muttis Vater, den Förster, Papas Vater, den Lehrer, der 32jährig bei einer Deutschlandwahl in Schwetz umkam. Welch edle Köpfe! Beim Zeichnen kam es mir vor, als ob ich sie und mich selbst besser verstehen würde.

Seltsam, seit einiger Zeit habe ich Herzschmerzen, ein innerliches Aufstöhnen, wie ich es zuerst empfand, als ich im vorigen Jahr all die Mütter und Kinder und alten Leute sah, die in Richtung Görlitzer Bahnhof liefen, um dem bedrohten Berlin zu entfliehen. Fast täglich plagt mich dieses Gefühl.

Die eintönige Arbeit hemmt meine Schaffensfreude. Mein Auftrag aber ist, schöpferisch zu sein! Hier im täglichen Frondienst vertrockne ich geistig.

Ein Arbeitskamerad erzählte von einer Frau, die in 19 Ehejahren 18 Kinder gebar. Warum nur decken verheiratete Männer uns junge Mädchen so gerne mit solchem Geredeschutt ein? Was für ein Unsinn, dieses falsche Ideal von Mutterschaft, wenn die Kinder für Kriege geopfert werden müssen! Auch Großmutter hatte das Mutterkreuz bekommen, zwölf Kinder hatte sie geboren. Wozu? Die Frauen sind die Leidtragenden, und die Männer sonnen sich in ihrer Schöpfer- und Kriegerrolle.

Am 6. Juni begann im Westen die Invasion. Fast stündlich kamen Meldungen und Frontberichte über die schweren Kämpfe. Wie Mückenschwärme, hieß es, flogen die Geschwader ein. Zuerst waren alliierte Luftlandetruppen im Hinterland abgesetzt worden. 18jährige Hitlerjungen erhielten ihre Feuertaufe. Wie klein und unscheinbar sind jetzt meine persönlichen Sorgen!

Und so redet der Volkswitz über das jetzige Berlin: Es gibt eine neue Omnibuslinie, vom Reichstrümmerfeld durch die Luftminenallee und Bombenstraße durch das Brandbombentor nach Klamottenbrunnen, Scherbelberg, Stöhneberg, Trichterfelde-Rest und Zehlendorf-Rest.

21. Juli 1944: Ich kann es nicht fassen: Traute Schleising, die große, schlanke, dunkelhaarige Laborantin, die immer die Schlußprüfung der Nachrichtengeräte machte, ist innerhalb von drei Tagen an Diphtherie gestorben. So ein junges Leben, verliebt in einen unserer Techniker, voller Hoffnung auf die Zukunft! Wofür hat sie gelebt? Nur wenige kannten Traute richtig. Sie schien immer so übermütig und laut. Mir erzählte sie, sie sei als Kind sehr schüchtern gewesen, habe nicht einmal gewagt danke zu sagen. Immer sei sie versucht gewesen, sich selbst zu erziehen. Sie soll mir ein Vorbild an Pünktlichkeit und Ordnungsliebe sein.

Wir hatten heute mittag wieder Fliegeralarm. Bei solchen Gelegenheiten sitze ich immer unten an der Flöha, zeichne, dichte oder lese. Jetzt kann ich gar nichts tun, immer muß ich an Traute denken. Jede Ameise im Gras hat einen Lebenssinn, auch der kleine Vogel auf der Birke. Aber wieviel Elend gibt es auf dieser Welt, besonders durch diesen Krieg, jede Stunde, jede Minute! Und doch muß man immer wieder tapfer sein, darf nie die Hoffnung aufgeben.

Gestern haben Offizierskreise einen Mordanschlag auf Hitler verübt. Er lebt aber noch. Was steckt dahinter? Wo führt der Krieg uns noch hin?

Aus meiner Kündigung wird wohl nichts werden. Mutti gab sie für mich vor vier Wochen ab. Wenigstens habe ich es versucht. Ich dachte, ich könne es nicht mehr aushalten. Ich habe ja genug gespart, um einmal studieren zu können. Aber wie unwichtig ist mein kleines Schicksal jetzt!

25. Juli 1944: Goebbels ist jetzt Generalbevollmächtigter für den totalen Kriegseinsatz. Unter den Arbeitskollegen werden Witze gemacht über das „glorreiche" Ende, aber nur, wenn Herr Jammermann, unser Prüffeldchef, es nicht hören kann. Er ist das einzige NSDAP-Mitglied in unserer Abteilung.

Ich soll offener werden, mich äußerlich mehr den anderen Frauen anpassen, eine nettere Frisur tragen, sagte neulich eine der Laborantinnen. Für wen? Irene und ich haben schwarze Glanzkittel an, die anderen Frauen weiße. Wie wichtig ist das Äußere, wenn ich doch tiefere Kontakte suche? Ich arbeite jetzt auf Trautes Platz und mache die Schlußprüfung für die Bodenstation. Ich muß das Zusammenspiel von Sender, Empfänger, Netzteil und Telegraphie prüfen, bevor die Station zur Abnahme geht. Dabei denke ich oft an Traute, sehe sie noch vor dem anderthalb Meter hohen Gestell stehen.

Papas Briefe trösten mich, weil ich mich durch sie an echter Kunst orientieren kann. Was er schreibt, führt mich zum Lyrischen und Romantischen zurück. Sein langes Gedicht zu den Fotos, die wir ihm schickten, hat mich tief bewegt. Rationalismus und Pseudoklassik betrügen die Seele.

18. August 1944: Ich schreibe jetzt viel an Papa. Meine Briefe werden ihm Trost in der Einsamkeit sein. Meine alte Mallehrerin Fräulein Schrag ist so gütig. Seit acht Wochen

Meine Schwester
Irene und ich (links)
im April 1944.

fahre ich jeden Samstagnachmittag zu ihr nach Chemnitz. Sie war Schülerin von Schmidt-Rottluff*). Doch wen interessiert das? Was ist der Grund für den geheimnisvollen Drang zur Kunst? Am Endlichen zu bilden das Ewige?

Indessen geht der Krieg weiter. Die Anglo-Amerikaner stehen jetzt auch im Süden Frankreichs, die Russen vor den Grenzen Ostpreußens. Die Bevölkerung in allen bedrohten Gebieten verrichtet Schanzarbeiten. Es werden V 1-Flugkörper**) hinüber nach England geschossen.

Die Lage sieht sehr schlecht aus. Aber die wirkliche deutsche Kultur kann doch nicht untergehen!

24. August 1944: Schon wieder ist eine Woche herum. Im Dienst mußte ich sehr viel arbeiten, obwohl mir nicht gut war. Wo bleibt die Arbeitsmoral, wenn der Chef nicht da ist? Warum bin ich immer die Dumme und so gewissenhaft? Aber ich werde mich durch nichts und niemanden von meinen Idea-

---

*) Karl Schmidt-Rottluff, 1884–1976, Maler und Graphiker. 1905 Mitbegründer der expressionistischen Künstlervereinigung „Die Brücke“.
**) unbemannter Flugkörper, der speziell für den Beschuß Londons entwickelt wurde.

len abbringen lassen. Ich will die Hoffnung auf ein ernsthaf-
teres, geistiges Leben nach diesem Krieg nicht aufgeben.

Die Kämpfe gehen weiter. Die Ungewißheit ihres Ausgangs
und unseres Schicksals lastet wohl auf jedem. Der eine oder
andere wagt es, seine Depression und zugleich seine Hoffnung in oberflächliche Witze zu verpacken.

Und so redet der Volkswitz über das jetzige Berlin: Es gibt
eine neue Omnibuslinie, vom Reichstrümmerfeld durch die
Luftminenallee und Bombenstraße durch das Brandbombentor nach Klamottenbrunnen, Scherbelberg, Stöhneberg,
Trichterfelde-Rest und Zehlendorf-Rest.

Alexander, ein staatenloser Techniker, der mir gegenüber
sitzt und als Jammermanns Vertreter fungiert, ist ein ganz
besonderer Mensch. Wie tief und gütig seine dunkelbraunen
Augen unter dem hellblonden, kurzen Haar mich manchmal
anschauen! Er summt mitunter eine klassische Melodie oder
macht weise Bemerkungen: Was andere sagen oder denken,
danach solle man nicht fragen, man müsse alles selbst ver-
antworten. Auch wenn Alexander Techniker ist, muß in ihm
eine Künstlerseele stecken. Er verstellt sich vor den anderen. Ich glaube, ich könnte ihn lieben. Aber ich darf solche
Gefühle nicht zulassen. Ans Heiraten kann ich sowieso nicht
denken, wir sind ja Kinder eines erbkranken Schizophrenen.

4. September 1944: Gestern beendete ich zwei gute Aqua-
relle: die Augustusburg und die Kirche von Hohenfichte.

Aber kaum fühle ich mich etwas ausgeglichen, bekomme
ich wieder einen Dämpfer: Mutti hatte Streit mit der Hausbesitzerin. Seit April lebt Mutti bei uns, und wir haben im
Haus von Frau Ludwig zwei Zimmer gemietet. Das war nicht
leicht. Um kochen zu können, heizt Mutti das Kanonenöf-
chen mit Reisern, die wir jeden Tag aus dem Tannenwäld-
chen hinter dem Garten heraufholen. Dabei ist wohl ein kleines Astwerk im Flur liegengeblieben, und wir haben vergessen, es wegzufegen. Frau Ludwig hat sich darüber aufgeregt.

Die Hausbesitzerin, eine junge Witwe, arbeitet in der Gemeindeverwaltung. Sie tat mir leid, und ich war nach wie vor freundlich zu ihr. Daraufhin nannte Mutti mich einen Waschlappen. Gleich hinterher kam der Vorwurf, Papas Schicksal wäre zu verhindern gewesen, hätte ich vor zwei Jahren nicht mit ihm in die Schweiz zu fliehen versucht.

Wie lange werde ich noch an dieser Schuld tragen müssen? Seit meiner Kindheit kenne ich dieses Spiel von Schuld und Anklage. Wie ehedem entzieht Irene sich diesen Auseinandersetzungen. Aber ich will ja dankbar sein, daß ich meine Eltern und eine Schwester noch habe. Es ist auch meine Pflicht, sie liebevoll zu behandeln und für ihre Ehre einzutreten, wie Papa immer sagt. Nur warum fällt mir das manchmal so schwer? Inwieweit bin ich für das Schicksal und den Charakter meiner Eltern und meiner Schwester verantwortlich?

Papa ist infolge der politischen und wirtschaftlichen Umstände mit seinem Idealismus gescheitert. Er hatte Mutti den Umgang mit aller Verwandtschaft untersagt. Jetzt wirft mir Mutti vor, ich hätte mich ihr gegenüber nicht loyal verhalten.

Irene und ich arbeiten für unser täglich Brot. Mutti, die wegen Papas Schicksal kein Einkommen hat, macht für uns den Haushalt. Sie ist immer hilfsbereit und fürsorglich.

Es bleibt uns nichts anderes übrig, als Geduld miteinander zu haben.

*(Weitere **ZEITGUT**-Beiträge dieser Autorin sind im Autorenverzeichnis am Ende des Buches vermerkt.)*

[Milkel – Gröditz, Lausitz;
April–September 1944]

Margot Linke

Die kleinen Freuden der Arbeitsmaiden

Während des Krieges wurden nicht nur junge Männer zum
Militär oder zum Arbeitsdienst eingezogen, sondern auch die
zukünftigen „Mütter der Nation". Ein halbes Jahr mußten
die jungen Frauen Arbeitsdienst leisten, danach kamen sie,
wieder für ein halbes Jahr, in die Rüstungsproduktion. Wer
einen sozialen Beruf ergriff, brauchte insgesamt nur sechs
Monate zu dienen.

Im April 1944 erhielt auch ich, 20jährig, meine Einberufung. Ich landete in einem kleinen Dorf in der Lausitz. Dort
waren Holzbaracken errichtet worden, die im Quadrat standen. Es gab Schlaf-, Wasch- und Aufenthalträume, eine Küche, ein Büro, einen Fahrradschuppen und unser „Tö", das
Plumpsklo. Morgens und abends war Fahnenappell.

Da standen wir nun, wir zwölf junge Frauen, die aus allen Teilen Deutschlands angereist waren, und sahen den Dingen, die auf uns zukommen sollten, skeptisch entgegen.

Wir verteilten die Doppelstockbetten unter uns auf. Die
Matratzen waren mit Stroh gefüllt. Dazu gab es ein kleines
Kopfkissen und eine mit kariertem Stoff bezogene Decke.
Ich entschied mich für ein oberes Bett, nicht ahnend, daß
ich damit meinen Kameradinnen einen großen Dienst erwies.
Von nun an war ich nämlich der Wetterfrosch. Genau über
dem Kopfende meines Bettes befand sich in der Decke ein
großes Astloch, aus dem ich morgens nur den Finger hin-

auszustecken brauchte, um zu wissen, ob es warm oder kalt, windig oder regnerisch ist.

Bei zwölf Menschen in einem Schlafraum ist sicherlich ein Schnarcher darunter. So war es auch bei uns. Ausgerechnet die sanfte, ruhige Lore, genannt Lörchen, die in der Freizeit wunderbar klöppelte, schnarchte so anhaltend und stimmgewaltig, daß alle anderen um ihre Nachtruhe gebracht wurden. Gemeinsam überlegten wir, wie wir Abhilfe schaffen könnten. Bei einem Bauern besorgten wir uns ein paar Kälberstricke, knüpften diese zusammen und versahen dabei die Enden jeweils mit einer Schlinge. Dann legten wir das Seil locker von Lörchens Bettende bis zum nächsten Bett. Gingen wir zur wohlverdienten Ruhe, schlüpfte Lore mit einem Bein in die Schlinge. Wenn sie dann mit ihrem Schnarchkonzert begann, brauchte die Nachbarin nur am anderen Ende des Strickes zu ziehen, woraufhin Lores Bein hoch-

Abschied von der Mutter. Für ein halbes Jahr ging es in einen kleinen Ort in der Lausitz zum Arbeitsdienst.

schnellte und die Schnarcherin wach wurde. Schade, daß wir das nicht beim Patentamt angemeldet haben!

Kam von zu Hause ein Päckchen, wurde es erst am Abend im Beisein aller feierlich geöffnet. Jedes Stück, selbst ein Apfel, wurde in zwölf Teile zerlegt. Dadurch kamen auch diejenigen, die nie ein Päckchen erhielten, hin und wieder in den Genuß einer Extraration.

Wir waren in Gruppen eingeteilt. Der Außendienst wurde auf Bauernhöfen geleistet. Die Bäuerinnen waren ja mit ihren Kindern allein, die Männer an der Front. Manche hatten das Glück, einen Großvater auf dem Hof zu haben.

Der Innendienst arbeitete in Küche und Waschküche, hielt die Baracken sauber und reparierte Fahrräder. Am beliebtesten war der Küchendienst. Dabei ließ sich immer etwas Eßbares organisieren. Den Kameradinnen konnte man die größte Freude bereiten, wenn sie am Abend als Betthupferl eine kalte Pellkartoffel vorfanden. Der Phantasie waren keine Grenzen gesetzt. Eine von uns jammerte immer: „Oh, einen Pudding und ganz süß!"

Begehrt war auch der Dienst im Fahrradschuppen bei unserem liebenswerten, alten Hausmeister. Er bekam von seiner Frau jeden Tag Obst und Kuchen mit und gab gern etwas ab. Er hatte sich auch um die Heizung und das Warmwasser im Duschraum zu kümmern. Wenn es zu unseren Duschzeiten Probleme mit dem Warmwasser gab, war er aber nirgendwo aufzutreiben – bis wir eines Tages dahinterkamen, daß der Lustmolch am Dach eine Luke angebracht hatte und von dort aus uns Nackedeis beobachtete!

Wir durften das Lager nicht allein verlassen. Eine Ausnahme bildete der Besuch beim Zahnarzt, dazu mußten wir mit dem Fahrrad bis zur nächsten Stadt fahren. Täglich klagten ein oder zwei Mädchen über Zahnschmerzen. Der Arzt hatte uns längst durchschaut, aber er machte das Spiel mit.

Eines Tages gab es einige Aufregung im Lager. Eine Gruppe Arbeitsdienstmänner, deren Unterkunft bei einem Bombenangriff zerstört worden war, mußte vorübergehend bei uns untergebracht werden. Hinter dem Zaun errichteten sie ein Zeltlager. Von uns Mädchen erwartete man Edelmut, Verzicht und Bescheidenheit. Mit Freuden gaben wir das Stroh aus unseren Matratzen für die Herrn der Schöpfung her. Wir selbst schliefen nun auf Sägespänen. Die Geschlechter waren streng getrennt, beim Duschen selbstverständlich, aber auch beim Essen und Appell. Es gab jede Menge Verbote.

Als wir eines Morgens zum Appell antraten, trauten wir unseren Augen nicht: Auf Bäumen und Sträuchern hing alles, was von uns im Duschraum gelegen hatte: unsere Zahnbürsten, Waschlappen, Handtücher, eben alles, was sie im Duschraum fanden. Da hatte wohl unsere Aufsicht geschlafen. Wir versteckten als Rache ihre Schuhe. So mußten die Männer zum Appell ohne Schuhe antreten.

Unsere Kleidung, besonders die Unterwäsche, war damals alles andere als attraktiv. Die Schlüpfer waren aus Barchent, in den zarten Farben Hellblau, Hellgrün und Rosa und gingen bis zu den Knien. Nachdem es keine Gummibänder mehr gab, mußte man in den Bund und durch den Beinabschluß Stoffband ziehen. Diese Hosen nannten wir dann „Stukka". Jede von uns hatte auch einen Turndreß, ebenfalls mit Bändel, in dem wir wie die Wiesel quer über das Gelände rasten, um dann festzustellen, daß das Plumpsklo besetzt war.

Schöne Beine brauchten wir nicht zu haben, die sah man sowieso nicht. Unsere Socken waren grau wie die der Soldaten. Meine Schnürschuhe waren verschieden, der eine schwarz, der andere braun und eine Nummer zu groß. Aber wir nahmen alles mit Humor. Es gab keinen Neid und auch keinen Streit unter uns. Eine so gute Kameradschaft wie in diesem Arbeitsdienstlager habe ich später nie mehr erlebt.

Eines Tages waren die Männer bei Nacht und Nebel verschwunden. Sie ließen einen Berg Stroh und einige werdende Mütter zurück.

Als meine Mutter schrieb, daß mein Bruder Heimaturlaub

1944: Mein Bruder und ich auf Heimaturlaub in Gröditz.

bekommen würde, erhielt ich Sonderurlaub. So konnte unsere Familie ein paar gemeinsame Tage verleben. Die Eltern hatten zuvor gehamstert und Lebensmittelkarten aufgespart. Gemüse und Obst lieferte frisch der Garten. Wer konnte, hielt im Krieg Kaninchen, um an Festtagen etwas frisches Fleisch zu haben. So auch wir. Unsere Mutter ging täglich zwei- bis dreimal zum Kaninchenstall, um den Mümmelmännern Futter zu bringen und ihnen Streicheleinheiten zu verabreichen. Die Tiere gediehen gut und wurden immer dikker, meine Eltern hingegen immer magerer.

Das prächtigste Karnickel sollte für uns Kinder in Uniform als Festbraten auf den Tisch kommen, doch einen Tag vor unserer Ankunft lag es plötzlich tot im Stall. Daher weinte unsere Mutter bei der Begrüßung nicht nur Freudentränen.

Vater holte sein Fahrrad und brachte das tote Kaninchen zum Tierarzt. Er wollte schließlich wissen, woran es gestorben war. Die Diagnose lautete: Exitus durch Herzverfettung!

Und das mitten im Krieg!

*(Weitere **ZEITGUT**-Beiträge dieser Autorin sind im Autorenverzeichnis am Ende des Buches vermerkt.)*

[Mainz – Heidelberg – Stuttgart;
August 1944]

Hilde Stihler

Küsse im Tunnel

Ich war 20 Jahre alt. Mein Vater und mein Bruder waren als
Soldaten an der Front. Ende Juli wurden meine Mutter und
ich bei einem großen Fliegerangriff auf Stuttgart ausgebombt.
Unser Hab und Gut bestand nur noch aus drei Koffern. Bekannte in Mainz nahmen uns vorläufig auf.

Als wir nach vier Wochen mit unseren drei Koffern morgens über Heidelberg wieder zurück nach Stuttgart fahren
wollten, gab es unterwegs mehrmals Fliegeralarm. Deshalb
erreichten wir erst um 21 Uhr Heidelberg.

Auf dem Bahnhof herrschte Chaos. Einen gültigen Fahr-
plan gab es nicht mehr. Die ankommenden Züge waren mit
Flüchtlingen aus dem Westen vollgestopft.

Endlich fuhr ein Zug ein, der nach Stuttgart fahren sollte,
aber auch der war hoffnungslos überfüllt. Die Leute versuchten sogar, durch die Fenster zu klettern. Während meine
Mutter bei den Koffern stehenblieb, erkundete ich eine Möglichkeit, in den Zug hineinzukommen.

Als ich an den Waggons entlanglief, sprach mich plötzlich
ein junger Soldat an und bot mir an, ich könne auf dem Flak-
Wagen mitfahren. Viele Züge hatten damals vorn und hinten einen offenen Wagen mit Flugzeug-Abwehrkanonen gegen Tieffliegerbeschuß.

Natürlich war der Soldat überrascht, daß er auch meine
Mutter und die Koffer mitnehmen sollte, aber er akzeptierte

es. Meine Mutter war froh, als ich sie holte, wir liefen zum vorderen Flak-Wagen gleich hinter der Lokomotive, der Soldat hievte uns samt Gepäck hinauf.

Wir saßen dicht nebeneinander zu dritt auf einer Bank, links neben mir der Soldat, rechts meine Mutter. Als wir durch den ersten Tunnel fuhren, küßte er mich. Na ja, ich hatte nichts dagegen, er war ja auch ganz sympathisch. Die Hauptsache war, wir kamen nach Stuttgart. Es folgten noch ein paar Tunnel – und jedes Mal passierte das gleiche.

Meine Mutter hatte nichts bemerkt. Kurz vor Stuttgart machte sie einen Koffer auf und suchte etwas. Da sie es nicht fand, wollte sie den nächsten auch noch öffnen.

Ich fragte sie: „Was suchst du denn?"

„In einem Koffer müssen noch Zigaretten sein, die will ich dem Soldaten geben."

Darauf ich: „Nicht nötig, schon bezahlt!" – und klopfte mir den Ruß von den Sachen.

[Reppen*), Brandenburg – Zinten, Ostpreußen – Wien-
Mödling – Nordpolen – bei Preßburg**) –
bei Stuhlweißenburg***), Plattensee]
Sommer 1944–April 1945]

Karl-Heinz Sommer

Von der Schulbank zur Armee

Im Sommer 1944 – ich hatte gerade das Notabitur abgelegt –
wurde ich zur 10. Panzerdivision einberufen. Ich hatte mich
schon vor über einem Jahr freiwillig zu den Panzern gemeldet. Das hatte den Vorteil, daß man sich die Waffengattung,
zu der man wollte, aussuchen konnte, meist wurde das auch
berücksichtigt. Außerdem wollte ich damit vermeiden, daß
man mich zur SS holte. Ich kann nicht sagen warum, ich
war doch überzeugter Nationalsozialist, aber zur SS wollte
ich nicht. Als meine zwei Freunde und ich noch in Drossen
paukten, kam ein SS-Offizier in die Schule, um uns für diese
Truppe zu werben. Mit gutem Gewissen konnte ich sagen,
ich hätte mich bereits zu den Panzern gemeldet.

Es war ein trüber Nachmittag, an dem ich meine Heimatstadt Reppen verließ, einen Persilkarton mit dem Nötigsten
in der Hand. Mein Vater begleitete mich bis zum Gartentor.
Wir gaben uns die Hand, schauten uns in die Augen, und er
sagte liebevoll und preußisch knapp: „Mach's gut, Junge, und
paß auf dich auf." Dann drehte ich mich um und ging zum
Bahnhof. Ich fuhr mit dem Zug zu meiner ersten militärischen Einheit. Warum mit einem Pappkarton? Der konnte
weggeworfen werden. Für einen Koffer hatte der Soldat in
der Kaserne keinen Platz.

Ich fuhr die ganze Nacht hindurch, und als ich nach mehr-
maligem Umsteigen in Zinten in Ostpreußen ankam, wur-

den wir – der Zug war inzwischen voll mit jungen Männern –
bereits von Offizieren und Unteroffizieren erwartet. Der ganze „Sauhaufen" wurde auf LKW's verladen, und ab ging es
in die Kaserne. Ab jetzt war ich Soldat der 10. PD (Panzerdivision) in Zinten, einem Teil der 3. Armee.

Nach der Einweisung zu je acht Mann auf unsere Zimmer
wurden wir eingekleidet. Am nächsten Morgen begann die
Grundausbildung mit dem damals noch üblichen Drill, der,
je nach Ausbilder, zum Teil auch sehr schikanös sein konnte. Zum ersten Mal wurde uns ein „Panzer IV" gezeigt. Als
einer von uns meinte, da passen doch keine vier Mann hinein, befahl der Unteroffizier: „Antreten!"

Dann stellte er sich zusammen mit einem Obergefreiten
oben auf den Panzer neben die Einstiegsluke, und ließ uns
der Reihe nach aufsteigen, um uns dann mit „Nachdruck"
durch die Luke in den Panzer zu befördern. Nachdem alle
12 Mann drinnen waren, wurde die Luke von außen geschlossen. Als der Ausbilder sie nach 15 Minuten wieder öffnete,
waren wir alle krumm und schief, alle Knochen taten uns
weh. Zum Abschluß bemerkte er nur: „So, nun wißt ihr, wieviel Mann in einen Panzer hineinpassen."

Wenn wir nach Meinung der Vorgesetzten wieder einmal
nicht gespurt hatten, veranstalteten diese ab und zu einen
„Maskenball". Dazu trat die Kompanie vor der Kaserne an.
Alle trugen Drillichzeug. Der Spieß schaute auf die Uhr und
schrie: „In zwei Minuten steht hier alles im Kampfanzug,
wegtreten!"

In Windeseile rannten wir auf unsere Zimmer im ersten
Stock, zogen uns den Kampfanzug an und spurteten wieder
herunter. Wer zu spät kam, bekam eine extra Strafe.

Waren wieder alle da, so schaute der Unteroffizier auf die
Uhr und rief: „In zwei Minuten steht hier alles in Ausgehuniform, wegtreten!" Dieses Spiel konnte noch einige Zeit
weitergehen mit Sportkleidung, dann wieder Drillichzeug,
Ausgehuniform. Ein Ausbilder stellte sich sogar einmal breit-

beinig in die Tür, Ellbogen gegen den Türrahmen, und wir mußten darunter hindurchkriechen. Er stand mit dem Gesicht nach draußen und warnte uns: „Dat mir keener anrührt". Beim vierten oder fünften Kleiderwechsel hatte einer von uns eine solche Wut im Bauch, daß er dem Ausbilder von hinten derart ins Kreuz trat, daß er mindesten zwei Meter nach vorn „auf die Schnauze" fiel.

„Wer war det?" Natürlich niemand. Er hat den „Maskenball" mit uns nie mehr wiederholt.

Nach der Grundausbildung von acht bis zehn Wochen wurde ein Teil von uns zu einer Spezialausbildung für den Jagdpanzer nach Wien-Mödling verlegt. Wir fuhren von Ostpreußen durch Polen und die Tschechoslowakei nach Wien – aber nicht mit Personenzügen, sondern in roten Güterwagen mit seitlicher Schiebetür wie sie für Viehtransporte verwendet werden. Wir saßen und schliefen auf Stroh am Boden. Der Transport dauerte drei Tage, weil immer wieder Züge, die die Front versorgen mußten, Vorrang hatten.

In Wien-Mödling wurden wir in einem Nonnenkloster untergebracht. Am Wochenende hatten wir eigentlich frei, doch der Spieß fand stets für etwa 80 Prozent der Einheit irgendwelche Tätigkeiten, Feuerwache, Luftschutzdienst und ähnliches, die uns im Hause festhielt. So war ich nur zweimal in Wien und noch dazu bei grauem, regnerischem Wetter.

Das Beste dieser Ausbildungszeit war das Scharfschießen am Neusiedler See. Dort waren wir eine Woche und schossen mit den Panzergeschützen auf Ziele, die im See aufgestellt wurden. Die Geschütze standen auf einer Anhöhe über dem See in der Nähe von Rust in den Weinbergen. Die Weinlese begann gerade, und die Winzer schenkten uns oft Weintrauben. Die gut dreimonatige Ausbildung war mit dem Schießen beendet.

Nach einer weiteren, kurzen Ausbildung bei München und nach einem 14tägigen Urlaub sollten wir an die Front kommen. Einige, die Abitur hatten, darunter auch ich, sollten zur weiteren Ausbildung als Offiziersanwärter abkommandiert werden. Ich hatte genug vom Lernen, wollte lieber raus. Da kam mir ein Zufall zu Hilfe. Am Tag des Abschlusses – am nächsten sollte es in Urlaub gehen – ließ uns der Kompanie-Chef antreten und sagte: „Ich benötige vier Freiwillige, die sofort an der Front gebraucht werden, der Urlaub entfällt dann natürlich. Wer meldet sich freiwillig?"

Das kam mir wie gerufen, also Arm hoch. Noch einer meldete sich, die beiden anderen wurden bestimmt. Wir wurden neu eingekleidet in fesche, schwarze Uniformen, erhielten einen Marschbefehl, dann ging es per Bahn, diesmal mit normalen Personenzügen, Richtung Nordpolen.

Auf der Fahrt dorthin mußten wir in Berlin umsteigen. Am frühen Nachmittag kamen wir in der Reichshauptstadt an. Weil der Anschlußzug erst am Abend weiterfuhr, setzte ich mich in ein Restaurant, um von hier aus meinen Vater in Frankfurt/Oder anzurufen. Er arbeitete beim Finanzamt, und dort gab es natürlich einen Fernsprecher. Nur wenige Privathaushalte hatten damals Telefon.

Unser Zug fuhr über Frankfurt, Reppen und Posen*) in Richtung Ostpreußen. Ich hätte meinen Vater gern noch einmal auf der Durchreise am Bahnsteig gesehen, aber es war 1944 sehr schwierig, ein Ferngespräch zu führen. Das Telefonnetz war kaum ausgebaut; alle Gespräche wurden per Hand vermittelt. Der Krieg machte alles noch komplizierter. Ich bekam den ganzen Nachmittag bis zum Feierabend meines Vaters keine Verbindung. So fuhr ich spät abends durch Reppen und sogar an unserem Hause vorbei, ohne daß meine Familie etwas davon ahnte.

Wir waren zur Jagdpanzer-Abteilung „Medikus" abkommandiert. So hieß der Kommandeur der Abteilung, ein mit dem Ritterkreuz dekorierter Major. Die Abteilung lag in einem nordpolnischen Dorf, zurückgezogen hinter der Front, die am Narew verlief. Zusammen mit anderen Einheiten bil-

---

*) Poznań in Polen

deten wir die Verstärkung. Die Einheit lag weitab von jeder Verkehrsverbindung, und so mußten wir die letzten Kilometer noch über völlig verschlammte Wege zu Fuß laufen. Der Weiler bestand nur aus wenigen niedrigen, strohgedeckten Katen. Wir mußten uns bücken, um durch die Türen zu gehen. Die Polen hatten die Hälfte der Häuser für uns räumen müssen. Es ging ziemlich eng zu. Der Ort sah aus wie ein sibirisches Dorf auf manchen Gemälden. Wenn es regnete, stand knöcheltiefer Schlamm auf den Wegen. Als Fortbewegungsmittel hatten die Polen nur Panjewagen mit struppigen Panjepferden. An Autos oder Traktoren war hier noch nicht zu denken.

Jetzt wurden wir noch einmal ausgebildet. Wir bekamen unsere Jagdpanzer erklärt. Sie hatten keinen Turm, boten damit ein kleineres Ziel, waren also schwerer zu treffen als Kampfpanzer. Wir hatten zwei Typen, den alten Panzer IV ohne Turm und den „Skoda", ein tschechisches Fabrikat. Beide hatten als Bewaffnung eine 8,8-cm-Kanone überlang sowie ein mit Kugelkopf in die Frontplatte integriertes Maschinengewehr 42 und ein zweites MG 42, das nach Bedarf oben auf dem Panzer installiert werden konnte. Das Maschinengewehr, seit 1942 produziert und im Landserjargon „Hitler-Säge" genannt, war eine der gebräuchlichsten Waffen des Zweiten Weltkrieges.

Die Ausbildung dauerte etwa acht bis zehn Tage. Am Ende stand ein schriftliche Prüfung, um festzustellen, wer wo am besten eingesetzt werden konnte. Von uns Neuen hatten nur wenige Abitur, so war es für mich keine Hürde, zu denen zu gehören, die für den Einsatz im Panzer bestimmt wurden. Die übrigen Neuankömmlinge wurden als Panzergrenadiere eingeteilt. Das waren jene Soldaten, die während der Fahrt hinten auf den Panzern aufsaßen und im Gefecht gedeckt hinterherliefen. Ihre Aufgabe war es vor allem, die Besatzung im Panzer vor der feindlichen Infanterie zu schützen, denn aus dem Inneren eines Panzers hatte man nur eine begrenzte Sicht. Da ich nie ein guter Marschierer war, hatte ich also mein Ziel erreicht.

Ich wurde auf einem Jagdpanzer IV als Ladeschütze eingesetzt. Gleichzeitig hatte ich das Maschinengewehr und das Funkgerät zu bedienen. Der Panzer hatte vier Mann Besatzung. Auf der linken Seite, ganz oben, saß der Kommandant, etwas tiefer der Richtschütze und vorne links der Fahrer. Auf der rechten Seite in Höhe des Richtschützen saß ich.

Mit meinen drei Funktionen war ich im Einsatz voll beschäftigt. Die Granaten – wir führten Panzer- und Sprenggranaten mit – befanden sich vor mir, neben mir, hinter mir und teilweise auch über mir. Bei einer Geschoßlänge von 80 bis 90 Zentimetern war es schon fast Akrobatik, sie in das Kanonenrohr zu laden. Manchmal mußten noch die Zünder der Sprenggranaten*) verstellt werden, um einen hochgezogenen Sprengpunkt zu erreichen.

Je nach Einsatz hatte ich zwischendurch mit dem Maschinengewehr auf Infanteristen zu schießen und gleichzeitig auf das Funkgerät, unsere einzige Verbindung nach außen, zu achten. Während des Einsatzes kamen sämtliche Befehle des Kommandeurs über Funk. Auch die Gespräche unter der Panzerbesatzung erfolgten wegen des Lärms im Panzer über das Funkgerät.

Von unserer Besatzung war ich der Jüngste, der „Bubi". Die anderen waren kampferfahrene Panzersoldaten. Am Narew kamen wir noch nicht zum Einsatz. Als wir uns einmal der Hauptkampflinie, dem Geschützdonner und Mündungsfeuer, näherten, aber selbst noch nicht im Kampfeinsatz waren, sagte einer der Kameraden zu mir: „Schau, Bubi,

---

*) Sprenggranaten wurden in erster Linie gegen Infanterie im Schützengraben bzw. -loch eingesetzt. Die Granate wurde so verschossen, daß sie zirka 30 Meter vor dem Graben auf dem Boden aufsetzte, nach oben abgelenkt wurde und dann erst in der Luft explodierte. Die Granatsplitter sollten so von oben die in den Löchern befindlichen Soldaten treffen.

Oktober 1944.
Die Kameraden nannten mich
„Bubi", weil ich mit meinen
18 Jahren der Jüngste unserer
Panzerbesatzung war.

da hinten ist EK-Gelände!" Dort konnte man sich das „Eiserne Kreuz" verdienen.

Bald darauf wurden wir nach Ungarn verlegt. Alle Panzer und der gesamte Troß wurden in tagelanger Fahrt mit der Eisenbahn in die Slowakei, an die Grenze zu Ungarn gebracht. Wir lagen auf einer Anhöhe oberhalb von Preßburg, am Fuße der Kleinen Karpaten.

Über verschiedene Einsätze gelangten wir weiter südlich, bis in die Gegend von Stuhlweißenburg, ein Weinanbaugebiet. In etlichen Dörfern sprach die Bevölkerung deutsch. Ihre Vorfahren waren vor 200 Jahren von Maria-Theresia hier angesiedelt worden. In einem dieser Dörfer blieben wir etwa eine Woche. Wir wurden auf verschiedene Bauernhöfe verteilt. Beim ersten Appell gab der Hauptmann bekannt, daß es verboten sei, Wein zu „organisieren". Alle schmunzelten, der Hauptmann übrigens auch. Er mußte ja der Vorschrift Genüge tun, ansonsten wurde die Sache nicht so ernst genommen. Am Abend, als es dunkel war, beobachtete einer von uns, wie der Hauptmann ein Faß Wein über die Straße rollte.

Wir hielten die Technik in Ordnung, ansonsten hatten wir viel Freizeit. Der Wein floß in Strömen. Da wir keine Gläser hatten und der Becher der Feldflasche zu klein war, tranken wir aus Kochgeschirren. Der Topf ging reihum, jeder nahm einen kräftigen Schluck. Ich war das nicht gewöhnt und hatte schnell genug. Die Altgedienten machten sich einen Spaß daraus, den Bubi „abzufüllen". Nach einiger Zeit konnte ich aber schon besser mithalten.

Eines Tages trieben die Bauern eine große Herde Rinder durchs Dorf. Weil nur ein paar Treiber die Tiere begleiteten, konnten wir unbemerkt ein Kalb in eine Hofeinfahrt drängen. Der Koch freute sich. Und wir erst! Hatten wir doch endlich eine abwechslungsreiche Extraration. Das „Organisieren" gehörte im Krieg zur Überlebensstrategie.

Irgendwoher hatten wir Grieß bekommen. Zum ersten Mal in meinem Leben versuchte ich mich als Koch. Ich wollte unsere Besatzung mit Grießbrei überraschen. Von einem Bauern bekamen wir Milch. Ich brauchte nur den Grieß in die Milch zu schütten und aufzukochen. Gesagt, getan.

Das Gemisch kam mir jedoch zu dünn vor, also kippte ich Grieß nach. Es sei immer noch zu flüssig, glaubte ich und gab noch etwas dazu. Plötzlich wurde der Brei immer zäher, zum Schluß konnte ich ihn nicht einmal mehr umrühren. Statt Grießbrei hatte ich Beton gekocht!

Lange Zeit rührte ich keinen Kochtopf mehr an, aber als wir Wochen später auf einen Bauernhof kamen, dessen Bewohner geflohen waren, probierte ich es noch einmal. In der Küche lagen viele Hühnereier. Nun, Eier zu braten, dürfte nicht allzu schwierig sein, dachte ich. Fett war auch da. Ich nahm eine große Pfanne, erhitzte das Fett und schlug die Eier hinein. Das erste Ei sah etwas merkwürdig aus und auch das nächste und übernächste. Als ich etwa acht Eier ausgeschlagen hatte, ging mir ein Licht auf: Die Eier könnten angebrütet sein. Folglich warf ich alles auf den Mist. Als Soldat unternahm ich dann keine Kochversuche mehr.

Wir kamen nach Ungarn, in die Gegend von Stuhlweißenburg, ein Weinanbaugebiet. Anfangs ging es sehr fröhlich zu, doch schon bald wurde aus dem Kriegsspiel bitterer Ernst. Der rittlings auf dem Fahrer sitzende bin ich.

Irgendwann in einem Quartier in Ungarn kam einer von uns auf die Idee, Kartoffelpuffer – wir sagten Plinsen – zu bakken. Also rieben wir Kartoffeln und buken einen Riesenberg Puffer. Nachdem alle kräftig zugelangt hatten, blieb noch ein großer Stapel übrig, den Rest wollten wir am nächsten Tag essen. Als wir am anderen Morgen aufstanden, lag nur noch ein einziger Puffer auf dem Teller! Keiner verlor ein Wort, sicher hatte jeder in der Nacht heimlich zugelangt.

In der Regel wurden wir auf Bauernhöfen einquartiert. Jedes Haus wurde mit ein oder zwei Panzerbesatzungen belegt. Meist schliefen wir auf Stroh, manchmal auch auf Matratzen, wenn uns die Bewohner welche gaben. Es kam auch vor, daß wir nur für eine Nacht blieben, dann legten wir uns auf den blanken Boden, nur in unsere Decken gehüllt. Betten oder Sofas nahmen wir der Zivilbevölkerung nicht weg, es sei denn, die Häuser standen sowieso leer. Unsere Verpflegung erhielten wir vom Küchentroß.

Ein anderes Mal fuhren wir gegen Abend – es war schon dunkel – in ein ungarisches Dorf, in dem wir übernachten wollten. Vor einem Haus ließ der Panzerkommandant halten und sagte: „Bubi, schau mal nach, ob hier noch Platz ist!" Es stand nämlich schon ein Wehrmacht-LKW vor dem Gebäude. Der Eingang lag hinten auf dem Hof. Als ich um die Hausecke bog, sah ich im Schein der Lampe einen Feldhasen am Türpfosten hängen. Ich dachte: „Den Seinen gibt's der Herr im Schlaf!" Also, den Hasen abgehängt und schnell zurück zum Panzer. Die Besatzung freute sich. Wir fanden dann am anderen Ende des Dorfes eine Unterkunft, wo uns eine Frau den Hasen lecker zubereitete. Das waren die angenehmeren Seiten des Krieges. Unser Motto war: „Lebe den heutigen Tag, vielleicht bist du morgen schon tot."

Ende 1944 oder Anfang 1945 wurde ich, ganz automatisch, zum Gefreiten befördert. Nun war ich wenigstens nicht mehr der „Schütze Arsch". Mit dieser Beförderung wurde auch mein Sold angehoben. Das war zwar auch nicht viel, aber immerhin 50 Prozent mehr. Als Panzerschütze hatte ich 1 RM pro Tag erhalten, jetzt bekam ich 1,50 RM.

Dann kam ein Einsatz, den ich mein Leben lang nicht vergessen werde. Es war der 12. Januar 1945, mein 19. Geburtstag. Ich legte nie viel Wert auf meinen Geburtstag, auch diesmal dachte ich nicht daran. Erst zwei Tage später fiel mir ein, daß ich ja ein Jahr älter geworden war.

Wir hatten eine leichte Schneedecke, es war ein trüber, dunstiger Wintertag. Wir rollten mit mehreren Panzern auf eine bewaldete Anhöhe zu und hielten zwei- bis dreihundert Meter vor dem Hang. Alles war ruhig. Unser Richtschütze Bernhard lachte mir zu. In diesem Augenblick tat es einen wahnsinnigen Schlag, im Panzer stoben Funken. Der Kommandant und der Richtschütze waren plötzlich nicht mehr da. Ich selbst flog durch meine Luke hinaus. Bernhard lag blutüberströmt zehn Meter hinter dem Panzer und rührte sich nicht mehr.

Etwas weiter saß Jupp Färber, der Kommandant, im Schnee und fluchte laut vor sich hin: „Die verfluchten Nazis, jetzt bin ich ein Krüppel!" Unser Fahrer Alfred befand sich, schwer verwundet, noch im Panzer. Er überlebte nicht. Nur mir war nichts passiert. Ich versuchte, Bernhards Oberschenkel mit dem Koppel gegen weiteren Blutverlust abzubinden. Unser Nachbarpanzer hatte den Abschuß bemerkt und kam herüber. Wir luden den Kommandanten und den Richtschützen hinten auf und fuhren zum Hauptverbandsplatz. Dem Kommandanten wurde ein Unterschenkel amputiert. Er blieb am Leben.

Für Bernhard kam jedoch jede Hilfe zu spät. Er hatte, wie ich erst jetzt bemerkte, mehrere Splitter in den Brustkorb bekommen. Ich konnte gerade noch meinen „Faust", eine Reclam-Ausgabe aus meiner Schulzeit, aus seiner Brusttasche ziehen. Das Heft war blutgetränkt. Das Goethe-Bändchen war das einzige Buch, das ich während meines gesamten Kriegsdienstes bei mir trug. Während der letzten Wochen in der Schule, hatte mein Lehrer Dr. Burchardt es verstanden, mir den „Faust" so nahe zu bringen, daß er mich nicht mehr losließ. Eines Tages hatte Bernhard gefragt, was ich da ständig lese, und mich gebeten, ihm das Büchlein mal auszuleihen. Bernhard, ein sympathischer, einfacher Bauernjunge aus Westfalen, war bis zu der Stelle gekommen, wo es bei Goethe heißt:

„Das Schwert im Herzen,
Mit tausend Schmerzen
Blickst auf zu deines Sohnes Tod..."

Was genau war passiert? Der Schuß, der unseren Panzer getroffen hatte, war der einzige, der an unserem Frontabschnitt an diesem Tag fiel. Die Granate traf unseren Panzer vorn links, in Höhe des Fahrers, und damit auf die einzige senkrechte Fläche im vorderen Teil. Sie durchdrang die Panzerwand und verletzte dabei Alfred, den Fahrer, tödlich am

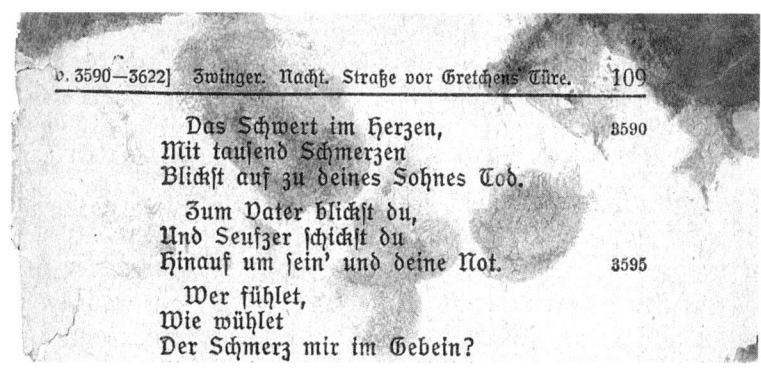

*Die Seite 109 meines „Faust". Bis hierher ist mein Freund Bernhard
gekommen, als ihn der Tod ereilte. Die Flecken im oberen Teil stammen
von seinem Blut, er trug den „Faust" in der Brusttasche seiner Uniform.*

Kopf. Sie fuhr dann durch den Oberschenkel des Richtschützen und zerschlug anschließend den Unterschenkel des Kommandanten unterhalb des Knies, bis sie im Motorenraum
liegenblieb.

Es ist unglaublich: Die Granate war nahezu unbeschädigt,
obwohl sie eine Panzerwand aus zehn Zentimeter dickem
Stahl durchschlagen hatte! Die aus der Panzerwand herausgesprengten Splitter trafen den Richtschützen in die Brust,
wahrscheinlich direkt ins Herz. Sie hätten mit Sicherheit
auch meine Beine getroffen, wenn wir nicht alle unsere zu
einem Bündel zusammengerollten Decken unterhalb der Kanone, also in Höhe meiner Beine, verstaut gehabt hätten.
Die Decken waren durchlöchert und voller Metallsplitter.

Am nächsten Tag wurde unser Panzer zur Reparatur zurückgeschleppt. Innen saß noch immer, steif und kalt, unser
Fahrer. Wir hoben ihn heraus und begruben ihn.

Drei oder vier Tage hatte ich frei. Dann kam ich, wieder
als Ladeschütze, auf einen anderen Panzer.

Einer der nächsten Einsätze in Ungarn war ein Angriff
auf ein Wäldchen. Davor hatten sich russische Infanteristen
eingegraben. Als wir uns näherten, sprangen sie aus den

Löchern und liefen zurück, dem Wald zu. Einer rannte direkt quer zu unserem Panzer und sprang vor uns erneut in ein Loch. „Irgendwann mußt du ja wieder herauskommen", dachte ich und richtete mein MG auf diesen Punkt. Als er sprang, war der Feuerstoß auch schon heraus, der Russe sackte zusammen. „Bravo, Bubi!" rief der Kommandant.

Es tat wieder einen Schlag, der Panzer bäumte sich leicht auf, und dann folgte ein Heulen: „Uiiih, uiiih, uiiih!" – Eine Granate war an unserer Panzerung nach oben abgeprallt. Der Querschläger verursachte den Heulton. Uns war Gottsei-Dank diesmal nichts passiert. Bei diesem Einsatz wurden jedoch zwei andere Panzer unserer Kompanie getroffen. Ein Teil der Besatzungen war tot, der andere schwer verletzt. Sanitäter und Kameraden brachten sie zurück.

Die Russen mußten einen sehr guten Richtschützen gehabt haben, denn bei allen drei Panzern lagen die Treffer fast an der gleichen Stelle. Bei den ersten beiden Panzern hatte die Granate genau den Kugelkopf des Maschinengewehrs getroffen, und in den Innenraum katapultiert. Bei uns fehlten nur zehn Zentimeter.

Oktober 1944 in Ungarn. Der Jagdpanzer IV hatte keinen Turm. Auf dem Panzer stehend mein letzter Panzerkommandant Adolf Götz.

Sollte mich jemand fragen, was ich gefühlt habe, als ich den Russen in die MG-Garbe laufen ließ, so werde ich bei der Wahrheit bleiben und antworten: „Ich fühlte Genugtuung. Es war gute Arbeit, dieser Russe konnte keinen von uns mehr gefährden." Das mag hart, ja unfaßbar klingen, aber im Krieg gilt: Entweder du oder ich! Als Soldaten konnten wir uns nicht jedesmal, wenn wir einen Feind getötet hatten, ein schlechtes Gewissen leisten, wir wären sonst durchgedreht. Sicher spielten Gewöhnung und eine gewisse Verrohung der Gefühle eine Rolle. Fielen neben uns Kameraden, bedauerten wir das, sagten vielleicht auch „verdammte Scheiße", gingen aber bald wieder zur Tagesordnung über. Das Sterben war alltäglich geworden.

Mein Begleitzettel für Verwundete. Kurz vor Kriegsende erlitt ich einen Durchschuß am linken Oberschenkel. Ein roter Streifen am Rand des Begleitzettels bedeutete, der Verwundete ist transportfähig, zwei rote Streifen, er ist nicht transportfähig.

[Im Weichselbogen, Polen;
Juli 1944]

Herbert Diebold

Angriff

Herbstsonne an einem klaren Tag auf Polens Äckern. Das
Dorf hinter uns qualmt, das Dorf vor uns in einem leichten
Tal, etwa zwei Kilometer entfernt, sieht friedlich aus. Wir,
die wir in seiner Mitte liegen, wollen den Kopf nicht heben,
denn diese Idylle für das flüchtige Auge ist für das Ohr ein
Inferno, erfüllt von Paukenschlägen hinter uns und hellem
Peitschenknall um uns.

Du liebe Erde, denke ich und mache mich so klein wie nur
möglich. Neben mir springt plötzlich einer auf, rennt feindwärts und verschwindet. Da muß eine Mulde sein. Auch an-
derswo kommt Bewegung auf. Sofort nimmt das Peitschenknallen zu und dann: ein wahnsinniger Knall, hell, alles ver-
schlingend und sofort berstend, die Ohren, den Kopf, den
ganzen Körper sprengend. Mein Gott, jetzt schießen die schon
Pak auf Menschen – die schießen mit Flachfeuerkanonen,
aber nicht auf Panzer, sondern auf uns! Liebe Erde!

Das Peitschenknallen kennen wir seit Jahren, es regt uns
nicht mehr auf, denn die Kugel, die den Knall verursacht, ist
bereits an uns vorbei. Sie kann uns nicht mehr treffen. Die
uns trifft, hören wir nicht. Wir spüren sie allenfalls, so als
Klaps oder Schlag. So, als schlüge dir ein alter Freund auf
die Schulter. Damals gab es bei mir einen Klaps gegen meine
rechte Hüfte. Ich ging vorschriftsmäßig zu Boden: erst das
MG abstellen, auf die linksvorausgestreckte Hand fallen und

dann auf die linke Seite runtergehen. Man muß ja nicht immer an das Knallen denken. Bei Gewitter denkt man ja auch nicht daran, daß der Blitz ausgerechnet einen selbst trifft. Oder? Aber jetzt, dieser Geschoßknall einer vorüberfliegenden Granate, das war die Hölle. Aber wo war die Hölle nicht?

Der Lärm läßt nach, und ich riskiere ein Auge. Andere robben oder springen vor, auch ich und lasse mich in die Mulde fallen, die bereits von drei Soldaten besetzt ist, für mehr wäre kein Platz. Hier sind wir zunächst sicher, solange es dem Russen nicht wieder einfällt, uns mit Granatwerfern zu beharken.

War das verteufelt heute morgen, vor ein oder drei oder fünf Stunden. Unser Zug, nein unsere Kompanie, die binnen einer Woche auf Zugstärke zusammengeschmolzen war, lag in Bereitstellung zum Angriff auf weite Entfernung, eben auf jenes Dorf vor uns. Weit waren wir heute noch nicht gekommen, nur einige Hundert Meter. Zuerst lagen wir entlang einer Straße im Dorf im Straßengraben. Wir liebten geradezu alles Tiefe. Wir lauschten den Paukenschlägen unserer spärlichen Artillerie hinter uns und dem sanften Singen der über uns feindwärts ziehenden Granaten.

„Also dann! Auf, Marsch! Richtung Iwan!" Doch da flatschte es in der Luft und krachte am Boden wieder und wieder, und wir liebten wieder die Erde, jede kleine Rille, auch Wasserpfützen. Ohren und Kopf waren zum Bersten gefüllt mit Jenseitigem. Dann Stille und Rufe nach dem Sanitäter.

Wieder lagen wir. Aus meiner Papptrommel zog ich eine „Möve" und rauchte. Der Kompanietruppführer kam entlanggekrochen, um die Ausfälle zu zählen, aber wir hatten diesmal keine. Nach einigen Minuten wieder „Auf, Marsch!" Der Iwan schien uns aber nicht zur Gefechtsentfaltung kommen lassen zu wollen, denn erneut hielten uns drei oder vier Salven Granatwerfer nieder. Es schien, als sollten wir uns im Dreck dieses Dorfausgangs einrichten. Womöglich hatte

der Russe irgendwo im Dorf versteckt einen vorgeschobe-
nen Beobachter (VB), der das Feuer leitete?

Ich erinnerte mich an Rogatschew am Dnepr, an die Milch-
und Sahnefabrik mit Schornstein und Turm diesseits des
Flusses. Das war im Juli 1941. Da haben wir noch gesiegt.
Schließlich holten wir aus dem Turm einen Russen mit Funkgerät heraus. Der mußte die russische Artillerie weit drüben
jenseits des Flusses geleitet haben, denn anders waren die
Treffer in unseren Reihen, wohin wir uns auch wendeten,
nicht zu erklären gewesen.

Und heute morgen lagen wir wieder fest. Sobald wir uns
aufrappelten, begann der Feuerzauber von neuem. Da erschien ein hochgewachsener Offizier mit Ritterkreuz am Hals
und Pistole in der Faust, den das russische Feuer erstaunli-
cherweise nicht beschädigte. Er sollte und wollte wohl unseren Angriff nun endlich zum Laufen bringen. War es sein
Beispiel, die Furcht vor seiner auf uns gerichteten Pistole
oder die längeren Feuerpausen der russischen Granatwerfer? Jedenfalls arbeiteten wir uns sprungweise vor, setzten
uns vom Dorfrand ab und entfalteten uns auf dem Acker zur
Schützenkette Richtung Angriffsziel, freilich unter Verlusten,
denn wir gerieten auf freiem Feld in den Bereich der leichten Infanteriewaffen des Feindes.

Nun liegen wir zu viert in der segensreichen Mulde, auf halbem Wege zum Angriffsziel, in leidlicher Deckung und lassen uns von der Sonne bescheinen, während es ringsum
knallt, peitscht und birst. Unsere Kameraden nebenan kommen anscheinend auch nicht so recht voran, denn zu beiden
Seiten ist nur mäßig Bewegung. Am Dorfrand vor uns erkennen wir keine Ziele. Der Feind liegt dort gut getarnt.

Hinter uns plötzlich Rasseln und Motorgedröhne. Tatsächlich unsere Panzer! Sogar Tiger, unsere Geheimwaffe. Sie
scheinen sogar Treibstoff zu haben, denn langsam, ganz langsam, rollen sie heran, als genössen sie das Feuer, das sie so-

fort auf sich ziehen. Es heult und peitscht auf sie los, und die Abpraller zwitschern durchs Gelände. Man hält am besten in guter Deckung von ihnen Abstand. Die Panzer rollen weiter vor bis auf unsere Höhe und feuern mit ihren Kanonen Richtung Dorfrand vor uns. Dort steigen kleine Rauchwolken auf. Dröhnend rasseln sie wieder zurück in Deckung des Dorfes. Wahrscheinlich haben sie drüben am Ortsrand eine Pak-Front geortet, gegen die auch zwei Tiger machtlos sind. Machtlos wie wir.

In unserer Mulde versucht inzwischen ein Funker, Verbindung zu bekommen. Das Gerät besteht aus zwei schweren Kästen, die wie Tornister auf dem Rücken getragen werden. Er hat es nicht leicht bei diesem Lärm, und der Apparat funktioniert anscheinend nicht. Ich sehe meinem Zugführer, der sich bemüht, Übersicht über seine Leute zu bekommen und Anschluß beiderseits.

Ich bin so matt, nicht nur, weil es im Morgengrauen das letzte Mal etwas zu essen gegeben hatte, und jetzt war Mittagszeit. Die Kameraden hatten gesagt, meine Augen seien gelb. Und wenn ich pinkelte, kam es nicht gelb, sondern braun und schäumte mächtig. Hatte ich Gelbsucht?

Der Befehl, zunächst nicht weiter vorzugehen, sondern sich einzugraben, ist wenig tröstlich. Gewiß, wir haben ein gutes Schußfeld, etwa 800 Meter bis zum feindlichen Ortsrand, aber wir haben keine Deckung, falls wir uns zurückziehen müßten. Inzwischen kommen Melder gekrochen oder gesprungen. Wehe dem, der hier verwundet wird! Wer soll den zurückbringen? Ich taste nach meinen Verbandpäckchen, der eingesiegelten, sterilen Mullbinde, die jeder bei sich zu tragen hat. Es ist noch da und gibt mir ein Gefühl der Sicherheit. Nicht alle von uns haben eine solche noch. Und neue gibt's nicht. Es kommt nichts nach...

Das feindliche Artilleriefeuer setzt verstärkt ein und hält uns alle am Boden. Ein Kamerad nutzt eine Pause zum Stel-

Eingegraben lagen wir vor einem polnischen Dorf auf freiem Feld. Der Angriff war ins Stocken gekommen. Durch einen glücklichen Zufall habe ich ihn überlebt. Dieses Foto von mir wurde 1943 aufgenommen.

lungswechsel. Da, ein Granateinschlag; Dreck prasselt vom Himmel auf uns nieder, und er schreit, schreit wie ein Besessener, springt umher und hält seinen entblößten Arm fest, aus dem sein Blut – noch nie habe ich so etwas gesehen – wie eine kleine Fontäne stoßweise hochspritzt! Er schreit unaufhörlich, hält seinen Arm hoch und geht doch nicht zu Boden.

Kameraden haben ihn wohl an den Beinen festgehalten, zu Boden geworfen und versucht, die verletzte Schlagader abzubinden, sein Geschrei wurde schwächer. Vielleicht zog einen dichter werdender Schleier vor seine Ohren und Augen und erlöste ihn. Ob er ein Verbandpäckchen bei sich hatte? Ich habe das meine jedenfalls und würde es nicht hergeben, gestehe ich mir ein...

In der Nacht gehe ich mit den Essenholern zurück zum Hauptverbandsplatz. Von dort werde ich wegen Gelbsucht weiter heimwärts verlegt. Wie ich später erfahren habe, griff der Russe am Tage darauf an und überrannte unsere dünnen Linien. Dabei soll es nur wenigen meiner Kameraden gelungen sein, ihr Leben zu retten.

[Arras, Nordfrankreich – Gießen – bei Prora, Insel Rügen;
Juni–Dezember 1944]

Clare Varner-Rassmann

Briefe an Franzl

Seit Mai 1943 arbeitete ich als Nachrichtenhelferin in Frankreich, zunächst in Lille, dann in Arras. Gerade 18 Jahre alt,
war ich froh gewesen, diese Stelle zu bekommen, denn wegen des gespannten Verhältnisses zu meiner Mutter wollte
ich so schnell wie möglich von zu Hause fort. Die Arbeit gefiel mir. In Frankreich lernte ich auch meinen Freund Franzl
Lohmann kennen, der hier als Unteroffizier diente.
    Am Morgen des 6. Juni 1944 kamen die Helferinnen, die
Nachtdienst gehabt hatten, sehr aufgeregt von der Schicht.
Sie berichteten, daß gegen 3 Uhr morgens in der Telefonvermittlung große Unruhe entstanden sei. Alle Klappen seien
auf einmal heruntergefallen, so viel hätten sie zu tun gehabt. Es war die Nacht vor der Landung der Alliierten in der
Normandie.
    Ich hatte erst am Mittag Dienst. Als ich am Klap-
penschrank saß, war die Arbeit noch immer sehr hektisch.
Jeder wollte jeden sprechen, keiner konnte warten. Alle Gespräche waren eilig, wichtig und geheim. Nie zuvor hatte ich
so viel auf einmal zu tun gehabt. Ich bekam Angst. Was war
eigentlich genau passiert? Und wo war Franzl? War er auf
dem Weg zur Front oder sogar schon ganz vorne? Ich war
vollkommen erschöpft, als ich abgelöst wurde.
    In den nächsten Tagen und Wochen half ich in meiner Frei-
zeit im Lazarett, wo alle Hände gebraucht wurden. Zahlrei-

Ostersonntag 1944. Franzl ist zu Besuch gekommen, und wir begießen seine Beförderung zum Feldwebel.

che an der Front verwundete Soldaten wurden mit LKWs hierher gebracht. Viele schrien vor Schmerzen, manche hatten verbundene Augen. Ärzte und Krankenschwestern waren vollkommen überfordert. Bald gab es keine freie Betten mehr, so daß die Verwundeten auf den Gängen liegen mußten. Überall roch es nach Blut, alles war verdreckt. Wir Helfer trösteten die Soldaten und wuschen ihnen die Gesichter.

Bei jedem neuen Transport bangte ich, Franzl könne dabei sein. Gott sei Dank, diesmal wieder nicht! Kam ein Brief von ihm, sah ich als erstes auf das Datum, denn das hieß, an diesem Tag war es ihm noch gut gegangen.

Die Ärzte brauchten auch im Operationssaal Hilfe. Ich meldete mich freiwillig. Ich hielt eine Art Sieb über die Nase des Verletzten und tröpfelte ein Narkosemittel darauf, bis er eingeschlafen war. Dann begann der Arzt mit der Behandlung, bei der ich ihm assistierte. Am schlimmsten waren für mich Amputationen. Ich weiß selbst nicht, wie ich das alles ausgehalten habe. Oft sagte der Arzt hinterher, ich sei ihm wirklich eine Hilfe gewesen.

Von Zeit zu Zeit sah ich auf dem Gang nach, ob ein Soldat seinen Verletzungen erlegen war. Die Ärzte hatten nicht so viel Zeit, um es selbst festzustellen. Ich half, so gut ich konnte. Nach jeder Schicht in der Telefonvermittlung ging ich nach kurzer Pause zum Lazarett.

Als ich eines Mittags vom Dienst zurück zur Unterkunft kam, stand ein Motorrad mit Seitenwagen auf dem Hof. Mein erster Gedanke war: „Franzl ist da!" Ich rannte in die Diele, wo mich eine Helferin mit den Worten empfing: „Clare, du sollst sofort zur Führerin kommen!"

Ich eilte die Treppe hinauf, klopfte am Dienstzimmer der Heimleiterin an. Sie bat mich herein. Vor ihrem Schreibtisch, im Besuchersessel, saß Karl, der Freund von Franzl. Ich war enttäuscht, ich hatte doch Franzl erwartet!

Ich sollte mich hinsetzen. Ohne Umschweife sagte dann Karl zu mir: „Franz ist am 16. August gefallen. Er wurde von einer Granate getroffen."

Alles, was ich in diesem Moment tun konnte, war, mit dem Kopf zu nicken. Ich brachte kein Wort über die Lippen, schaute Karl nur stumm an. Nach ein paar Sekunden erhob ich mich und lief in mein Zimmer. Dort nahm ich ein Handtuch aus dem Schrank und ging damit ins Badezimmer der Führerin. Ich ließ Wasser in die Wanne und legte mich hinein. Wie lange ich so lag, weiß ich nicht mehr. Am Abend schrieb ich einen Brief an Franzl.

Am nächsten Tag versah ich wie gewöhnlich meinen Dienst in der Telefonzentrale. Anschließend half ich wieder im Lazarett. Ich setzte mich an das Bett eines verwundeten Offiziers. Er bat mich, einen Brief an seine Angehörigen zu schreiben. Es fiel mir schwer, seinen Worten zu folgen, ich konnte mich nicht konzentrieren.

Der Offizier fragte mich, ob ich Sorgen hätte. Ich stotterte: „Ja, mein Freund ist gefallen."

Im selben Moment stand ich auf und lief hinaus, weil mir die Tränen kamen. Ich wollte den verletzten Offizier nicht mit meinen Sorgen belasten. Er rief mich jedoch zurück und befahl mir regelrecht, den Brief zu Ende zu schreiben. Dann machte er mir Mut, ich solle meinen Weg weitergehen, auch wenn mein Freund tot sei. Ich mußte ihm noch versprechen, dafür zu sorgen, daß sein Brief abgeschickt wird.

Bald danach wurden die Verwundeten abtransportiert, denn die Front rückte immer näher an Arras heran. Wir konnten den Kanonendonner bereits hören.

Eines Tages stand vor unserer Unterkunft ein Bus bereit. So schnell wie möglich für den Abmarsch fertigmachen, lautete der Befehl.

Ausgerechnet heute hatte meine Zimmerkameradin Urlaub, so daß ich auch noch ihre Sachen zusammenpacken mußte. In der Hektik wußte ich nicht, womit ich anfangen sollte. Mal legte ich etwas in ihren Koffer, mal in meinen. Leider mußte ich etliche Dinge zurücklassen. Aber die Briefe und Fotos von Franzl packte ich alle ein. Ich kam als letzte zum Bus. Es war eine regelrechte Rette-sich-wer-kann-Aktion.

Die Fahrt ging nach Gießen, wo sich die Schule für Heereshelferinnen befand. Auch aus anderen Richtungen kamen Busse hier an, bis die Schule vollkommen überfüllt war und die Unterkünfte aus allen Nähten platzten. Wir mußten in Etappen Essen fassen. Alle warteten auf weitere Befehle, aber niemand wußte Bescheid.

Wer wollte, konnte die Entlassung bekommen und nach Hause fahren, hieß es. Viele Mädchen nahmen diese Chance wahr. Für mich kam das jedoch nicht in Frage. „Bloß das nicht, auf keinen Fall nach Hause!" sagte ich mir.

Eine Führerin bot uns dann zwei Umschulungen an, die eine zur Funkerin in Kiel, die andere zur Fernschreiberin auf der Insel Rügen. In beiden Fällen würde die Marine uns übernehmen. Ich überlegte nicht lange. Die Schule auf Rü-

*Das Foto vom Dezem-
ber 1943 zeigt mich als
Nachrichtenhelferin in der
feldgrauen Ausgehuniform
in Lille, Frankreich.
Im Dienst trugen wir graue
Kittel. Ich bin 18 Jahre alt.*

gen kannte ich bereits, dort hatte ich meine Ausbildung zur Telefonistin erhalten. Ich meldete mich für diesen Kurs.

Schon am nächsten Tag ging es mit dem Zug an die Ostsee. Alles war dort noch genauso wie damals, die Unterkünfte, die Essenräume, die Büros. Wieder marschierten wir jeden Morgen mit einem fröhlichen Lied zu den etwas abseits gelegenen Übungsbaracken. Diesmal waren es Schulungsräume mit langen Reihen von Tischen und Stühlen. Auf jedem Platz stand ein Fernschreiber. Der Ausbilder trug Marineuniform. An der Wand hinter seinem Pult war stark vergrößert die Tastatur eines Fernschreibers abgebildet.

Zuerst lernten wir, jeden Buchstaben blind zu finden. Dabei klopfte der Ausbilder in einem bestimmten Rhythmus mit einem Stab auf den Fußboden. Aus jedem Gerät kam ein beschrifteter Papierstreifen, den wir zur Kontrolle nach vorne bringen mußten. Wir hatten drei Monate Zeit, um das fehlerfreie Bedienen eines Fernschreibers zu erlernen. Am Ende stand ein Test, vor dem wir alle Angst hatten.

In unserer Freizeit trieben wir Sport, sonntags wanderten wir manchmal nach Binz. Seit der traurigen Nachricht von Arras schrieb ich weiterhin jeden Tag einen Brief an Franzl. Ich wollte die Tatsache, daß er tot ist, einfach nicht wahrhaben. Normalerweise kamen die Briefe, wenn der Empfänger gefallen war, mit dem Vermerk „Fürs Vaterland gefallen" an den Absender zurück. Meine aber nicht, darum schöpfte ich immer wieder Hoffnung, Franzl könne noch am Leben sein.

Eines Tages kam Post von einem Kameraden von Franzl, der mit ihm in der 2. Panzerdivision gedient hatte. Er bat mich, damit aufzuhören, an Franz zu schreiben. Wie ich wisse, sei mein Freund am 16. August dieses Jahres in Frankreich gefallen. Ich müsse endlich der Wahrheit ins Auge sehen. Irgendwann werde der Schmerz nachlassen.

Ich schrieb nicht wieder. Es fehlte mir jetzt zwar etwas, aber ich machte mir auch keine falschen Hoffnungen mehr. Eine unendliche Leere war in mir. Um so mehr konzentrierte ich mich jetzt auf den Abschlußtest. Alle Mädchen bestanden und erhielten eine sehr gute Beurteilung. Wir durften jetzt auf unserer Uniform den Helferinnenstreifen des Heeres gegen den der Marine austauschen. Ich war etwas enttäuscht, denn ich hatte gehofft, wir bekämen eine schöne, blaue Uniform.

Ich wurde nach Stralsund, in eine kleine Fernschreibzentrale befohlen, wo ich alsbald in die Turbulenzen des nahenden Kriegsendes geriet.

[Memel, Ostpreußen*);
30. Juli 1944]

Edith Elster von Eschelbach

Abschied von Memel

Keiner ahnt, daß wir unser bisher so friedliches Ostpreußen eines Tages werden verlassen müssen. Wohl rechnen wir mit einer Bombardierung der Städte durch feindliche Flieger, deshalb kam vor kurzem die Aufforderung, Kinder sowie Hab und Gut aufs Land in Sicherheit zu bringen.

Auch unsere Familie hat manches aus der Stadt fortgebracht, nach Grabsten, wo wir unsere Habseligkeiten sicherer wähnten. Auf eine vollständige Räumung Memels aber ist niemand vorbereitet, auch die höheren Stellen nicht.

Seit drei Tagen ist Memel von den Russen eingeschlossen, alle Verkehrsverbindungen über Land sind unterbrochen. Nur der Fluchtweg über die Ostsee ist noch offen.

Wir sind wie vom Blitz getroffen, als es am Nachmittag des 30. Juli plötzlich heißt: „Begeben Sie sich zwecks Evakuierung bitte umgehend zum Hafen, und nehmen Sie nur Handgepäck mit. Hier ist Ihr Evakuierungsschein. Sie fahren mit dem und dem Schiff."

Im ersten Moment stehen wir unter Schock, unfähig zu denken und zu handeln. Ich kann nicht sagen, wie lange diese Lähmung bei mir anhielt. Als ich das Donnern der Geschütze von der Front wahrnehme und mir bewußt wird, in welcher Gefahr wir uns befinden, werde ich hellwach. Wir müssen packen! Doch was? Alles scheint wichtig, aber es heißt doch, daß nur Handgepäck erlaubt sei. Trotzdem packe ich

---

*) heute Klaipeda in Litauen

Historische Ansicht der Hafens von Memel. Dangefluß und Börse.

in der kurzen Zeit, die mir noch bleibt, was ich greifen kann. Vielleicht gelingt es mir, ein, zwei Gepäckstücke zusätzlich an Bord schmuggeln? Versuchen will ich es.

In der Stadt wird es nach der kurzen, lähmenden Stille hektisch lebendig. Alles, was Beine hat, ist im Aufbruch: Endlose Kolonnen Vieh werden durch die Straßen zu den Fähren getrieben, um sie zur Kurischen Nehrung überzusetzen. Dazwischen hasten die Menschen, beladen mit ihrer letzten armseligen Habe, hin zum Hafen. Nur rechtzeitig dort sein, nicht hierbleiben müssen. Die Angst treibt alle an.

Die meisten der in kürzester Zeit herdirigierten Schiffen sind Kriegsschiffe. Schon am Kai greifen zahlreiche helfende Soldatenhände zu. Schiffsbesatzungen geleiten Mütter und Kinder an Bord, stützen alte Menschen, treiben Zögernde und Ängstliche an: „Beeilt euch, Leute, geht weiter! Macht Platz für die Nachfolgenden! Laßt euer Gepäck los, es verstopft nur die Durchgänge! Wir verstauen es, macht euch keine Sorgen, später bekommt ihr alles zurück!"

Und wieder werden 3000 bis 4000 Menschen in einen Schiffsleib hineingestopft, schnell die Anker gelichtet und die Taue gelöst. Und schon verläßt das Schiff den Hafen. Um 19 Uhr gehen auch wir an Bord, allerdings nur Mutti und ich. Gisela, meine jüngste Schwester, ist zu unserer älteren Schwester Charlotte nach Mielau in Polen gefahren, einem ungewissen Schicksal entgegen. Von Vati müssen wir uns verabschieden, denn alle Männer, alte und junge, darunter halbe Kinder, müssen zur Verteidigung der Stadt in Memel zurückbleiben. Zum Nachdenken bleibt keine Zeit. Willenlos fügen wir uns den Anordnungen. Auf dem Schiff, so glauben wir, werden wir in Sicherheit sein. Wie trügerisch!

Viele Männer bgleiten ihre Angehörigen, ihre Frauen und Kinder bis zu den Schiffen. Spätestens hier kommt unerbittlich der Abschied, für Tausende vielleicht für immer. Für große Abschiedsszenen bleibt keine Zeit. Das Schreien und Klagen setzt erst richtig ein, als alle oben an der Reling stehen, endgültig getrennt von ihren Lieben.

Um 23 Uhr ist es dann soweit! Die schweren Schiffstaue werden gelöst, und allmählich wächst der Abstand zwischen unserer schwimmenden Insel und dem Kai. Zurück bleibt ein wogendes Menschenmeer. Tausende winkende Hände, Worte der Aufmunterung dringen zu uns herauf, Grüße und gute Wünsche werden uns zugerufen, wie ein Echo klingen sie von Bord zurück. Die Blicke hüben und drüben bohren sich in die Dunkelheit, doch bald sind die Gesichter der Zurückgebliebenen nicht mehr zu erkennen.

Schwarz und spiegelblank ist das Wasser im Kurischen Haff, durch das unser Schiff ruhig dahingleitet. Wir haben inzwischen die Molen passiert und sind auf offener See. Dunkel hebt sich die vertraute Silhouette von Memel gegen den sternenklaren Nachthimmel ab.

Lebe wohl, geliebte Heimat, lebe wohl, Kurisches Haff! Lebt wohl, ihr glücklichen, unbeschwerten Jugendjahre! Werden wir unsere Heimatstadt, werden wir Vati und Gisela jemals wiedersehen?

[bei Ludwigshafen – Gaggenau, Baden-Württemberg –
Elgershausen bei Wetzlar – Bensheim – Mannheim;
August 1944–August 1945]

Charlotte Leidig

Wiedersehen im Internierungslager

Mein Mann und ich wurden im August 1944 kriegsgetraut.
Das bedeutete für ihn drei Tage Urlaub von der Ostfront.
Wir trafen uns trotz vieler Hindernisse – jede kleine Reise
war ein Abenteuer – in seiner Heimat nahe Ludwigshafen.
Während der Trauung war Fliegeralarm und in der Hochzeitsnacht gab es einen schweren Luftangriff auf Ludwigshafen. Am nächsten Tag sahen wir überall in der Stadt rau-
chende Trümmer und verzweifelte Menschen. Als wir zum
Bahnhof gingen, schämte ich mich, daß ich mein bestes Kleid
trug und das Hochzeitssträußchen in der Hand hielt.
    Am Sonntag, dem 10. September, war meine Heimatstadt
Gaggenau mittags um 12 Uhr Ziel eines schweren Luftan-
griffes. Wohl weil die Industriebetriebe, darunter das Daim-
ler-Benz-Werk, relativ glimpflich davongekommen waren, fielen am 3. Oktober erneut Bomben. Wie durch ein Wunder
blieb auch dabei das Haus, in dem meine Eltern und ich wohnten, als einziges in unserer Straße stehen.
    Mein Vater und ich haben mindestens ein Dutzend Brand-
herde mit Sand erstickt. Man mußte immer sofort handeln.
Alles, was schon brannte, warfen wir aus den Fenstern. Mein
Vater war wegen seines Alters nicht mehr zur Wehrmacht
eingezogen worden. Bei den Löscharbeiten verletzte er sich
sehr, während ich glimpflich mit einer Rauchvergiftung da-
vonkam. Der Hausbesitzer hingegen blieb im Keller sitzen

Ausweis für Fliegergeschädigte   № 10680

B 1

Der Inhaber dieses Ausweises:

Leidig (Zuname)   *Charlotte* (Vorname)   *Elepau* (Beruf)

geb. am: *9. 5. 23.*

sowie Ehefrau............ (Vorname)   geb. am:............

und .... Kinder, sowie .... sonstige Angehörige

bisherige Wohnung: *Gaggenau Maroh. 2*

sind leicht — schwer — total — fliegergeschädigt.
(Nichtzutreffendes durchstreichen)

Alle Parteidienststellen und Behörden werden um weitgehende Unterstützung gebeten.

Gaggenau , den *30. Spt. 1944*

(Ogru. Dienststempel)

Sieg
Ortsgruppenleiter

Ausweis für Fliegergeschädigte. Dafür bekam man lebensnotwendige Dinge zugeteilt, unter anderem auch Kleidung.

und meinte nur: „Der Führer wird uns später alles ersetzen!"

Nach den beiden Angriffen war unsere Stadt zu 70 Prozent zerstört, viele Nachbarn hatten nicht überlebt. Eine Zeitlang schliefen bis zu 15 Personen bei uns in der Wohnung.

Ich arbeitete als Stenotypistin bei Daimler-Benz. Die Arbeitsbedingungen in der nun schwer getroffenen Firma wurden immer schwieriger. Einige Abteilungen waren bereits ausgelagert worden. Unser Büro war größtenteils noch intakt, aber es war sehr ungemütlich. Statt der Zentralheizung hatten wir kleine Bulleröfen, die ständig befeuert werden mußten. Die Ofenrohre wurden einfach durch die kaputten Fenster geschoben. Ab und zu räucherten wir ein, weil irgendein Witzbold im Stockwerk über uns Papier in den Auslaß des Rohres steckte.

Bei jedem Alarm mußten wir unsere schweren Schreibmaschinen vom dritten Stock in den Keller schleppen, manchmal dreimal am Tag, zusätzlich auch zum Feierabend.

Im November 1944 wollte meine Mutter zu Verwandten in die Nähe von Wertheim fahren, um sich etwas zu erholen und wohl auch, um unser Silberbesteck zu verstecken. Ich sollte sie begleiten, es klappte, ich bekam zwei Tage frei. Für die Fahrt, die heute mit dem Auto eineinhalb Stunden dauert, benötigten wir damals einen ganzen Tag. In dem völlig überfüllten, eiskalten Zug mußten wir während der ganzen Fahrt stehen. Die Toiletten waren in einem unbeschreiblichen Zustand. Ich kam bei den Verwandten krank an und mußte mich ins Bett legen. Hier konnte man sich wenigstens nachts die Oberbekleidung ausziehen, zu Hause hatten wir nur noch im Mantel und meistens auch im Keller geschlafen.

Weil ich nicht zurück nach Gaggenau konnte, brauchte ich einen Krankenschein für meine Arbeitsstelle. Aber es gab keinen Arzt im Ort. Als nach langem Hin und Her der Arzt aus dem Nachbardorf kam, stellte er eine schwere Nierenentzündung fest. Das könne dauern, meinte er. Nach ein paar Tagen rief meine Mutter in der Firma an und erfuhr, meine Krankmeldung sei dort nicht eingetroffen. Der Doktor mußte eine neue ausstellen.

Erst nach zwei Wochen war ich einigermaßen reisefähig. Die Heimfahrt dauerte wegen ständiger Tieffliegerangriffe noch länger als die Hinfahrt. Unterwegs mußten wir den Zug verlassen, es war stockfinster. Ein kleines Kind klammerte sich plötzlich weinend an mich, weil es seine Mutter verloren hatte. Eine Rotkreuz-Schwester kümmerte sich um sie.

Zurück in der Firma, war meinetwegen die Hölle los. Mein zweiter Krankenschein war angeblich ebenfalls nicht eingetroffen. Der Leiter der Personalabteilung, ein unabkömmlich gestellter, höherer SS-Offizier, wollte mich sogar wegen Arbeitsverweigerung anzeigen, ich sei ein „Volksschädling". Das bedeutete KZ.

Unsere Klapperkasten!

Wenn des Tages Arbeit ist getan,

fängt das schlimmste Übel an;

denn — laut höherem Beschluß —

jede Schreibmaschine in den Keller muß.

An für sich ist das ganz klar,

solche Stücke sind heut' rar.

Man sieht das ein, doch andererseits

hat es für niemand großen Reiz,

zweimal täglich — günstigstenfalls —

mit dem Schwergewicht am Hals

über ein paar Treppen zu klettern.

.
.
.

Und geht der Krieg mal seinem Ende zu,

haben wir vor den Fliegern Ruh',

dann brauchen unsere Klapperkasten

nicht mehr im Keller von der Arbeit rasten!

(565)   *Arbeitskameradin L. M.*

*Auszug aus meinem Gedicht vom Klapperkasten, der Schreibmaschine, es
wurde ganzseitig im „Heimatbrief" abgedruckt. Diese Werkzeitschrift sollte
vor allem die Verbindung zwischen der Heimat und den Angehörigen des
Betriebes an der Front festigen. „Größere Leistung verbürgt den Sieg!" hieß
es immer wieder.*

Bei der täglichen Erbsensuppe in der Kantine saß zufällig eine Angestellte der Betriebskrankenkasse neben mir. Ich bat sie, nachzusehen, ob meine Krankschreibungen nicht doch eingegangen seien. Und tatsächlich, die beiden Atteste waren ordnungsgemäß abgeheftet. Mir fiel ein großer Stein vom Herzen.

Mein Chef ermutigte mich daraufhin, von der gefürchteten Instanz eine Rehabilitierung zu verlangen. Das war sehr gewagt. Doch der SS-Offizier stellte dann in einer betriebsinternen Mitteilung meinen Fall klar. Das wundert mich noch heute, denn damals schien man schon fast in Lebensgefahr, wenn man „Guten Morgen" anstatt „Heil Hitler" sagte. Und irgendein Denunziant war immer in der Nähe. Ich war wieder einmal davongekommen.

Später, nach dem Einmarsch der französischen Truppen, fand man den Abteilungsleiter erschossen unter einer Brücke in der Nähe der Firma – vermutlich ein Racheakt von Häftlingen des Arbeitslagers.

Im April 1945 hatten wir keinen geregelten Bürobetrieb mehr, sondern wir verbrannten Akten. Eines Morgens hörten wir von weitem Geschützdonner. Vorsichtshalber suchten wir den Erdstollen am Ende der Straße auf. Dieser Bunker war erst nach den letzten Fliegerangriffen fertiggestellt worden und bot eigentlich nur wenig Schutz. Trotzdem hielten sich ständig Frauen und Kinder darin auf, um in ihrer Angst nicht allein zu sein.

An diesem Tag sollte es eine Zuteilung Salzheringe geben. Ich wurde zum „Organisieren" geschickt. Vor dem Laden standen die Menschen bereits mit Eimern und Schüsseln in einer langen Schlange an. Noch immer donnerte es in der Ferne. Ein netter, älterer Herr tauschte mit mir den Platz, und ich erstand eine große Portion von dem stinkenden Fisch.

Als ich zu Hause ankam, war ich, wie schon so oft, ganz schwach vor Hunger. Ich wollte mir einen Grießbrei kochen.

Das bedeutete, am Brunnen Wasser zu holen, im Herd Feuer anzumachen und den Topf in die Flammen zu hängen. Gas gab es schon lange nicht mehr.

Plötzlich krachten starke Einschläge um unser Haus, Splitter flogen umher. Da ich kein Flugzeug gehört hatte, mußte es etwas anderes gewesen sein. Also schnell das Feuer wieder gelöscht und die Treppe hinunter! In der einen Hand den Topf mit dem Brei, in der anderen die Heringsschüssel, rannte ich gebückt zwischen den Schuttbergen in Richtung Bunker. Meine Mahlzeit hatte ich retten können. Wenn ich allerdings gewußt hätte, wie gefährlich die mit Bleikugeln gefüllten Schrapnellgeschosse sind, die damals durch die Gegend flogen, wäre ich wahrscheinlich daheim geblieben.

Kurz darauf standen französische Panzer vor dem Eingang des Erdstollens. Wir hatten alle große Angst. Die Soldaten ließen uns aber in Ruhe, sie blickten sich nur kurz im Bunker um. Vielleicht hat sie der penetrante Geruch der Fische vertrieben? Irgendwann wagten wir uns später nach draußen.

Der Krieg war für uns zu Ende. Nun gab es keine Luftangriffe mehr, doch wir hatten jetzt Angst vor Plünderungen. Die Lebensmittelversorgung brach fast völlig zusammen. Alle möglichen Dinge, auch Radios, wurden beschlagnahmt. Abends war Sperrstunde.

Von meinem Vater, der kurz vor Kriegsende noch zum Volkssturm, dem „letzten Aufgebot" eingezogen worden war, hörten wir wochenlang nichts. Irgendwann kam er zurück. In Karlsruhe war der ganze Trupp in einen verlassenen Keller gesperrt und dort einfach vergessen worden. Die Männer hielten sich mit Zwiebeln und Rüben, die dort lagerten, am Leben. Trotz der erlittenen Strapazen schafften sie es noch, die 35 Kilometer nach Hause zu laufen.

Lange Zeit wußte ich nicht, wo sich mein Mann und sein Bruder aufhielten. Anfang August 1945 brachte mir jemand

eine Nachricht, wahrscheinlich von Gefangenen aus einem
LKW herausgeworfen. Ich erfuhr, daß die Sanitätseinheit,
in der mein Mann als angehender Zahnarzt gedient hatte,
bei Elgershausen, in der Nähe von Wetzlar, interniert war.
Sie betreuten dort ein Lazarett und konnten sich relativ frei
bewegen.

Kurz danach tauchte bei uns eine junge Frau namens Ella
auf. Sie war Laborantin bei meinem Mann und Herrn Dr. S.,
dessen Familie in Baden-Baden wohnte. Die beiden hatten
sie auf eine sehr abenteuerliche Reise geschickt. Sie war per
Anhalter aus der amerikanischen in die französische Besatzungszone gekommen. Ella überredete mich, am nächsten
Abend mit kleinem Gepäck und etwas Marschverpflegung
die sieben Kilometer durch den Wald nach Baden-Baden zu
laufen. Dort übernachtete ich bei Bekannten. Am nächsten
Morgen traf ich mich mit Ella am Bahnhof.

Personenzüge verkehrten nicht, nur Kohlenzüge. Ella besaß einen Passierschein zum Überschreiten der Zonengrenze, ich dagegen nicht. Irgendwie schafften wir es trotzdem,
nach Karlsruhe in der amerikanischen Zone zu gelangen.
Dort stellten wir uns einfach an den Rand der Autobahn und
winkten.

Ein amerikanischer Transporter hielt an, zwar war die
Mitnahme von Zivilisten verboten, doch der Fahrer winkte
uns, hinten aufzusteigen. Unter der Plane tauchten einige
Hände auf, die uns hochzerrten. Wir landeten in einer Gruppe von Soldaten unterschiedlicher Hautfarbe, die uns bald
mit Pralinen fütterten. Ich revanchierte mich mit Mirabel-
len aus dem eigenen Garten, die ich im Korb dabei hatte.

Sobald amerikanische Militärpolizei auftauchte, gab der
Fahrer ein Zeichen, und wir krochen unter eine Decke. Es
war ganz lustig! Fast vergaßen wir, daß die Amerikaner noch
vor kurzem unsere Feinde waren und unsere Städte in Schutt
und Asche gelegt hatten. Bis kurz vor Gießen konnten wir
mitfahren, dann mußten wir aussteigen und wieder nach

einem Fahrzeug winken. Auf einer Anhöhe hielt bald der nächste amerikanische Lastwagen.

Die letzte Etappe fuhren wir in einem Jeep durch ein einsames Waldgebiet. Das war etwas unheimlich, denn der Fahrer sprach unterwegs kein Wort. Er setzte uns aber unversehrt in Wetzlar direkt am Kontrollpunkt ab.

Während wir noch mit den Posten wegen meiner fehlenden Papiere diskutierten, bog ein „Sanka", ein deutsches Sanitätsauto, in den Hof ein. Der Wagen gehörte zur Einheit meines Mannes. Der Fahrer kannte Ella, er nahm uns in seine Obhut. Jetzt war es nur noch ein Katzensprung bis Waldhof-Elgershausen. Mein Mann konnte es kaum glauben, daß ich schon da war.

Mein Mann und ich 1944, im Jahr unserer Hochzeit. Während der Trauung war Fliegeralarm, in der Hochzeitsnacht ein schwerer Luftangriff auf Ludwigshafen.
Erst ein Jahr später, im August 1945, sahen wir uns im Internierungslager Waldhof-Elgershausen wieder.

Ich wurde im Wald in einem Forsthaus einquartiert. Tagsüber suchte ich Pilze. Von den Kameraden meines Mannes wurde ich bestens verpflegt, mir schien es wie im Schlaraffenland. Das Essen war hier wohl deshalb so reichlich, weil in dem Lazarett Tuberkulose-Patienten behandelt wurden. Viele waren bereits gestorben. Daß ich mich hätte anstecken können, daran verschwendete ich damals keinen Gedanken.

Unseren ersten Hochzeitstag feierten wir zusammen mit den Kollegen meines Mannes aus der Zahnstation. Den Wein, den wir von einem Bauern erstanden hatten, tranken wir aus Mundspülgläsern. Herr Dr. S. hielt sogar eine Art Sektkelch in der Hand, es war das Magensaftglas aus dem Labor. Außer ihm wollte aber niemand daraus trinken.

Ich war bereits sechs Wochen in dem Lager, da hieß es eines Tages, die Gruppe werde ins Entlassungslager nach Hersfeld verlegt. Ich mußte also schnellstens von hier verschwinden. Aber wie?

Der Zufall wollte es, daß ein Mann aus dem Dorf, der in der Pfalz eine Kiesgrube hatte, mit dem Auto dort hinfahren wollte. Er war bereit, mich bis Mannheim mitzunehmen. Später wollte ich mich mit meinem Mann außerhalb der Stadt bei Verwandten treffen, sie hatten eine Gärtnerei und waren nicht ausgebombt.

In der Nacht vor der Abfahrt hatte ich einen furchtbaren Traum: Im Wald fiel mich ein Wolf an und richtete mein Gesicht übel zu. Schweißgebadet wachte ich auf.

Ich erhielt jede Menge Marschverpflegung, und Herr Dr. S. vertraute mir ein großes Paket mit Leckereien für seine Kinder an, die begehrten Köstlichkeiten hatte er monatelang gesammelt. Es galt, Abschied zu nehmen. Der Kiesgrubenbesitzer, sein Fahrer und ich stiegen in den alten Opel ein. Die Fahrt ging los. Plötzlich, es war in der Nähe von Darmstadt, platzte ein Reifen. Ich hörte ein lautes Krachen – und träumte von Bomben.

Als ich wieder zu mir kam, war ich kopfüber eingeklemmt.

Ich konnte mich nicht bewegen und sah auch nichts. Nach einiger Zeit gelang es mir, mich zu befreien. Ich ließ mich aus dem zerborstenen Autofenster auf die Straße fallen.

Jemand schrie: „Die lebt ja noch!"

Bald tauchten etliche helfende Hände auf – wieder Amerikaner – und hoben uns in einen Rettungswagen. Der Kiesgrubenbesitzer lag auf der Trage über mir, sein Blut tropfte auf mich herab. Wir müssen grauenvoll ausgesehen haben. Nur sein Fahrer war körperlich fast unverletzt geblieben, aber er hatte seine Brille verloren und stand unter Schock.

Man brachte uns in ein Krankenhaus in Bensheim. Ich hatte Kopfverletzungen und eine Gehirnerschütterung. Es gab kaum Verbandsmaterial, auch keine Schmerzmittel. Weil man die Schnitte damals offenbar nicht richtig nähen oder klammern konnte, sieht man die Narben heute noch.

Meine Augen waren zum Glück unverletzt. Ich solle aber still liegenbleiben, mahnte der Arzt. Doch ich hatte nur einen Gedanken: Ich muß meinen Mann treffen! Eine Schwester reinigte notdürftig meine verschmierte Kleidung.

Nach zwei Tagen lief ich einfach davon. Der junge Mann, der das kaputte Auto abgeschleppt und uns unsere Habseligkeiten gebracht hatte, begleitete mich zum Bahnhof. Ein Schaffner hatte Mitleid und ließ mich bis Mannheim im Dienstabteil fahren.

Wie ich dann die endlose Strecke zu meinen Verwandten zu Fuß geschafft habe, ist mir ein Rätsel geblieben. Als ich dort ankam, erkannten sie mich kaum. Ich trug einen Kopfverband, die Haare waren abrasiert, der Körper grün und blau. Nein, von meinem Mann hätten sie nichts gehört, sagten die Verwandten. Daraufhin bekam ich einen Weinkrampf.

Etwa eine Stunde später standen zwei Männer in Wehrmachtuniform vor der Tür: mein Mann und Herr Dr. S. Ich bekam erst einmal eine Schlaftablette. Wir konnten ein paar Tage bleiben, bis ich mich etwas erholt hatte.

[Hamburg-Wilhelmsburg – Wintermoor, Niedersachsen;
Oktober – Weihnachten 1944]

Ernst Haß

Weiterleben – aber wie?

Seit 1941 fuhr ich unter der KMD, Kriegsmarine Dienststelle, Blockadebrecher im Mittelmeer und in Norwegen. Zuvor war ich auf Hilfskreuzern, Minenräumern und Minensuchern. Im Oktober 1944 lag mein Schiff, die „Athen", in Hamburg an der Werft. Ich hatte Nachturlaub eingereicht, der auch genehmigt wurde. Ich war 31 Jahre jung, und natürlich war es viel schöner, nachts bei der Ehefrau zu schlafen als allein an Bord. Meine Frau und ich wohnten bei meinen Eltern in Wilhelmsburg, einem Stadtteil unweit des Hafens.

Morgens, gegen 2 Uhr, wir schliefen fest, pochte jemand an unsere Wohnungstür. Es war meine Mutter, die schrie: „Aufstehen! Es ist Fliegeralarm!" Wir hatten die Sirenen nicht gehört. Mutter gab nicht eher Ruhe, bis wir uns erhoben hatten. Meine schwangere Frau und ich sahen erstaunt zum Himmel, wo die Scheinwerfer der Flak die bombenbeladenen Flugzeuge suchten. Ein benachbarter Bauer hatte von seinem Grundstück aus einen splittersicheren Erdbunker in den Obergeorgswerderdeich gebaut, unserem Haus direkt gegenüber. Drinnen standen ein paar Gemüsekisten, auf denen man sitzen konnte. In der Dunkelheit nahm ich meine Frau an die rechte und meine Mutter an die linke Hand. Wir rannten los. Wir wollten den Deich schräg hinauflaufen.

Aber es kam anders. Plötzlich spürte ich den mir bekannten Druck, den fallende Bomben verursachen. Ich konnte

Ich war von Anfang an bei der 40. Minensuchflottille in Lorient-Bretagne in Frankreich. Dort war, ebenso wie in Brest, ein U-Boot-Stützpunkt. Das Foto zeigt mich 27jährig im Oktober 1940.

nur noch „Hinlegen!" brüllen und riß beide Frauen mit um. Das Sausen und Detonieren der Bombe, das Krachen der herunterfallenden Trümmer hörten sich furchtbar an! Unser Haus war getroffen. Dann Stille, unerträgliche Stille.

Plötzlich hörte ich Mutter schreien: „Mein Bein! Mein Bein!"

Ich wollte aufstehen, aber es ging nicht! Immer wieder fiel ich auf mein Gesicht. Dann nahm ich es wahr: Mein rechter Arm fehlte, bis obenhin!

Irgendwie rappelte ich mich hoch. Ich sah meine Mutter auf dem Rücken liegen, das rechte Bein hielt sie hoch. An ihrem Unterschenkel hing der Fuß mit dem Schuh nur noch an einer einzigen Sehne. Ein schrecklicher Anblick! Mutter schrie entsetzt: „Dein Arm, Junge, dein Arm!"

Ich zwang mich zur Besinnung und drückte mit Daumen, Mittel- und Zeigefinger der linken Hand die Armschlagader ab. Eigenartiger Weise schaute ich mich nach meinem rechten Arm um. Ich glaube, wenn ich diesen gefunden hätte,

hätte ich ihn wohl an meine Schulter gedrückt, damit er wieder anwächst.

Dann sah ich meine Frau. Sie lag mit geschlossenen Augen am Deich. Ich glaubte, sie sei tot.

Seit der Detonation waren vielleicht zwei, drei Minuten vergangen. Ich wollte Hilfe holen. Irgendwie schaffte ich es, den Deich hochzukommen und durch die Hecke zu kriechen. Dann stand ich vor dem Erdbunker. Alles schrie auf. Ich taumelte zu meinem Vater und brachte nur noch hervor: „Mutter Bein ab, Frau tot!"

Vater rannte los, während ich mich in den Bunker schleppte. Ich legte mich auf die Gemüsekisten und fing an zu beten: „Herrgott, hole mich!" Als Krüppel wollte ich nicht weiterleben! Ich wollte meine linke Hand aus dem rechten Oberarmstumpf nehmen, in Ohnmacht fallen und verbluten. Aber ich hatte keine Kraft mehr, alles war verkrampft. Mit geschlossenen Augen lag ich da und wartete auf den Tod.

„Womit habe ich das nur verdient?" mußte ich denken. Die Schmerzen nahmen zu und ich flehte: „Herrgott, erlöse mich!" Nach einer Weile vernahm ich die Stimme von Bauer Benthaak: „Erni, kann ick di wat helpen?"

Ich öffnete die Augen und sagte zu ihm: „Jo, dat kanns du, ick hebb beusen Döst."

Der Bauer konnte nicht glauben, daß ich noch am Leben war. Er rannte los und brachte mir nach wenigen Minuten eine große Kanne mit frischer Milch! Er hielt sie mir an die Lippen, während ich trank und trank. Wie sich später herausstellte, war die Milch meine Rettung gewesen, denn ich hatte schon sehr viel Blut verloren. Meine Nerven waren zum Zerreißen gespannt. Ich war jetzt wieder allein. „Was ist mit meiner Frau? Was macht meine Mutter?" ging es mir immer wieder durch den Kopf. Dann wurde ich durch Autogeräusche und das Tatütatata des Martinhorns von meinen quälenden Gedanken abgelenkt. Ich hörte Schritte und Stimmen. Eine Frau rief: „Hier drinnen liegt er!"

Zwei Sanitäter vom SHD holten mich aus dem Erdbunker heraus und legten mich auf eine Trage. Der eine meinte ungläubig: „Der lebt ja noch!" Sie verbanden mich. Den linken Arm drückten sie an meinen Körper und umwickelten alles mit Klosettpapier, sie hatten anscheinend kein Verbandszeug. Die ganze Zeit über war ich bei vollem Bewußtsein. Die Männer trugen mich zum Auto, einem einfachen LKW ohne Hänger, und schoben mich hinein. Und los ging die Fahrt!

Nach ein paar Minuten hielt der Wagen an. Ich schlug die Augen auf und stellte fest, daß ich mich im Keller der Kirche am Wilhelmsburger Bahnhof befand, der als Sanitäts- und Unfallstation hergerichtet worden war. Mein Hausarzt, Dr. Otto, erkannte mich. Er meinte, das könne man hier nicht machen. Also die Stufen wieder hinauf, rein in den Wagen und weiter.

„Wo fahren wir bloß hin? Geht es jetzt gleich zum Friedhof?" dachte ich. Auf einmal merkte ich, daß jemand meinen Körper absuchte. „Du verdammter Leichenfledderer, du mußt noch warten, ich bin noch nicht tot!" schrie ich.

Plötzlich ging alles sehr schnell. Inzwischen hatten wir den Hochbunker von Wilhelmsburg erreicht. Das hatte ich alles noch mitbekommen. Auf dem OP-Tisch im Hochbunker Wilhelmsburg hat man mir die Kleider vom Körper geschnitten, auch die langen Stiefel von den Beinen.

Eine Ärztin beugte sich über mich und fragte mich unter anderem nach meiner Blutgruppe. Ich bat um einen Kognak, den ich auch sofort bekam. Wie von ferne hörte ich noch, wie die Ärztin lachend meinte, aus diesen Menschen würden Helden gemacht! Dann wurde es dunkel um mich.

Als ich wieder erwachte und in die Welt der Lebenden zurückfand, vernahm ich als erstes ein lautes Klatschen. Ich konnte aber nicht deuten, daß dieses Geräusch etwas mit mir zu tun hatte. Später sagte man mir, daß seien Schläge mit nassen Handtüchern gewesen. Auf diese Weise hatten sie mich aus der Bewußtlosigkeit geholt.

Irgendwann beugte sich eine Schwester über mich und rief meinen Namen. Ich dachte, ich sei jetzt im Himmel. „Bist du ein Engel? Wie heißt du?" fragte ich sie.

„Ich heiße Schwester Gertrud und bin kein Engel", war ihre Antwort. Ich glaubte ihr nicht, ich war fest davon überzeugt, im Himmel zu sein. Als sie sich umdrehte, sah ich jedoch, daß der vermeintliche Engel keine Flügel hatte. Ich tastete meinen Körper ab. Beide Knie waren verbunden. Meine Beine hatte ich also noch! Aber mein Arm war fehlte! In meiner Verzweiflung riß ich den dicken Verband vom Armstumpf ab. Als Krüppel wollte ich nicht weiterleben!

Die Schwester bemerkte es aber. Im OP wurde ich neu verbunden. Die Ärztin hatte einen Herrenhaarschnitt und schimpfte wie ein alter Seemann mit mir. Ich wurde dann in einen anderen Raum, in dem weitere Verletzte lagen, gebracht. Meinen linken Arm banden sie am Bett fest.

Am nächsten Morgen fütterte mich die Ärztin mit Hühnersuppe, nachdem sie mir noch einmal den Marsch geblasen hatte. Sie besuchte mich jetzt jeden Morgen, soweit sie Zeit hatte, und machte mir auf ihre Weise Mut zum Weiterleben. Die Operation sei sehr schwer gewesen, meinte sie, erst nach zwei Tagen sei ich aus der Bewußtlosigkeit erwacht.

Die Ärztin war es auch, die mir die Nachricht überbrachte, daß meine Frau ebenfalls überlebt habe und im Krankenhaus in Wintermoor sei. Sie hätte nur ein paar Granatsplitter im Gesäß und in der Hüfte. Auch meine Mutter lebte. Sie lag im Ausweichkrankenhaus Bevensen. Ich war überglücklich! Verständlich, daß ich so bald wie möglich nach Wintermoor, zu meiner Frau, verlegt werden wollte. Doch leider war ich noch nicht transportfähig.

Am 24. Oktober 1944 kam ich dann endlich im Krankenhaus in Wintermoor an. Ich wollte natürlich sofort meine Frau besuchen, was allerdings mit größeren Schwierigkeiten verbunden war. Ich konnte doch noch nicht laufen! Bei-

de Knie hatten Splitterverletzungen, an denen ich noch heute
leide. Trotzdem hatte ich damals großes Glück, denn ich hätte
auch meine Beine verlieren können.

Wer würde mich also zu meiner Frau bringen? Mit etwas
Geld und gutem Zureden konnte ich schließlich einen Pfle-
ger überzeugen, mich in einem Rollstuhl zu ihr zu fahren.
Es war ein freudiges Wiedersehen, auch wenn meine Frau
im Bett liegenbleiben mußte. Wir waren am Leben und hatten uns wieder!

Die Verwundung meiner Frau war viel schwerer, als man
zunächst angenommen hatte. Sie hatte einen großen Splitter im Becken, und wir machten uns Sorgen um unsere ungeborenen Kinder. Wir erwarteten doch Zwillinge.

Ende November konnte ich allein, mit einem Gehstock,
meine Frau besuchen. Ihr Zustand verschlechterte sich zu-
nehmend. Die Ärzte fanden nicht heraus, woher das Fieber
kam. Dann stellten sie plötzlich fest, daß ein Ungeborenes
verletzt sei. Wir bekamen große Angst.

Meinem Antrag, auch meine Mutter nach Wintermoor zu
verlegen, wurde stattgegeben. Im Dezember waren wir drei
hier vereint. Mutter konnte mit den Armstützkrücken ganz
gut gehen. Das Bein hatte man ihr wegen Wundbrand am
Oberschenkel amputiert. Es war alles gut verheilt, und Mutter gewöhnte sich an den Gedanken, mit einem Holzbein zu
leben. Sie war sehr tapfer.

Vater hatte in der Zwischenzeit mit Unterstützung seiner
Arbeitskollegen aus den Trümmern unseres Hauses ein kleines Behelfsheim gebaut. Er wollte Mutter zu Weihnachten
heimholen. Tränen standen in seinen Augen, als er uns stolz
von dem Hausbau berichtete.

Kurz vor dem Fest, ich glaube, es war am 20. Dezember,
machte er seine Ankündigung wahr und holte Mutter mit
einem Handwagen ab. Am Abend zuvor war er damit nach
Wintermoor gekommen. Wir beratschlagten noch, welcher
Weg wohl der günstigste sei. Vater hatte gehört, daß die Elb-

brücken gesprengt werden sollten, doch das geschah Gott sei Dank nicht, unser Bürgermeister Karl Kaufmann war dagegen. Ich habe heute noch vor Augen, wie er Mutter auflud, sie fürsorglich in Wolldecken hüllte und losfuhr. Über 50 Kilometer zog Vater den Wagen von Wintermoor bis nach Wilhelmsburg zu Fuß und kam spät am Abend dort an.

Die Fliegerangriffe rissen nicht ab. Auch in Wintermoor fielen Bomben, aber das Krankenhaus blieb glücklicherweise verschont. Die Engländer, Amerikaner und Russen rückten immer näher. Jeden Tag wurden neue Durchhalteparolen verkündet. Aber ich hatte andere Sorgen! Meiner Frau ging es immer schlechter. Eines Tages hieß es, die Geburt müsse künstlich eingeleitet werden! Am darauffolgenden Tag stellten die Ärzte fest, daß der eine Zwilling im Mutterleib gestorben war. Sie operierten sofort.

Nach unendlicher, banger Wartezeit wurde ich zur Frauenstation gerufen. Nie zuvor war ich mit dem Stock so schnell gelaufen! Und ich war voller Hoffnung!

Leise betrat ich das Krankenzimmer meiner Frau. In diesem Augenblick wurden alle meine Träume zerstört. Meine Frau lag aufgebahrt in ihrem Bett, ihre Augen waren geschlossen, das Kinn war mit einem Tuch hochgebunden. Der Stationsarzt erklärte mir, man habe leider zu spät erkannt, daß eines der beiden Ungeborenen schon tot gewesen sei.

Eine Welt brach für mich zusammen! Meine Frau tot! Beide Kinder, es waren Jungen, auch tot! Was mußte ich noch ertragen? Ich verfluchte diesen verdammten Krieg, der mir das Liebste genommen hatte.

Weihnachten 1944 war für mich unsagbar traurig. Die Krankenschwestern hatten Order, auf mich aufzupassen. Es glückte mir nicht, mich umzubringen.

Das Leben ging gnadenlos weiter.

*(Weitere **ZEITGUT**-Beiträge dieses Autors sind im Autorenverzeichnis am Ende des Buches vermerkt.)*

[Skagen und Fredericia, Dänemark –
Munster-Lager bei Hannover;
November 1944–Mai 1945]

Hasso Gottfried Petri

Mein Weg durch die Hölle

Die Kompanie trat, wie gewohnt, an. Wie Marionetten standen wir in Reih und Glied, und unsere Köpfe flogen, je nach Kommando, entweder nach rechts oder nach links. Wir bekamen den Befehl zum Abmarsch, mit einem Lied auf den Lippen. Der vermeintliche Gesang hörte sich eher wie Gebrüll Geschundener an, die ihren Frust hinausschreien.

Das Meer rauschte leise, laut knirschten unsere Tritte im Dünensand. Auf dem höchsten Hügel sichteten wir zwei Silhouetten: Die eine hatte unter dem kahlgeschorenen Schädel ein Gesicht. Es war der von allen gefürchtete Stabsfeldwebel, der neben einem schweren Motorrad, einer 750er Zündapp, auf uns wartete. „Stillgestanden! – Rührt euch!"

Da der Kompaniechef einen Kradfahrer benötigte, wurde jeder einzelne der 150 Soldaten – in der Etappe hatte man noch viel Zeit – auf die Hügelspitze befohlen. Wir sollten zeigen, wie gut wir Motorrad fahren können. Bei dem Test stürzten drei Soldaten so schwer, daß sie mit Knochenbrüchen ins Lazarett eingeliefert werden mußten. Wir waren ja nur „Menschenmaterial"!

Die Lazarette waren ausgelastet, denn auch der ungewohnte Geländedienst und das Hantieren mit den schweren Geschützen machten uns zu schaffen. Mancher zog sich einen Leistenbruch zu und mußte operiert werden. Für Infektionskrankheiten gab es Isolierstationen. Da die Post aus der

Heimat bei der Kompanie eintraf, brauchte man einen Kurier, der den Kranken ihre Briefe und Päckchen in die umliegenden Lazarette brachte.

Das Motorradfahren hatte mir mein Nennonkel beigebracht, als ich fünfzehn war. In Großvaters Garten hatte ich geübt und dabei die Johannisbeersträucher, die Stachelbeersträucher und einmal sogar den Bienenstock als Bremse benutzt. Aber danach konnte ich fahren!

Inzwischen war ich knapp 18 Jahre alt. Auf dem „Motorradhügel" stellte ich mein Können unter Beweis. Ich war schließlich der einzige, der den Motorradtest bestand. Ab sofort wurde ich als Postbote für mehrere Lazarette eingesetzt. Für mich begann jetzt eine angenehme Zeit. Während meine Kameraden wieder und wieder gedrillt wurden, brauste ich durch die Landschaft. Nach jeder Fahrt aber mußte ich die Maschine auf Hochglanz polieren. Das machte ich gern, denn diese Tätigkeit war angenehmer als jede andere beim Militär. Der Unteroffizier bedeutete mir, der Motor müsse so blank geputzt werden, daß man davon mit Appetit sein Frühstücksbrot essen könne.

Jeden Sonntag hatten wir Ausgang. Gewöhnlich schlenderten wir dann durch die hübsche, hügelige Kleinstadt Skagen am Kattegat, wo wir stationiert waren. Manchmal hatte ich allerdings auch sonntags Postdienst.

Um meinen Aktionsradius vergrößern zu können, dabei aber keinen Verdacht wegen zu hohen Benzinverbrauchs zu erregen, setzte ich in den Motor eine Spardüse ein. Auf diese Weise konnte ich unerlaubte Spritztouren unternehmen.

Auf einer meiner Sonntagsfahrten kam ich an einer kleinen Dorfkirche vorbei und beschloß, sie mir anzusehen. Ich vernahm gekonntes Orgelspiel, schlich mich hinein und die Treppe zur Orgelempore hinauf. Mit Schrecken sah ich einen Leutnant am Spieltisch sitzen!

Als eine der obersten Stufen unter meinen Tritten knarrte, beugte sich der Orgelspieler zur Seite, um zu schauen, wer ihn da störte. Zu meiner Erleichterung gewahrte ich einen Feldgeistlichen im Range eines Leutnants. Er lud mich ein, näherzutreten. Wir wechselten ein paar Worte und dann die Plätze, so daß ich voll in die Tasten greifen konnte. Mit Hingabe spielte ich Johann Sebastian Bachs „Toccata" und „Fuge in d-Moll". Der Militärpfarrer war begeistert. Er faßte Vertrauen zu mir, und auch ich mochte ihn. Seit diesem Tag trafen wir uns regelmäßig.

Unsere Kompanie erhielt einen neuen Befehl: die Unterstützung eines Bautrupps, der zur Erweiterung des Westwalls nach Norden hin Kasematten errichtete. Gott sei Dank brauchte ich die Maurerkelle nicht in die Hand zu nehmen, sondern behielt meinen Posten als Kradfahrer. Ich inspizierte das Gelände und bestaunte die unterirdischen Bunker, in denen mit Steinkohle gefüllte Stahlkörbe aufgestellt waren. Um die Kasematten schneller auszutrocknen, wurde die Kohle entzündet. Durch die große Hitze verdampfte die Feuchtigkeit.

Als ich nach einigen Tagen den Feldgeistlichen erneut traf, erzählte ich ihm von den unerhörten Vorgängen in dem von den Nazis okkupierten und geschundenen Land. Der Pastor gab mir zu verstehen, daß er mit der Widerstandsgruppe „Nord" zusammenarbeite. Er fragte mich, ob ich mich mit dieser Gruppe nicht solidarisieren wolle. Da ich zu Hause pazifistisch erzogen worden war und mich die damalige Segnung der Waffen durch kirchliche Würdenträger tief erschüttert hatte, nahm ich das Vertrauensangebot an.

Ich begann, Planskizzen anzufertigen, aus denen zu ersehen war, welche Stollen noch trockengeheizt werden sollten. Meine Aufzeichnungen übergab ich dem Leutnant, der sie weiterleitete.

Eines Nachts wurde ein großer Teil der Kasematten mit einer gewaltigen Explosion in die Luft gesprengt. Sofort wurde eine Untersuchung angeordnet, um die Saboteure ausfindig zu machen.

Ich versah nach wie vor meinen Dienst als Postbote und traf mich weiterhin mit dem Leutnant. Auf seine Empfehlung wurde ich einem dänischen Widerstandskämpfer, dessen Namen ich nie erfuhr, unterstellt. Ihm übergab ich von Zeit zu Zeit neue Planskizzen. Die Sprengungen häuften sich.

Eines Tages war ich wieder als Postbote mit dem Motorrad unterwegs und holte mir aus einem Laden Zigaretten. Als ich auf die Straße trat, begegnete ich dem verhaßten Spieß, der mich sofort anbrüllte, weil ich mir eine Zigarette angesteckt hatte. Rauchen im Dienst war streng verboten. Wurde ein Wachposten rauchend erwischt, konnte er standrechtlich erschossen werden.

Der Stabsfeldwebel war so wütend, daß er mich am Rock packte und schüttelte. Plötzlich unterbrach er seinen Wortschwall, horchte und rüttelte wieder. Jetzt hörte ich es auch, das Knistern der Planskizzen, die ich unter meinem Hemd versteckt hatte. Das Blut stockte mir in den Adern!

Wie von ferne vernahm ich den Befehl: „Sofort zur Schreibstube mitkommen!"

Der Feldwebel schwang sich hinter mir aufs Krad. Die Straße, die wir befuhren, verlief steil bergab, direkt auf eine Halbkreuzung zu. Ich sah vor mir eine Häuserzeile und wollte schon darauf zuhalten, um mit Vollgas meinem Leben ein Ende zu setzen. Mir war klar, daß die in meiner Wäsche verborgenen Pläne als Beweis für Wehrkraftzersetzung ausreichten. Darauf stand die Todesstrafe. Ich war aber doch zu feige und hatte wohl auch Skrupel, weil ich hinter mir auf dem Motorrad einen Familienvater wußte.

In der Schreibstube mußte ich mich während des Verhörs entkleiden, so daß die Pläne zum Vorschein kamen. Mir wurden Koppel und Hosenträger abgenommen, damit ich mich in der Zelle nicht erhängen konnte. Ich bekam einen Eimer voll Kohle in die Hand gedrückt. „Der Winter hat ja begonnen", dachte ich noch. Dann lud man mich in einen Wagen, die Fahrt endete im Gefängnis.

Der Kerker stand direkt am Meeresufer der Stadt Fredericia, die Zellen der Todeskandidaten lagen im ewig feuch-
ten Keller. Der Kohleeimer muß die Idee eines Sadisten gewesen sein. In dem Verlies gab es natürlich keinen Ofen,
auch keinen Stuhl, keinen Tisch, kein Klo, dafür aber eine
Strohschütte.

Der Raum war fensterlos. Die Stahltür hatte oben ein etwa
10 x 10 cm großes, offenes Guckloch, durch das ein spärli-
cher Lichtstrahl der Flurbeleuchtung fiel, und in Hüfthöhe
einen spitzen Stahlkegel, der den außen sitzenden Riegel
hielt. Unten, über dem Betonboden, befand sich die Essen-
klappe. Hinten an der Mauer war ein Eisenring mit einer
Kette eingelassen, die man um mein Fußgelenk legte. Man
wollte auf diese Weise verhindern, daß sich der Todeskandi-
dat an dem Eisenkegel den Kopf einrannte. – Es wurde eben
an alles gedacht.

Im Halbdunkel entdeckte ich eine Rinne, in der ich meine
Notdurft verrichtete. Ein leises Rascheln schreckte mich auf.
Mit Entsetzen sah ich eine riesige Ratte vorbeihuschen.

Bald wußte ich nicht mehr, wer ich war. Mein Ich schien
ausgelöscht. Lediglich das kreischende Geräusch der Essen-
klappe holte mich jedesmal aus meiner Versunkenheit. Die
tägliche graue, undefinierbare Wassersuppe reichte gerade
aus, daß man nicht verhungerte. Um an die Schüssel heran-
zukommen, mußte ich mich, da ich ja angekettet war, auf
den Bauch legen. Mit ausgestrecktem Arm konnte ich sie
gerade erreichen. Da es aus Sicherheitsgründen keinen Löffel gab, mußte ich den Fraß aus dem Topf schlürfen.

In den drei Haftwochen wurde die Zelle zur Kloake, denn
meine Exkremente mußte ich auf dem Betonboden hinterlassen. Mir ging es schlechter als einem Tier, denn dieses
wird in seinem Reinlichkeitsstreben im allgemeinen nicht
gestört.

Um nicht dem Irrsinn zu verfallen, begann ich, ein Gebet
zu sprechen. Ich wiederholte es immer wieder, bis ich ein-

schlief. Heute, morgen und übermorgen, die ganze Zeit hindurch machte ich das so. Es brachte mir Erleichterung.

Plötzlich Geräusche! Erst leise, dann immer drohender! Es waren die Schritte eines Wachmannes und das Klappern eines Schlüsselbundes. Die Kerkertür wurde aufgeschlossen, ebenfalls meine Fußkette. Der SS-Mann drückte den Lauf seiner Maschinenpistole in meinen Rücken und befahl mir, ganz langsam die Zelle zu verlassen. Ich dachte, meine letzten Lebensminuten seien angebrochen.

In einer solchen Situation weiß man nicht mehr, was man tut. Wenn der Verstand aussetzt, bleibt nur noch der Instinkt wach. Mein letzter, sich aufbäumender Lebenswille ließ mich den Wärter zusammenschlagen. Am Boden liegend, schrie er um Hilfe. Sogleich kam ein zweiter Wärter angerannt, zielte auf meine Beine und schoß. Den physischen Schmerz spürte ich kaum, dafür umso stärker den psychischen. Ich war so verängstigt, daß ich meine Umwelt nur schemenhaft wahrnahm.

Jähes Erwachen! Ich wurde in die gerichtsmedizinische Abteilung eines Lazaretts eingeliefert. Es war eine Station des Grauens. Die Todeskandidaten, fast alle mit Selbstverstümmelungen, wurden hier „behandelt" – von Pflege konnte keine Rede sein –, so daß sie „gesund" zur Hinrichtung abgeführt werden konnten. In einem der Kriegsgerichtsparagraphen hieß es dazu:

„... damit der Deliquent im Vollbesitz seiner geistigen und körperlichen Kräfte seiner gerechten Strafe entgegensehen kann."

Am brutalsten verhielt sich der Marine-Oberstabsarzt, der den Sanitätern bei der Visite befahl, den Verletzten alle Verbände abzureißen, um die nächsten Opfer bequemer selektieren zu können. Unfaßbares geschah dabei. Die Perversionen überstiegen jedes menschliche Vorstellungsvermögen.

Nach einigen Wochen erreichte uns die Nachricht, daß Deutschland den Krieg verloren habe. Wir waren gerettet!

Ein armamputierter Leidensgefährte kam plötzlich mit einer weiteren Neuigkeit ins Krankenzimmer gestürmt. Er hatte mit einer gestohlenen Pistole den verhaßten Oberstabsarzt erschossen. Wir fühlten Genugtuung!

Wir kamen nach Deutschland, in das Kriegsgefangenenlazarett Munster-Lager bei Hannover. Mein Zustand hatte sich inzwischen so verschlechtert, daß das linke Bein amputiert werden mußte. Der Operationsraum befand sich in einer primitiven Baracke. Auf aneinandergereihten OP-Tischen wurde wie am Fließband amputiert. Das Blut entsorgte man mit kaltem Wasser und Schrubbern in die Dielenritzen.

Ich war erst 19 Jahre alt und schon versehrt! Für mich brach eine Welt zusammen. Ich sammelte Schlaftabletten, um meinem Leben ein Ende zu setzen. Aber eine Krankenschwester entdeckte mein Vorhaben. Ein Kamerad, der alles beobachtet hatte, setzte sich zu mir und beruhigte mich. In einfachen Worten, aber mit viel Herzensbildung, redete er auf mich ein. Ihm verdanke ich es, daß ich damals nach und nach meinen Lebensmut zurückgewann.

(Auszug aus der Autobiographie des Autors: „Mein Weg zu mir".)

[Hamburg;
1944–1945]

Hans Edmund Friedrich

„Warum habt ihr die Spaten nicht mitgebracht?"

1944 gibt es nur noch Meldungen über Zerstörungen, Fliegerangriffe und den Rückzug an allen Fronten. Und immer noch propagieren nicht nur die Nachrichtensprecher und Zeitungsjournalisten den Endsieg, auch auf der Straße, im Büro reden die Menschen davon, daß der Sieg kurz bevorstehe. Überall muß man sich mit zweifelnden Bemerkungen vorsehen, um nicht als sogenannter Defätist zu enden. Die vielen Plakate mit der Warnung „Achtung! Feind hört mit!" treffen in jeder Beziehung zu, nicht nur im Sinne der Urheber.

Als Einundzwanzigjähriger wird Semis*) oft schief angesehen. „Warum sind Sie nicht Soldat?" Ja, warum nicht?

Die Antwort ist klar: Halbjuden sind wehrunwürdig!

Meistens redet sich Semis mit gesundheitlichen Gründen heraus. Später ärgert er sich dann über seine Feigheit.

Obwohl er immer damit gerechnet hat, kommt der Einsatzbefehl doch überraschend: Um 7 Uhr morgens hat er sich mit Zahnbürste, Seife, Handtuch, Wäsche und Wolldecke ausgerüstet für einen Spezial-Arbeitseinsatz vor einem Schuppen im Hamburger Freihafen zu melden.

---

*) Der Autor wurde während der Hitler-Zeit immer wieder als „Halbjude" bezeichnet. Er kam sich als halber Mensch, die Hälfte (von was?) vor. Daher nennt er sich in seinen Aufzeichnungen „Semis" = der Halbe.

Unausgeschlafen – in der Nacht gab es wieder Alarm und Fliegerangriffe – treffen auf dem Weg dorthin immer mehr Leidensgenossen, meist Halbjuden, zusammen. Und dann steht der Haufen vor einem brennenden Häuserkomplex, mit Stacheldraht offensichtlich frisch eingezäumt. Was nun? Ausharren? Wieder abhauen?

Bald werden die Wartenden aufgeklärt, ein Zivilist, ein Polizist und ein SA-Mann bauen sich vor der Gruppe auf. Zackig erläutert der eine von ihnen, daß die kasernierte Unterbringung vorübergehend aufgeschoben sei. Neuer Sammelpunkt sei eine Turnhalle. In der Halle, deren Umkleideräume zu Bürozimmern des städtischen Aufräumungsamtes umfunktioniert worden sind, kommt die Nachricht, daß die Anwesenden nunmehr beim Aufräumungsamt dienstverpflichtet seien. Arbeitszeit von 7 bis 19 Uhr täglich, auch Sonn-

Hamburg-Altona, Steinstraße (jetzt Hospitalstraße), Anfang 1945. Am Lagerplatz der zerbombten Schule warten Frauen auf Zuteilungen von Holz, das Bauhelfer geborgen haben.

abend und Sonntag. Es gibt auch gleich eine offizielle Bezeichnung: Bauhelfer. Als Vorgesetzte fungieren ein gehbehinderter Zivilist, ein kriegsbeschädigter Unteroffizier, ein SA-Mann namens Rousseau, dessen Primitivität so gar nicht zu seinen beiden Namensvettern, einem schweizer Philosophen und einem französischen Maler paßt – sowie drei Männer aus dem eigenen Kreis, die bereits vorher dienstverpflichtet waren und sich hier einen leitenden Bürojob besorgt haben. Einer von ihnen gibt sich Mühe, es dem Leiter an Schärfe gleichzutun oder ihn gar zu übertreffen.

Das Hauptwerkzeug ist der Spaten. Die Aufgabe besteht darin, nach Fliegerangriffen die Straße frei zu machen, Trümmer wegzuräumen, soweit wie möglich, aus den Kellern Verwertbares zu bergen, vor allem Metalle und Holz. Das Holz wird dann an der Turnhalle gegen Bezugscheine als Brennholz abgegeben. Am schwierigsten erweist es sich, Trümmerschutt auf Straßenbahnanhänger zu beladen, weil die Ladeflächen sehr hoch sind.

In Eidelstedt arbeiten neben ihnen junge jüdische Frauen in Sträflingskleidern, bewacht von weiblicher SS. Sie kommen aus dem Außenlager Eidelstedt des KZ Neuengamme*). Die Häftlinge bauen Baracken auf und beladen Kiesloren. Verabredungsgemäß versucht Semis, die wachhabende Wärterin schäkenderweise in ein Gespräch zu verwickeln und abzulenken, indessen es anderen aus der Gruppe gelingt,

---

*) Heute liegt hier ein Gedenkstein, auf einer Tafel ist zu lesen: „Von Oktober 1944 bis Kriegsende stand auf diesem Areal ein Außenlager des KZ Neuengamme. Etwa 500 jüdische Mädchen und Frauen, die über Auschwitz nach Hamburg deportiert worden waren, mußten Schanz- und Aufräumungsarbeiten leisten sowie in der Rüstungsindustrie arbeiten. Anfang April 1945 verlegte die SS die Frauen in das KZ Bergen-Belsen. Mitte April wurden Frauen aus anderen KZ-Außenlagern hierhergebracht. Einige der Frauen kamen dabei infolge der Transportstrapazen und der unmenschlichen Lebensbedingungen im Lager ums Leben."

Kontakte mit den Häftlingen aufzunehmen und Butterbrot-pakete hinüberwechseln zu lassen.

Die körperliche Arbeit bei winterlichen Temperaturen macht besonders den Älteren in der Gruppe zu schaffen, aber es zeigt sich eine außerordentliche Kameradschaft. Zwei Bei-spiele dafür: Ein Bauhelfer, Zigeuner – er nennt sich selbst so und betrachtet das durchaus nicht als Schimpfwort, das kam wohl erst später –, ist von Beruf Artist. Spätabends geht er in einem Nachtkabarett seinem Job als Bodenakrobat nach. Wenn er nicht täglich eine bestimmte Zeit trainiert, schafft er seinen Auftritt nicht. So sorgen die anderen dafür, daß er in einem Kellerraum unbeobachtet trainieren kann.

Ein anderer, fast 60 Jahre alt, gesundheitlich angeschla-gen, wird mit auf Außentour genommen, wo er dann vor-übergehend nach Hause verschwinden kann. Das ist gefähr-lich, weil überall der kontrollierende SA-Mann auftauchen kann. Er droht den Arbeitern ständig mit der Einweisung ins KZ.

Doch Semis kann diese körperliche Arbeit ertragen, und seine Überlebenschancen sind vermutlich weit höher als bei seinen Altersgenossen an der Front. Leiden läßt ihn eher die psychologische Seite, diese Abwertung in der Art des Um-gangs mit den Bauhelfern, die er hier erlebt.

Aufgrund seiner kaufmännischen Ausbildung bekommt Se-mis ab und zu auch Büroarbeiten übertragen, eine angeneh-me Abwechslung. Dabei wird er Zeuge eines Telefonge-sprächs. Der Vorgesetzte des Leiters soll für seine Privat-wohnung von den Bauhelfern geborgene Kohlen erhalten. Gesprächsfetzen am Telefon: „Schwierig? Ach wo, ich schik-ke Ihnen 'n paar Halbjuden hin ..."

Mit der sogenannten Schottschen Karre werden die Säcke quer durch die Stadt gekarrt. Die Wohnung des hohen Tiers hat keine Zufahrt, mehrere Treppen müssen die Kohlensäk-ke mühsam geschleppt werden. Dafür gibt es dann auch, wie bei Kohlenträgern üblich, ein Trinkgeld.

Während eines Einsatzes gerät die Gruppe in einen Fliegeralarm. Sie verteilt sich auf zwei Erd-Röhrenbunker. Während des Angriffes schlagen die Bomben in unmittelbarer
Nähe ein. Danach bietet sich ein entsetzlicher Anblick, der
andere Bunker ist völlig vernichtet, mit allen Männern, die
in ihm Zuflucht gesucht haben! Beim Appell am nächsten
Morgen wird noch unter dem Schock geschildert, daß vier
Mann für immer fehlen.

Die Reaktion des Leiters: „Warum habt ihr die Spaten nicht
mitgebracht? Halbjuden kann ich genug bekommen, aber keine Spaten!" verschlägt allen die Sprache.

Während eines Einsatzes äußert einer der Helfer, sie sei-
en in der Nähe seiner elterlichen Wohnung und könnten dort
eine Kaffeepause einlegen. Der jüdische Vater sei Pastor –
nicht etwa Rabbiner – in einer Landgemeinde gewesen und
nun seines Postens enthoben. Welche Wohltat, nach dem
Wühlen in den Trümmern eine intakte, gepflegte Wohnung
zu betreten, freundlich vom weißhaarigen Geistlichen begrüßt. Im Wohnzimmer bleibt der Blick auf einem großen
Führerbild hängen. Nun hier, in diesem Kreis, braucht man
wohl kein Blatt vor den Mund zu nehmen, und so wird offen
gefragt, ob mit Kontrollbesuchen gerechnet werden müsse
und es daher besser sei, das Bild des Verbrechers zu zeigen.

Die Antwort des Vaters hat nicht nur Semis, sondern auch
die beiden anderen Kollegen erschüttert. Voller Ernst, fast
drohend, verbittet sich der Pastor das Wort Verbrecher. „Unser Führer hat viel für unser Land getan ... "
Es klingt wie der Vortrag eines Parteibonzen.

Bei der Frage, ob denn nicht Verwandte von ihm, wie bei
allen halbjüdischen Kollegen seines Sohnes, verschleppt und
ermordet worden seien, wird das zwar bestätigt, aber mit
den Hinweis ergänzt, Gott habe das so gewollt und den Juden dieses Schicksal auferlegt, Adolf Hitler sei somit der Voll-
strecker Gottes. Semis ist lange damit beschäftigt, diese Be-
gebenheit zu verarbeiten.

Semis hilft mal wieder im Büro des Aufräumungsamtes aus und hört vom Leiter Klagen über die Schwierigkeiten der Verwaltung. Es fehlten Formulare, und es gelänge nicht, die erforderlichen Vordrucke zu beschaffen. Das ist für Semis eine Gelegenheit, sich als nützlich zu erweisen. Im Kontor seines bisherigen Arbeitgebers gäbe es eine Vervielfältigungsmaschine, er würde versuchen, dort die Formblätter herzustellen. Allerdings würde das nicht an einem Tage zu schaffen sein. Dankbar nimmt der Chef das Angebot an.

Wie schön, mal wieder in der alten Wirkungsstätte mit den ehemaligen Kollegen zusammenzusein. Die helfen, und in wenigen Stunden sind die Formblattsätze ordentlich auf Matrize getippt und vervielfältigt. Anschließend fährt Semis nach Hause und macht den Nachmittag und die nächsten beiden Tage blau. Am vierten Tag bringt er die Formblätter ins Amt, mit dem Hinweis, es habe doch länger gedauert als gedacht. Dem Leiter ist das völlig gleich, er freut sich über die Formulare und dankt Semis.

Und dann? Einer der weiter vorn erwähnten Helfer im Büro, ebenfalls als Halbjude verpflichtet, aber bereits seit längerer Zeit mit einer Kapo-ähnlichen Position betraut, brüllt nun durch den Raum, das sei eine Unverschämtheit, für solche Vervielfältigung brauche man keine drei Tage, so etwas dürfe hier nicht einreißen ... Fast komisch, wenn nicht so traurig: Der Nazi-Chef nimmt Semis in Schutz.

Den Kontakt zur Welt draußen ermöglicht der englische Rundfunk. Besonders die Ansprachen von Thomas Mann gehören dazu. Gelegentlich gibt es auch Schriftliches: Flugblätter. Diese Papiere muten in ihrer Sprache wie aus einer anderen Welt an. Sie enthalten viele Informationen, die so ganz anders klingen, als die aus den Zeitungen, seien es Berichte über den Kriegsverlauf oder über die KZ-Morde.

Semis ist im Einsatz nach einem Fliegerangriff inmitten rauchender Trümmer. Sie sind zu dritt, ohne Aufpasser. Die Gelegenheit in dieser einsamen Umgebung wird genutzt, ein

Vier zwangsverpflichtete Bauhelfer beim Bergen von Verwertbarem aus einem Trümmerhaus. Von links: Gustav Leopold, Georg Hirsch, Dr. Edgar Behr und Semis. Vorne links ist der Kopf eines ungarischen „Beuteochsen" zu erkennen, mit dem das Material abtransportiert wurde.

gefundenes Flugblatt gemeinsam zu studieren und über den Inhalt zu diskutieren. Sie sind ganz vertieft und bemerken die fremde Gestalt nicht, die plötzlich neben ihnen steht. Eine sich mühsam auf zwei Krücken stützende Erscheinung sagt: „Gebt mal das feindliche Propagandamaterial her!"

In diesem Augenblick ist der Schreck so groß, daß das Blatt still hingereicht wird. Als Semis sich umschaut, sieht er gerade noch wie die beiden anderen verschwinden.

„Ihr seid doch die Halbjuden vom Aufräumungsamt, ich bin von der Partei – das ist eine Sache für das Kriegsgericht." Mit der einen Hand zeigt der Mann auf sein Revers, an dem ein Hakenkreuz mit rotem Kreis prangt.

Später läßt sich nicht mehr beschreiben, was in diesem Augenblick in Semis' Inneren vorgeht. Würgende Angst – das Ende. Fliehen? Der weiß ja, wo ich herkomme! Oder? –

Es zuckt in ihm – es wäre ein leichtes, diesen hilflosen schmächtigen Menschen ... Ein grausiger Gedanke, aber er würde das eigene Leben, vielleicht auch das der beiden Geflüchteten retten, und unter diesen Trümmern liegen genug Leichen. Da fällt eine mehr ...

Wurden die Gedanken erraten?

Das strenge, drohende Gesicht verzieht sich zum Lächeln: „Na, Ihr habt das Ding ja auch eben erst gefunden, so hab' ich's nicht gemeint. Aber laßt euch nicht von jemand anderen mit so etwas erwischen, rate ich euch." Der Krüppel zerknüllt das Corpus delicti, steckt es in die Tasche und humpelt davon. Die Situation des Reiters über den Bodensee ist nichts dagegen.

Die zwölfstündige körperliche Arbeit erzeugt bei den Bauhelfern großen Hunger. Es gibt so manche Geheimtips, wo man während der erlaubten 30 Minuten Pause, die nach Möglichkeit natürlich überzogen werden, für wenige Lebensmittelmarken möglichst viel zu essen bekommt.

Im Nachtclub einer verrufenen Nebenstraße auf St. Pauli wird am Tage ein sogenanntes Stammessen markenfrei serviert. Dabei kommt es mit den Damen des ältesten Gewerbes der Welt zu interessanten Diskussionen über die schwierigen Zeiten. Die Kantine einer Großschlachterei bietet markenfreie Koteletts, die zwar etwas weich sind, aber gar nicht so übel schmecken: Euterfleisch.

Schließlich wird ganz in der Nähe des Lagers eine spezielle Adresse ermittelt: das gut erhaltene Theaterrestaurant im Keller der ausgebombten Bühne. Nun hat die Blaumann-Kluft einen Vorteil: Sie sind Arbeiter, die in der Gunst gleich nach den Soldaten rangieren. So bildet sich in dem immer noch recht vornehm wirkenden Ambiente eine Art Bauhelfer-Stammtisch, eine wohltuende Insel im Trümmer-Aufräumungsalltag – bis der Chef eines Morgens beim Appell mit einem Blatt Papier herumfuchtelt: „Hier ist eine Beschwerde vom Inhaber des Theaterrestaurants. Er hat erfahren, daß sich jüdische Elemente in seine Gaststätte eingeschlichen haben und fordert mich auf, künftig Sorge zu tragen..."

Der Hinweis endet mit dem Verbot für Bauhelfer, künftig die Theatergaststätte aufzusuchen.

Wieder einmal ist Morgenappell zur Arbeitseinteilung. Einige Bauhelfer werden aufgerufen, auch Semis. Sonderauftrag, mit gelber Armbinde der Deutschen Wehrmacht. Einsatz zur Bewachung von russischen Kriegsgefangenen bei deren Arbeitseinsatz im Hafen. Aus dem Bewachten soll nun ein Bewacher werden. Warum gerade ich? lautet die Frage.

Die Antwort kommt von einem Kollegen, der sich selbst um diese Aufgabe bemüht hatte, aber abgelehnt wurde: Nur solche mit arischem Namen und arischem Verhalten würden ausgewählt! Bei der kurzen Einweisung wird lediglich vermittelt, daß jeder menschliche Kontakt zu vermeiden sei.

Gerade das Gegenteil tritt aber ein. Es werden Botschaften entgegengenommen und weitergeschickt, vorsichtig kleinere Geldsummen übergeben sowie dringend fehlende Gegenstände wie zum Beispiel Zahnbürsten besorgt. Mit einem jungen Russen, der in seinem Germanistik-Studium über Friedrich Schiller schrieb, werden Adressen ausgetauscht für die Korrespondenz in der Zeit danach. Es kam nie eine Antwort. Wer weiß, ob der Gefangene in seine Heimat zurückkehrte...

Und das Ende?

Es beginnt im Ochsenstall. Für den Transport der aus den Trümmern geborgenen Gegenständen gibt es in den letzten Kriegsmonaten keine Lastwagen mehr, nur drei in Ungarn erbeutete Ochsengespanne. Die Tiere werden in einem offenen Schuppen untergebracht. Da die Gefahr des Diebstahl groß ist – was für herrliche Fleischportionen ergäben sie! – werden die Ochsen durch Bauhelfer des Nachts bewacht. Vorschrift ist, auch bei Flieger-Alarm bei den Tieren zu bleiben, sich nicht hinzulegen, sondern von 19 bis 7 Uhr bei ihnen zu sein.

Bei stürmischem Regenwetter, wenige Grad über Null, schiebt Semis Wache. Er hat eine schwere Erkältung. Das Stroh ist verlockend, Husten und Erkältung machen müde. Lange nach Mitternacht, als der Entschluß gefaßt ist, sich hinzulegen, schleicht sich einer der drei hauptamtlichen Leiter herein. „Umdrehen!" lautet der Befehl.

Was soll das?

Er wird nach Strohhalmen abgesucht, die ein Beweis wären, gegen die Vorschrift gehandelt zu haben. Als am frühen Morgen der Tagesdienst kommt, schleppt sich Semis mühsam ins Elternhaus, er hat hohes Fieber, eine Lungenentzündung, muß das Bett hüten. So hat er die wenige Tage später durch den Einmarsch der Engländer beginnende neue, freie Zeit nur schwach wahrgenommen.

Häufig waren in diesen Jahren Gedanken aufgekommen: Ist was dran, sind die Juden wirklich Untermenschen? Hat der Pastor recht, gibt es eine Gottesstrafe? Überall diffamiert, ausgeschlossen von so vielem, was die Gemeinschaft ausmacht, in der Schule, von Vereinen und immer wieder die Frage: arisch? Ariernachweis? Das alles gilt nun nicht mehr. Wieder gleichwertig? Nichts mehr verheimlichen?

Diese Umstellung, dieses neue Selbstwertgefühl, ist wahrscheinlich das gravierendste innere Ereignis nach dem Ende der Naziherrschaft. Es mag sich theatralisch anhören, aber es bedeutet für Semis fast eine Wiedergeburt.

*(Weitere **ZEITGUT**-Beiträge dieses Autors sind im Autorenverzeichnis am Ende des Buches vermerkt.)*

[Zülpich – Lövenich, Nordrhein-Westfalen;
September 1944–Mai 1945]

Margareta Pesch

Wenn die Amis doch bald kämen!

Im September 1944 kamen unsere Verwandten aus Eschweiler bei Aachen vorübergehend als Flüchtlinge nach Zülpich. Mitte November zerstörten Bomben die nahe gelegenen Städte Jülich und Düren.

In diesen Tagen bauten mein Vater und ich mit Erlaubnis des Oberpfarrers in der Zülpicher Peterskirche die Antwerpener Schreinaltäre ab – eine Arbeit, die wir immer wieder wegen Fliegeralarms unterbrechen mußten.

Am 8. Dezember wurden die meisten Zülpicher, vor allem die Familien mit Kindern, nach Thüringen und in das Eichsfeld evakuiert. Auch unsere Verwandten waren dabei. Wir lebten von nun an überwiegend im Keller. Als es jedoch keinen Strom und kein Wasser mehr gab, packten wir die notwendigsten Sachen, luden sie auf ein Pferdefuhrwerk und zogen nach Lövenich. In diesem Dorf in der Nähe hatte mein Vater eine Vetretungsstelle als Schulleiter. Ich war 22 Jahre alt und eigentlich Studentin, aber an Universitätsbetrieb war in diesen Tagen natürlich nicht zu denken. Also wohnte ich zusammen mit meinen Eltern zuerst in der Schule, dann im Pfarrhaus von Lövenich.

Am 24. Dezember 1944, gegen 16 Uhr, gab es Fliegeralarm, dessen Ende wir in Lövenich abwarteten, um uns dann auf den Weg nach Zülpich zu machen, wo wir an der Christmette in der Krypta teilnehmen wollten.

RHEINISCHES
LANDESMUSEUM
BONN

'gb.-Nr. 44/ʌʌ𝟝𝟚

Fernruf: Bonn 2948
Alle Zuschriften sind nicht an den unterzeichneten Beamten, sondern
an das Rheinische Landesmuseum Bonn, Colmantstraße 16, zu richten.

BONN, den 7.11.1944

Herrn
    Lehrer P.H. P e s c h
                     Z ü l p i c h , Alte Propstei

Sehr geehrter Herr Pesch !

Nach Fühlungnahme des Kunstschutzes mit den zuständigen militärischen
Stellen besteht voraussichtlich die Möglichkeit, bei zunehmender
Gefährdung von Orten mit wichtigem Kulturgut dieses mit militärische
Hilfe abzutransportieren. Bei der vorläufigen Besprechung habe ich
als solchen Ort auch Zülpich angegeben, wobei ich einmal an Ihr Mu-
seum, sodann an den wichtigsten Kirchenbesitz denke. Es wäre nun
nötig, für den Ernstfall einen Plan aufzustellen,und ich bitte Sie
deshalb, baldmöglichst zu einer Besprechung nach Bonn zu kommen,
da es mir bei der Fülle der Aufgaben vorerst nicht möglich ist, Sie
aufzusuchen. Ich brauche möglichst genaue Angaben über den Umfang
des in Frage kommenden Bergungsgutes, das in Ihrem Falle leider wohl
fast ausnahmslos unverpackt sein wird. Natürlich kommt kein totaler
Abtransport in Frage, schon weil wir nicht entfernt soviel Bergungs-
raum haben, sondern es muß eine Auswahl des wichtigsten getroffen
werden. Orientieren Sie sich bitte über die Situation betr.der kirchlichen Objekte.

Wenn es Ihnen möglich ist, lassen Sie mich den Tag Ihres Besuches
in Bonn vorher wissen (Tel.Bonn 2948).

                          Heil Hitler !
                          Ihr ergebener

Einschreiben

                    F. Rademachers

*In dem Briefwechsel mit dem Rheinischen Landesmuseum Bonn ging es
um die Sicherstellung wertvoller Kulturgüter vor Bombenschäden.
Es war höchste Zeit! Mitte November 1944 zerstörten Bomben die nahe
gelegenen Städte Jülich und Düren. In diesen Tagen bauten mein Vater
und ich in der Zülpicher Peterskirche die Antwerpener Schreinaltäre ab.
Die Figuren überlebten gut verpackt in den Altarnischen der Krypta, die
Bildtafeln im Hovener Kloster.*

Die Ruinen der Peterskirche in Zülpich. Auch unsere Wohnung in der alten Propstei neben der Kirche wurde bei einem Bombenangriff am 24. Dezember 1944 zerstört.

Die uns so vertraute Silhouette der Stadt, so bemerkten wir unterwegs, hatte sich verändert. Der Zugang zur Stadt war gesperrt. Man schickte uns zurück. Kirche und Propstei seien ein Trümmerhaufen. Unsere Zülpicher Wohnung in der Propstei existierte demzufolge nicht mehr.

An diesem Weihnachtsabend stibitzte ich von den Obststellagen im Flur des Lövenicher Pfarrhauses die schönsten Äpfel, um sie meinen Eltern als Weihnachtsgeschenk zu überreichen. Der Pfarrer ließ sich nicht blicken, kein Wort des Mitgefühls, keine Einladung. Vielleicht war er zu sehr mit seiner Weihnachtspredigt beschäftigt.

Dafür gab es im Dorf freundliche Leute, die uns großzügig halfen. Im Vergleich zu dem Unglück, das andere Familien getroffen hatte, war unser Verlust zu verschmerzen. Wir waren am Leben, hatten ein Dach über dem Kopf, und jeder hatte ein Bett. Aus den Trümmern würden wir vielleicht noch einiges retten können.

Lövenich beherbergte Flüchtlinge aus der Eifel, vor allem aus Vossenack. Außerdem waren Soldaten einquartiert, die sich als Nachschub für die Gegenoffensive in den Ardennen zur Verfügung halten mußten. Diese Operation hatte am 16. Dezember 1944 begonnen. Die deutschen Truppen konnten etwa eine Woche lang vorrücken; einen Monat später waren sie endgültig aufgerieben. Zehntausende deutscher und alliierter Soldaten verloren in dieser letzten deutschen Offensive des Zweiten Weltkrieges ihr Leben.

Die in Lövenich einquartierten Soldaten feierten Silvester, als wäre es das letzte Mal. Für manch einen war es das sicher. Der Musikmeister starb wenig später bei einem Angriff. Erschöpfte und durchnäßte Landser schleppten sich in kleinen Trupps von der Front zurück. Ein Offizier mit Lungenentzündung und hohem Fieber bat im Pfarrhaus um ein Bett, aber auch er mußte am nächsten Morgen weiter.

Mein Vater hatte noch im Februar 1945 eine Einberufung zum Volkssturm erhalten. Der verständnisvolle Ortskommandant von Lövenich, Hauptmann Reitsam, stellte ihm daraufhin eine Bescheinigung als zweiten Leiter für den Katastropheneinsatz aus, der ihn verpflichtete, sich Tag und Nacht in Lövenich aufzuhalten. So wurde mein Vater vor dem unsinnigen letzten Aufgebot bewahrt.

Außer mit Bomben und Tieffliegern hatten wir es nun auch mit Artilleriebeschuß zu tun. Die Gespräche im Bunker, wo sich eine buntzusammengewürfelte Gesellschaft aus Dorfbewohnern, Flüchtlingen und Soldaten zusammenfand, wurden immer pessimistischer. Was einige Wochen zuvor niemand zu sagen gewagt hatte, sprachen die Leute jetzt mehr oder weniger deutlich aus: Wenn die Amis doch bald kämen!

Am 3. März 1945 war es endlich soweit: Die Amerikaner marschierten in das weißbeflaggte Lövenich ein, ohne Widerstand vorzufinden. Ich erlebte den Einmarsch im Keller des Pfarrhauses. Da wir Englisch sprechen konnten, wurden meine Mutter und ich zur Kellertreppe vorgeschickt, um für alle Anwesenden zu erklären: „We surrender!" Das lief überall ähnlich ab.

Dann wurden alle Dorfbewohner für ein paar Tage in drei oder vier Gehöften interniert. 25 Personen in einem Zimmer! Die wenigen Betten mußten stundenweise und im Wechsel benutzt werden. Die Frauen kochten, so gut es ging, aus den vorgefundenen Vorräten für alle. Einige durften unter Bewachung zu ihren Höfen, um das Vieh zu versorgen. Sie brachten dann Nachschub mit. Selbst unser Gang zum Klohäuschen auf dem Hof wurde von einem amerikanischen Posten überwacht. Das war peinlich und komisch zugleich.

Die Amerikaner holten mich öfter zum Dolmetschen ab. Ich mußte mit in ihr Quartier in der Schule. Mein Vater machte sich deswegen unnötige Sorgen; sie verhielten sich mir gegenüber korrekt.

Am dritten oder vierten Tag bekamen wir morgens und nachmittags je eine Stunde Ausgang. Wir waren wohl eingesperrt worden, damit die Besatzer die Häuser gründlich nach Waffen durchsuchen konnten. Dabei machten einige Soldaten ihrer Wut oder ihrem Übermut Luft, indem sie Bettzeug aufschlitzten und aus dem Fenster warfen und volle Einweckgläser auf den Hof knallten. Die amerikanischen Truppen rückten weiter, und wir waren frei.

Meine Eltern beschlossen, sobald wie möglich in Zülpich eine Bleibe zu suchen. Am 15. März 1945 wollten wir in ein stehengebliebenes Häuschen am Stadtrand, in der Bonner Straße gegenüber dem Rochuskapellchen, ziehen. Die Schwester des Eigentümers vermietete uns 2½ Zimmer im ersten Stock, 36 Quadratmeter, die Toilette im Hof. Auch wir räumten nun Schutt weg und füllten damit das Bombenloch im Garten hinter dem Haus.

Voll Zuversicht luden wir in Lövenich unsere wenigen Habseligkeiten auf ein Pferdefuhrwerk. In Zülpich angekommen, hielt es gegenüber dem Häuschen. Die Bonner Straße führte in Richtung Remagen, wo die Amerikaner am 7. März eine unbeschädigte Rheinbrücke erobert hatten. Pausenlos rollten Militärtransporte und Panzerkolonnen vorbei, um über den Rhein zu gelangen. Wir stellten unseren Hausrat erst einmal am Straßenrand ab, wo wir dann startbereit auf eine Lücke zwischen zwei Fahrzeugen warteten, um mit unserem Gepäck auf die andere Seite der Straße zu hasten. Dann wieder Warten auf die nächste Lücke – ein Umzug in Intervallen, der ziemlich lange dauerte.

Wenn nachts Panzer vorbeidröhnten, erzitterte das Häuschen und ich schreckte jedesmal hoch, um mich erleichtert gleich wieder hinzulegen: Es waren ja die Befreier!

Zwar brach die Remagener Brücke am 17. März zusammen, aber das konnte den Vormarsch der Alliierten nicht mehr aufhalten. Diese Einzelheiten waren allerdings damals, als es weder Radio noch Zeitungen für uns gab, nicht bekannt. Nur hier und da drangen ein paar Gerüchte durch.

Der Krieg war für uns vorbei. Es gab noch keinen Strom, und Wasser schöpften wir aus einem Brunnen in der Nähe. Die wenigen Leute, die in Zülpich geblieben waren, konnten sich im Hovener Kloster ein warmes Mittagessen holen. Dort hatten die Amerikaner ein Lazarett eingerichtet, und das kam den Schwestern und uns zugute.

Die Amerikaner setzten in Zülpich eine provisorische Stadtverwaltung ein. Der Drogist Reiland wurde zum Bürgermeister ernannt, und da er nicht Englisch sprach, engagierte man mich als Dolmetscherin. Diese Aufgabe erfüllte ich in der amerikanischen Kommandantur, die in unmittelbarer Nachbarschaft residierte. Den Haushalt des Kommandanten besorgten zwei Studentinnen aus der Ukraine, mit denen ich mich anfreundete. Lola und Genia hatten große Angst vor ihrer Rückführung in die Sowjetunion, weil ihnen dort wahrscheinlich wegen Kollaboration mit den Deutschen das Straflager drohte.

Der Kommandant, Captain Purcell, gab Anweisungen, die ich dem Bürgermeister überbrachte, ebenso wie ich dessen Fragen und Anliegen dem Captain übermittelte. Captain Purcell kontrollierte die Post, ließ mich Stichproben übersetzen, kümmerte sich um den Nachschub und die Verteilung von Medikamenten. Er war viel unterwegs und vertraute darauf, daß ich es schon richten würde. Es kam vor, daß ich in einen Jeep klettern mußte, um mit dem Captain und seinem Chauffeur in zerstörte Eifeldörfer zu fahren, wo die Keller nach versteckter Munition abgesucht wurden.

Gelegentlich nahm sich der Captain Zeit für ein persönliches Gespräch, fragte, wie es uns hier ergangen sei und wie wir jetzt zurechtkämen. Lola und Genia kochten Tee und setzten sich dazu. Manchmal schauten Offiziere anderer Einheiten vorbei. Ich erinnere mich an den Besuch eines polnischen Majors, der mit seinem Temperament das ganze Haus in Stimmung versetzte, sang, trank und Polka tanzte. Zwei Polen waren übrigens als Polizisten eingesetzt. Man brauchte ja Leute, die politisch nicht vorbelastet waren.

Die befreiten polnischen Kriegsgefangenen wurden für die Landbevölkerung zu einem Problem. Soweit sie schlecht behandelt worden waren, rächten sie sich jetzt, organisierten sich in Banden und plünderten Bauernhöfe.

Einmal hätte ich mir militärischen Beistand gewünscht. An dem Tag, an dem die Ausweise ausgestellt werden sollten, hatte ich vorher durch Boten und Anschlag die Reihenfolge, nach den Anfangsbuchstaben der Namen zeitlich gestaffelt, bekanntgemacht. Doch die Polen ignorierten die Reihenfolge und drängten gewaltsam nach vorn. Es gab ein wüstes Handgemenge. Ich weiß nicht mehr, warum ich bei dieser wichtigen Angelegenheit allein dastand. Ob die Verwaltung keine Hilfskräfte eingeteilt hatte oder ob diese sich aus Angst davongemacht hatten?

Ich fürchtete, angegriffen oder totgedrückt zu werden, da erschien plötzlich Captain Purcell in der Tür. „Oh, Margaret", rief er bestürzt und belustigt zugleich, „you've got into a pretty mess! Sorry, I've left you in the lurch!" („Oh, Margaret, da sind Sie aber in einen schönen Schlamassel geraten! Tut mir leid, daß ich Sie im Stich gelassen habe!")

Irgendwie brachten wir diese Aktion zu Ende. Bei meinem schönen Plan hatte ich außer acht gelassen, daß sich die in Jahren aufgestaute Wut der Polen gegen ihre Unterdrücker jederzeit entladen könnte.

Eine meiner wichtigsten Aufgaben in der Stadtverwaltung bestand darin, Passierscheine für die in ihre Eifeldörfer heimkehrenden Flüchtlinge auszustellen, die mit Pferd und Wagen, Sack und Pack, manchmal mit Vieh, vor dem provisorischen Amtsgebäude warteten. Mit meinem englischen Text, dem Stempel der Stadt und meiner Unterschrift ließ man sie passieren. Noch nie hatte ich mich so wichtig gefühlt!

Immer wieder wandten sich Angehörige von Vermißten an mich in der Hoffnung, ich könnte über das Rote Kreuz oder andere Organisationen Informationen über den Verbleib ihrer Söhne, Brüder oder Männer beschaffen. Deshalb lernte ich etwas Russisch und erstellte einen Standardtext an das sowjetische Rote Kreuz, in den ich nur noch die Namen einsetzte. Ob die vielen Suchbriefe, die ich in kyrillischer Schrift verfaßte, auch ankamen und beantwortet wurden, erfuhr ich nie. Aber die Menschen gingen fürs erste mit ein wenig Trost nach Hause.

Nach der Kapitulation am 8. Mai 1945 zogen die Amerikaner ab, wir gehörten jetzt zur britischen Zone. Die Engländer richteten ihre Kommandantur in Euskirchen ein. Einen Dolmetscherposten konnte ich dort nicht antreten, weil ich ernstlich erkrankte. Es gab noch keinen Doktor in Zülpich, und so holte mein Vater den englischen Arzt aus dem Lazarett. Der diagnostizierte Ruhr und versorgte mich mit den nötigen Medikamenten. Ich erholte mich lange nicht, weil die Nachsorge und geeignete Nahrung fehlten.

Zwei Studiensemester waren durch die Kriegsereignisse ausgefallen, erst im Winter 1945/46 konnte ich mein Studium fortsetzen.

[Geißlingen, Saarland – Stena bei Paris – Fucarville bei
Cherbourg, Le Havre, Frankreich – Hanau-Großauheim –
Niederissigheim, Hessen; Frankreich;
Dezember 1944 – Juni 1946]

Ernst Stanovsky

„Hands up!"

Am 4. Dezember 1944 lagen wir in Geißlingen im Saarland.
Die Amerikaner hatten gerade einen Hügel nahe der Ort-
schaft besetzt und drohten, den Ort zu umzingeln. Das hatte im Regimentshauptquartier große Aufregung ausgelöst,
weil man sich nicht rechtzeitig abgesetzt hatte. Der Kommandeur lief aufgeregt durch den Ort, um alle greifbaren
Soldaten zum Gegenangriff zu sammeln.

Infanterieleutnant Reindel und mir – ich war Pionierleut-
nant – standen dafür 50 bis 60 Mann zur Verfügung. Wir
beschlossen, den Berg gemeinsam anzugreifen. Abwechselnd
sollte einer von uns vorausgehen und der andere die Leute
von hinten dirigieren. Der Hügel war bewaldet, aber zuerst
mußten etwa 400 Meter offenes Feld überwunden werden.
Hier empfing uns ein starkes Gewehr- und Maschinengewehrfeuer. Es gab Verletzte und Tote. Überraschend erhielten wir jetzt Unterstützung durch ein deutsches Geschütz.
Ohne diese hätten sich die Amerikaner gewiß nicht zurückgezogen, sie hätten uns aus ihrer Deckung heraus wie die
Hasen abknallen können.

So war der Wald feindfrei, wir begegneten nur einen verwundeten amerikanischen Offizier. Sepp Reindel sprach ihn
in perfektem Englisch an und sagte ihm Hilfe zu. Als Dank
erhielt er von dem Amerikaner ein Präzisionsfernglas. Er
nahm es an, ohne zu ahnen, daß uns das Glas noch erhebli-

che Schwierigkeiten bereiten würde. Jetzt schickte ich einen Melder zurück ins Dorf mit der Information: „Befehl ausgeführt, Hügel in unserer Hand." Er kam nach einer 3/4 Stunde wieder mit dem Auftrag, die Dunkelheit abzuwarten und dann mit der Kampfgruppe Schwarz Verbindung aufzunehmen. Hauptmann Schwarz sollte an einer Kreuzung links von uns anzutreffen sein.

Reindel und ich schlichen zunächst allein zur angegebenen Kreuzung. Aber da war niemand. So warteten wir eine Weile in einem Graben. Plötzlich laute Stimmen, immer näher kommend. Wir vermutet seien Leute von unserer Mannschaft. So rief ich ihnen zu: „Haltet die Mäuler!"

Einige Sekunden später standen etliche GI's am Grabenrand, die Gewehre auf uns gerichtet.

„Hands up and follow!" sagte einer.

Wir mußten unsere Waffen abliefern und mit erhobenen Händen auf die Motorhaube eines Jeeps steigen. Ihre Gewehre ständig auf uns gerichtet, fuhren sie uns zu ihrem Kommandanten. Wenn wir zuvor kaum noch etwas von der deutschen Artillerie vernommen hatten, jetzt feuerte sie und brachte uns in Gefahr.

Beim US-Stab angekommen, wurden wir von einem Offizier fast die ganze Nacht über verhört. Er wollte wissen, was mit dem Captain geschehen sei, dem verwundeten Offizier, und wie der Sepp zu seinem Fernglas gekommen war. Er drohte, uns zu erschießen, wenn wir nicht korrekt antworteten. Tatsächlich sind wir zweimal von zwei Soldaten hinausgeführt worden, die dort sekundenlang auf uns zielten. Aber wir konnten ja wirklich nicht mehr beteuern als daß der Captain noch lebte, daß sich ein Sanitäter seiner angenommen und er Reindel das Fernglas geschenkt hatte.

Am nächsten Morgen wurden wir zusammen mit anderen Kriegsgefangenen auf ein Lastauto verladen und nach Stena bei Paris gebracht. Unterwegs kam ich aus dem Staunen nicht heraus über den amerikanischen Nachschub an Ausrüstung und schwerem Gerät, der da ständig in Richtung Front rollte. Jetzt war mir beinahe klar, daß der Krieg gegen diese Übermacht nicht zu gewinnen war.

In dem provisorischen Sammellager Stena hatten wir zwei Tage Aufenthalt. Wir standen die ganze Zeit über im Freien, und es regnete unaufhörlich. Nicht nur wegen des Morastes war an ein Hinlegen nicht zu denken. Es bestand auch die Gefahr, totgetreten zu werden. Ich denke, wer im Stehen eingeschlafen war, konnte nicht umfallen, so vollgestopft war dieses Lager. Nach und nach wurde jeder einzelne von einem Offizier verhört. Dafür mußte man die völlig durchnäßte Oberbekleidung ablegen, damit sie prüfen konnten, ob der Gefangene auf dem Oberarm eine SS-Rune hatte. Angehörige der Waffen-SS kamen in Speziallager.

Reindel und ich bemühten uns, beisammen zu bleiben. Tatsächlich wurden wir am zweiten Tag gemeinsam verhört und gemeinsam zur Weiterfahrt eingeteilt. Unser Transport ging nach Cherbourg, wo im Atlantikhafen ein riesiges Schiff lag. Dichtgedrängt warteten wir auf die Abfahrt nach den USA. Aber das Schiff lief nicht aus. Am dritten Tag hieß es aussteigen. So waren wir die ersten Kriegsgefangenen der Amerikaner, die in Frankreich blieben.

In der Nähe von Cherbourg, in Fucarville, hatte man unterdessen ein riesiges Lager errichtet, ebenfalls auf freiem Feld, aber mit Zelten für jeweils etwa 40 Mann. Insgesamt waren hier nach vollständiger Auffüllung wohl 10 000 Männer eingesperrt, in sogenannten Cages, Stacheldrahtverhauen, zu etwa 400 oder 500 Mann aufgeteilt. Offiziere wie wir mußten in das Offizierscage. Gegenüber den Soldaten war das ein Nachteil, denn wir durften nicht zur Arbeit, etwa zum Wege- oder Zaunbau, eingeteilt werden. Die Folge: Wer nicht arbeitet, braucht auch nicht zu essen! Man war der Meinung, daß 800 Kalorien pro Tag ausreichten. Das war manchmal ein dicker Riegel Schokolade, der den ständigen Hunger nur wenig stillen konnte. In der Regel erhielten sechs

*Im Dezember 1944
gerieten mein Kamerad
Sepp Reindl und ich im
Saarland in amerikani-
sche Gefangenschaft. Das
Schiff, das uns in die USA
bringen sollte, lief nicht
aus, und so blieben wir in
Lagern in Frankreich.
Das Foto zeigt mich als
Fahnenjunker
im März 1944.*

Mann ein Weißbrot pro Tag. Jedesmal war es ein aufregen-
der Akt, wenn dieser runde Laib Brot in sechs Portionen
geteilt wurde. Der Teiler wurde durch Los ermittelt. Der hatte
ja eventuell den Vorteil, anfallende Krümel aufzusammeln.
Ein weiterer Losvorgang bestimmte die Verteilung der einzelnen Stücke. Damit sind weitere Diskussionen über Be-
nachteiligungen vermieden worden.

Wasser gab es kaum, dafür aber Wassersuppe und reichlich Kaffee, den wir auch zum Rasieren benutzten. Alle zwei
Wochen führte man uns in einen Nachbarcage zum Duschen.
Unter zehn Brausen mußten sich jeweils zehn Mann verteilen. Dann hieß es: „Wasser marsch!" für vier oder fünf Sekunden. Jetzt einseifen und zuletzt nochmals vier oder fünf
Sekunden Wasserstrahl, fertig! Seife hatten wir beinahe mehr
als Brot. Einige haben sie gesammelt und zum Schnitzen
verwendet.

Immerhin hatten wir in Fucarville von Anfang an ein Zelt
über dem Kopf. Ohne Mantel, nur in eine Decke eingehüllt,
mußten wir die ersten Tage und Nächte sitzend oder auf dem

kalten Boden liegend verbringen. Es war ein Wunder, daß man unter solchen Umständen überleben konnte. Manchmal haben uns Wachsoldaten Verpackungsmaterialien zugesteckt, Pappkartons oder auch Holzteile, die uns als Kälteschutz dienten. Einer der Soldaten konnte offenbar unser Elend nicht mehr mit ansehen. Er brachte uns etwas Feuerholz und ein Beil. Jetzt waren wir in der Lage, uns wenigstens zeitweilig am offenen Feuer zu wärmen. Gefragt waren auch leere Büchsen von Nahrungsmitteln, weil wir diese als Ofenrohre verwenden konnten, um den Rauch nach außen abzuführen.

Sepp Reindels Englischkenntnisse waren hier besonders wertvoll. Er verstand es, das Mitleid unserer Wächter zu erregen. Sie besorgten ihm Kistenbretter, die zur Herstellung eines „Doppelbettes" ausreichten, sogar mit einem ausziehbarem Tisch. Ein Problem waren die notwendigen Nägel, die wir wiederum durch Verbindungen zu anderen Cages erhalten konnten. Dafür war der Kirchgang gut geeignet.

Eines Sonntags erblickte ich in der Kirche eine Glühbirne mit Zuleitung. Ich riß den Draht ab und nahm ihn samt Birne mit. Das war die Chance, unser Zelt nach 2 1/2 Monaten mit elektrischem Licht zu versorgen! Es stand mit der Giebelseite nahe am Zaun und an diesem entlang lag ein Kabel. Jetzt war es für einen unserer Fachleute kein Problem, trotz Dämmerung und unter Beobachtung des Wachpostens, das Kabel anzuzapfen.

Offensichtlich zeigten immer mehr Wachsoldaten Verständnis für ihre Gefangenen. Niemand hat uns zu dieser Zeit gezwungen, etwa unsere provisorischen Öfen oder das elektrische Licht wieder aufzugeben. So fragte auch niemand, wo die Glühbirne herkam. Im Gegenteil, sie bewunderten unseren Einfallsreichtum und die Gabe zu improvisieren. Eine Redewendung machte die Runde: „Den Deutschen muß man zutrauen, daß sie aus Blechbüchsen ein Maschinengewehr bauen."

Nach vier oder fünf Monaten organisierten wir für sie eine Ausstellung. Fast jeder hatte ein Stück, das sich zu zeigen lohnte, und wenn es nur ein aus Blech kunstvoll gehauener Teller war. Da sah man die schönsten Vasen, wertvolle Ornamente und Bilder zierten sie. Ich hatte aus dem Leder meiner Offiziersstiefel eine Aktentasche angefertigt. Ein gelernter Sattler hatte mir beim Zuschnitt geholfen und mir gezeigt, wie man näht. Diese Tasche habe ich noch Jahre nach dem Krieg mit Stolz benutzen können.

Am Ende ist es, zumindest in unserem Offizierscage, überhaupt nicht mehr langweilig gewesen. Alle haben sich beschäftigt und einen möglichen Lagerkoller erst gar nicht aufkommen lassen. So konnte man zum Beispiel jeden Tag an einem anderen Unterricht teilnehmen, ob Sprachunterricht, Literatur oder Algebra. Ich selbst habe vorübergehend Bauzeichnen unterrichtet. In unserem Nachbarzelt hatte sich eine Theatergruppe gebildet, die später Darbietungen im Freien zeigte. Ihr Einleitungssong war: „Heit kummen d' Engel auf Urlaub nach Wien."

Da ich mit Sepp jetzt sozusagen Bett und Tisch teilte, wurden wir unzertrennliche Freunde. Eines Tages erzählte er mir, daß er nach der Gefangenschaft nicht nach Hause fahren könne, weil ihn eine Strafe erwarte. Als Landrat war er gezwungenerweise Mitglied der NSDAP. Deshalb fragte er mich, ob ich bereit sei, mit ihm in ein anderes Land zu gehen, wo die Chancen besser stünden als im Nachkriegsdeutschland. Er meinte, ich als Techniker sei sicher überall willkommen, während seine Chancen als ehemaliger Beamter eher gering seien. Nur sei es dann erforderlich, daß ich zumindest eine Fremdsprache beherrsche.

Sepp war ein Sprachgenie, er konnte sechs Sprachen beinahe perfekt. Er beschloß noch Spanisch zu lernen. Bereits sechs Wochen später sagte er: „Ich hab' es!" –

Für mich nach Englisch, Französisch und Latein ganz und gar glaubhaft.

Er begann mit mir einen intensiven Englischkurs. Ich mußte anfangs bis zu 150 Vokabeln pro Tag auswendig lernen. Erstaunlich, daß er ohne Unterlagen in der Lage war, mich auch in die Grammatik einzuweisen und zwar fehlerfrei. Ich besitze heute noch Aufzeichnungen aus diesem Kurs. Unter 1800 Vokabeln befinden sich lediglich zwei mit einem Fragezeichen wegen der Schreibweise. Aber beide waren korrekt, wie ich später anhand eines Wörterbuches feststellen konnte.

Nach etwa sechs Monaten im Zelt wurde Sepp ungeduldig. Er plante die Flucht. An einem nebeligen Tag wollten wir auf einen ausfahrenden Lastwagen aufspringen. Die Gelegenheit ergab sich bald. Sepp sprang zuerst, erfolgreich. Aber für mich war der Wagen schon zu schnell, ich konnte nicht folgen. Jetzt waren wir getrennt. Nach dem Krieg erfuhr ich, daß Sepp nicht durchkam, sondern bei Paris aufgegriffen und erneut eingesperrt wurde.

Ich hatte in den letzten Monaten so viel an Gewicht verloren, daß Krankheit drohte. Wir mußten immer noch mit 800 Kalorien am Tag auskommen. Gab es beim Suppeausteilen Reste, so erhielten die Geburtstagskinder eine zweite Tasse davon, ein besonderes und aufregendes Ereignis. Gewöhnlich waren es zwei, höchstens drei Begünstigte. Als aber ich an der Reihe war, meldeten sich gleich fünf Geburtstagskinder, und es gab für jeden nur eine halbe Tasse Suppe! Eine Enttäuschung, die ich nicht so schnell vergessen konnte.

Jetzt mußte etwas geschehen, ich wurde ungeduldig. Ich wollte zunächst in der Küche nachfragen, ob ich da aushelfen könnte, obwohl mich einige Kameraden ungläubig anschauten, weil ein deutscher Offizier nicht für den ehemaligen Feind arbeitet. Darauf sagte ich ihnen: „Dann hungert halt weiter."

Und siehe da, mein Antrag wurde akzeptiert! Ich durfte abwaschen und erhielt ab jetzt eine Doppelration Suppe. Das war der Beginn von besseren Tagen.

Drei Fachleute – drei Freunde

Im September 1945 wurde das Zeltlager Fucarville aufge-
löst. Wir Offiziere wurden nach Le Havre transportiert, wieder in ein Offizierscage, aber jetzt mit festen Baracken. Zu
dritt teilten wir uns einen Raum und – welch ein Zufall – alle
drei waren wir Bauleute. Robert war Architekt und Ulrich
Polier. Ich war 24 Jahre alt und hatte vor meiner Einberufung zum Militär an der deutschen Gewerbeschule in Brünn
noch meine Bauingenieursprüfung abgelegt.

Alle drei hatten wir den Willen, sofort etwas zu tun. Deshalb unterbreiteten wir den Vorschlag, im Camp eine Kirche
zu bauen. Robert machte den Entwurf und der Lagerleiter
stimmte zu. Gleich gingen wir an die Arbeit, nachdem sich
zwei weitere Gefangene bereit erklärt hatten mitzumachen.
Der Sockel des Bauwerkes sollte aus Bruchsteinen bestehen.
Die Steine mußten mit der Hand behauen werden, das war
Schwerstarbeit für unsere ausgemergelten Körper. So war
der Baufortschritt minimal. Als sich eines Tages der Pfarrer
erkundigte, mit welcher Bauzeit wir rechneten, sagte Ulrich
leichtsinnigerweise vielleicht zwei Jahre. Das war unbedacht,
denn sofort stoppte der Pfarrer die Arbeiten. Es schien, als
seien wir nun wieder arbeitslos.

Einige Tage später erkundigte sich der Lagerleiter, ob wir
bereit und in der Lage seien, am Wiederaufbau der durch
den Krieg zerstörten Kaimauern im Hafen von Le Havre mit-
zuwirken. Natürlich waren wir das. Ich erhielt den Auftrag,
eine mindestens 300 Meter lange Anlegestelle innerhalb von
drei Monaten provisorisch so herzurichten, daß ein US-
Schlachtschiff festmachen konnte. Schweres Gerät und
Dampframmen standen zur Verfügung, auch genügend GI's
und einige französische Kräfte. Ich selbst war zwar im Was-
serbau unerfahren, aber dafür hatte ich ja den Ulrich an der
Hand, der in seiner pommerschen Heimat einige Erfahrungen sammeln konnte. Er war der Ideengeber. Ich bekam eine
rote Armbinde mit der Aufschrift „Officer" und konnte mich

Die Feldkirche, die wir im Lager Le Havre aufbauten, ist das einzige Foto aus der Zeit meiner amerikanischen Gefangenschaft in Frankreich.

mit Jeep und Fahrer überall frei bewegen. Damit hatte ich nicht nur Zutritt zu allen Baustofflagern, sondern auch zu Nahrungsmitteldepots und Kleiderlagern, wo meistens auch deutsche Kriegsgefangene als Personal arbeiteten. So entwickelte sich ein reger Handel untereinander: Baumaterial gegen Nahrungsmittel oder Baumaterial gegen Ausgehuniformen. Meine beiden Kollegen bekamen auf diese Weise auch, was sie begehrten. Bald waren wir drei besser angezogen als amerikanische Offiziere und unsere Unterkunft glich einer Villa. Wir lebten jetzt wie Gott in Frankreich. Im großen und ganzen hat unser Luxus niemanden von der Armeeführung gestört, schließlich waren die Verantwortlichen froh über den erfolgreichen Fortgang unserer Arbeit.

Zwischen dem zehn Jahre älteren Robert, dem vier Jahre älteren Ulrich und mir entwickelte sich eine wunderbare Freundschaft. Wir schätzten uns gegenseitig sehr. Was lag da näher als die Idee, nach dem Krieg unsere Teamarbeit fortzusetzen? Wir gründen alsbald eine Baufirma, war unser Entschluß. Die Voraussetzungen konnten nicht besser sein: Robert als Architekt für Planung und künstlerische Gestaltung zuständig, Ulrich als erfahrener Praktiker und ich sozusagen als Mädchen für alles, vornehmlich für Statik und Kalkulation. Freilich wird aller Anfang schwer sein, das wußten wir.

Nicht weit von unserem Camp sah ich eines Tages fremde Soldaten. Ich fand heraus, daß es sich um Tschechen handelte, die für ihre im Aufbau befindliche Armee gebrauchtes amerikanisches Kriegsmaterial abholten. Ich habe sofort mehrere angesprochen und gefragt, ob sie bereit wären, einen Brief an meine Eltern mitzunehmen. Als sie mich als Deutschen erkannten, reagierten einige empört, andere aber erklärten sich bereit. Ich bot jedem eine Hose, Jacke oder Hemd an. Davon besaß ich genug. Einer wollte unbedingt ein Mädchen. „Nimm diese Hose mit, dafür kannst du von denen, die da drüben stehen, jede haben", sagte ich. Die jungen Frauen nahmen Kleider noch lieber als Geld.

Insgesamt habe ich etwa 20 Briefe geschrieben und verschiedenen tschechischen Soldaten ausgehändigt – und wirklich, zwei davon erreichten meine Eltern! Sie wußten nun, daß ich lebe und hatten meine Adresse. Im April 1946 erhielt ich einen Brief von meiner Schwester Olga aus Niederissigheim. Sie war aus dem Sudetenland vertrieben worden und dort mit ihrer fünfjährigen Tochter untergekommen. Zu ihr wollte ich nach der Entlassung aus der Gefangenschaft gehen. Ende Juni erfuhr ich, daß ein Zug mit Gefangenen nach Hanau ging. „Das ist meiner", sagte ich mir, „mit dem mußt du mit." Ich sprach den Lagerleiter an, versicherte ihm, daß Hanau für mich das einzige Ziel sei.

Er lehnte jedoch mit Bestimmtheit ab: „Wir brauchen Sie hier noch und im übrigen sind Sie noch nicht an der Reihe. Sie wissen doch, daß ich zuerst Landwirte und Familienväter heimschicken muß. Ihre Punktzahl reicht nicht."

Ich ließ nicht locker, bis er mir schließlich Extrapunkte für besonders gute Arbeit versprach. Ich hatte es erreicht, jedoch mit der Auflage, in Hanau noch drei Monate für die US-Army zu arbeiten. Ich konnte das Camp ohne Papiere verlassen, sogar mit soviel Gepäck, wie ich tragen konnte. Ich nahm unter anderem eine Matratze und jede Menge Kleidungsstücke sowie allerlei Zeichengerät mit.

Nach der Ankunft in Hanau-Großauheim wurden wir samt Gepäck in ein großes Zelt verfrachtet. Voller Ungeduld habe ich bei nächster Gelegenheit die Gruppe verlassen und bin, immer noch als Kriegsgefangener, durch das total zerstörte Hanau nach Niederissigheim gelaufen, um meine Schwester zu begrüßen. Ich blieb übers Wochenende.

Montag in aller Frühe trampte ich die zehn Kilometer nach Großauheim zurück. Gegen 6 Uhr, kam ich dort an. Schon von weitem sah ich, daß die Kameraden in Reih und Glied angetreten waren. Auf den letzten Metern hörte ich, wie mein Name verlesen wurde. „Hier!" rief ich ganz laut und stellte mich ins Glied, so wie ich war, nur mit schwarzer Hose und schwarzem Hemd bekleidet, „Prisoner of war" stand auf dem Rücken. Wir stiegen auf Trucks und die Fahrt ging nach Babenhausen zur Entlassung. Es gab keine Möglichkeit mehr, die im Zelt liegenden Sachen mitzunehmen.

Als wir nach zwei Tagen als freie Bürger nach Großauheim zurückkamen, waren die meisten meiner wertvollen Sachen verschwunden. Aufsammeln konnte ich lediglich das, was für den Dieb uninteressant war: einen Rechenschieber, ein Reißzeug, meine Englischunterlagen und meine aus den Offiziersstiefeln produzierte, geliebte Aktentasche. Später konnte ich all diese Dinge gut gebrauchen, ich hätte sie nirgendwo kaufen können. Aber natürlich habe ich den neuen Kleidungsstücken und der Matratze nachgetrauert. Meine Schwester mußte mich in schwarzer Hose und Hemd als sehr armen Bruder empfangen.

Aber jetzt sollte ein neues Leben beginnen.

[Ortrand bei Dresden – Tetschen-Bodenbach*) – Prag –
Teplitz-Bad bei Mährisch Weißkirchen**);
Dezember 1944]

Traute Siegmund

Bomben auf den Bummelzug

Meine Reichsarbeitsdienstzeit war beendet. Mit fünf Kameradinnen vom RAD saß ich eine Woche vor Weihnachten 1944
im Zug nach Priestewitz bei Dresden und wollte zu meinen
Verwandten nach Tetschen-Bodenbach. Eigentlich war Hamburg mein Endziel, das lag in der entgegengesetzten Richtung. Doch bevor ich dorthin fahren konnte, hatte ich in der
Slowakei noch einiges zu erledigen. Meine Mutter war in einem Lager der Kinderlandverschickung in Teplitz-Bad an
der Betschwa als Wirtschafterin tätig, und ich hatte ihr vor
meiner Einberufung zum RAD zwei große Koffer mit Kleidung zur Aufbewahrung gebracht. Diese Sachen mußte ich
unbedingt haben, bevor ich nach Hamburg fahren konnte.
Daß das nicht einfach sein würde, wußte ich. Wir befanden
uns im sechsten Kriegswinter. Zum Reisen in D-Zügen sowie durch das Reichsprotektorat Böhmen und Mähren, das
im März 1939 Deutschland als „Schutzgebiet" angegliedert
worden war, benötigte man etliche Genehmigungen. Diese
lästigen Formalitäten wollte ich von Tetschen-Bodenbach aus
erledigen.

In Priestewitz mußte ich umsteigen. Auf den Bahnsteigen
wimmelte es nur so von Menschen. Wo kamen die bloß alle
her? Natürlich hatte unser Zug nach Dresden viel Verspätung, und als er endlich kam, war er völlig überfüllt. Aber
wir schienen Glück zu haben. Wir standen am Ende des Bahn-

---

*) heute Děčín in Tschechien, **) Teplice an der Bečva (bei Hranice) in der Slowakei

steigs. Vor uns hielt der letzte Waggon, in dem tatsächlich noch Platz war. Eine Flut von Menschen quoll hinein und wir mittendrin. „Puh, das stinkt ja hier!" rief Ruth entsetzt. „Vielleicht wird hier ein Zoo transportiert?", meinte ich im Scherz. Wir konnten nichts erkennen, draußen war es noch stockdunkel, und im Waggon gab es kein Licht.

Dann schrie plötzlich eine Schaffnerin mit überkippender Stimme: „Alle Zivilisten sofort aussteigen! Zivilisten aussteigen! Dieser Wagen ist nur für Kriegsgefangene!"

Für einen Moment erstarrten wir. Wie war denn so etwas möglich?

In dem darauffolgenden Gedränge wurden wir Mädchen getrennt. Ich schaffte es, nach Dresden mitzukommen. Meinen Anschlußzug nach Tetschen-Bodenbach verpaßte ich leider. Ich fragte eine vorbeihastende Schaffnerin nach der nächsten Verbindung. „Oh, machen sie schnell!" rief sie mir zu. „Der Zug aus Priestewitz fährt bis Tetschen weiter!"

„Aber das kann doch nicht sein!" gab ich zurück. „Da war ich gerade drin! In Ortrand bekam ich die Auskunft, daß ich in Dresden umsteigen müsse. Ist denn die ganze Welt ein Tollhaus?" Ich rannte zurück und erreichte den Zug gerade noch.

Zwei Tage blieb ich bei Tante Rosl in Tetschen. Ich mußte zur Polizei, dann zum Wirtschaftsamt und schließlich zum Landratsamt, um den Durchlaßschein nach Teplitz zu erhalten. Überall lange, nervenaufreibende Wartezeiten. In den Gängen der Ämter stauten sich die Menschenschlangen.

Meine Genehmigung war erst eine halbe Stunde vor Abfahrt des Zuges fertig. „Den kriege ich doch nie und nimmer!" jammerte ich dem Beamten vor. „Was mache ich dann? Die ganze Prozedur nochmal?"

„Keine Aufregung", beruhigte er mich, „die Züge haben alle so viel Verspätung, Sie kriegen Ihren Zug bestimmt!"

Der Mann hatte recht. Nun stand ich bei etlichen Minusgraden, vor Kälte bibbernd, auf dem zugigen Bahnsteig. Der

D-Zug von Berlin nach Prag habe mehrere Stunden Verspätung wurde gemeldet. Die Menschen stampften vor Kälte mit den Füßen und schlugen mit den Armen auf ihren Oberkörper, um die steifen Glieder etwas beweglich zu halten. Es gab einen Wartesaal, der war zwar auch kalt, hätte aber ein bißchen Schutz geboten. Es war jedoch zu riskant hineinzugehen, weil man dort die von schnarrenden Geräuschen begleiteten Durchsagen nicht mehr verstanden hätte und Gefahr lief, seinen Zug zu verpassen. Auf dem anderen Gleis fuhr ein Flüchtlingszug ein. Er kam aus dem Osten. Mein Gott, war das ein Elend! In den Abteilen waren von Gepäcknetz zu Gepäcknetz unzählige Hängematten gespannt, in denen kleine Kinder lagen. Draußen vor den Fenstern waren provisorisch Wäscheleinen angebracht, an denen gefrorene Windeln hingen. Hier und da ragte ein qualmendes Ofenrohr aus einem Fenster. In einigen Wagen sah man sogar geschmückte Christbäumchen. Die armen Menschen mußten seit Wochen unterwegs sein.

Endlich kam mein Zug. Ein unglaubliches Gedränge und Geschiebe entstand! Ich weiß nicht, wie ich das Kunststück fertigbrachte, aber ich landete im Gang eines Waggons. Viele Menschen mußten draußen bleiben.

Bis Aussig*) stand ich buchstäblich auf einem Bein. Für den zweiten Fuß war kein Platz. Die Luft war entsetzlich, und die Folgen blieben nicht aus: Ein Soldat sackte ohnmächtig zusammen, eine Frau mußte sich übergeben, sie stand zum Glück am Fenster. Ein Kind heulte gotterbärmlich, weil es unbedingt zur Toilette mußte, ein Durchkommen aber unmöglich war. Schließlich hielten zwei beherzte Männer die Kleine zum Fenster hinaus.

Um drei Uhr morgens sollten wir in Prag sein, aber wir fuhren erst drei Stunden später in den Bahnhof ein. Mein Anschlußzug war weg, die nächste Möglichkeit weiterzukommen bestand in drei Stunden. Und auch das war nur ein Bummelzug, der erst am anderen Morgen um 7.30 Uhr in

---

*) heute Ústí nad Labem

Als dieses Foto von mir im Februar 1944 in Brünn (Brno) aufgenommen wurde, war ich 20 Jahre alt.

Mährisch Weißkirchen*) sein würde. Die Schwester meiner Mutter wohnte in Prag. Bei drei Stunden Aufenthalt lohnte ein Besuch. Tante und Onkel staunten nicht schlecht, als sie sahen, wer sie um 7 Uhr früh aus den Betten holte. Onkel Gustl war tags zuvor auf dem Lande gewesen und hatte vom Schlachten Fett und Wurst mitgebracht. Ich bekam ein köstliches Frühstück und für die Weiterfahrt dick belegte Brote.

Am Bahnhof erwartete mich erneut ein Schreck: Sämtliche Zugänge zu den Bahnsteigen waren wegen Überfüllung gesperrt. Erst als der Zug eingefahren war, gab man uns den Weg frei. Aber wie sahen die Eisenbahnwagen bloß aus! Fast alle Waggons hatten Einschußstellen. So etwas hatte ich bislang noch nicht gesehen. Nur gut, daß ich kein Gepäck hatte, so konnte ich mich besser durch die Menschenmassen wühlen. „Wie wird das bloß auf der Rückfahrt werden, wenn ich die beiden schweren Koffer dabei habe?" Ich durfte gar nicht daran denken.

Ich saß wirklich in einem Bummelzug. Mit meinem Fahrrad wäre ich schneller vorangekommen. In jedem Dorf hielten wir. Ab und zu stieg jemand aus, und nach ein paar Stunden hatte ich sogar einen Sitzplatz. Ich war die einzige Deut-

*) heute Hranice in Tschechien

sche im Abteil und verstand von dem, worüber sich die Tschechen unterhielten, kein Wort. Mir war langweilig. Nach draußen schauen konnte man nicht, weil die Scheiben zugefroren waren. So fuhr ich den ganzen Tag und eine entsetzlich
lange Nacht. Am schlimmsten schmerzten die eiskalten Füße.

Morgens um halb acht waren wir noch immer nicht am
Ziel. Der Zug hielt alle Augenblicke auf freier Strecke. Erst
um die Mittagszeit hatten wir Olmütz*) erreicht. Nun war
Teplitz bei Mährisch Weißkirchen ganz nahe. Aber wir hatten uns zu früh gefreut. Es gab Vollalarm. Nach all dem, was
ich in meiner Heimatstadt Hamburg 1943 erlebt hatte, konnte mich ein Alarm eigentlich nicht mehr erschüttern. Darum verstand ich nicht, warum sich die Tschechen so schrecklich aufregten. Der eine holte eine Schnapsflasche hervor und
trank drauflos, als wenn es Wasser wäre.

Der Zug hielt auf freier Strecke. Wir hörten das Motoren-
geräusch von etlichen Flugzeugen, das lauter und lauter wurde. Sehen konnten wir nichts, draußen herrschte Nebel. Dann
ein ohrenbetäubendes Heulen, dem ein fürchterliches Krachen folgte. Das waren Bomben!

Wir wurden hin- und hergeschüttelt. Fenster gingen zu
Bruch, Türen öffneten sich. In Panik suchten die Menschen
das Weite. Nach einem Sprung durchs Fenster landete auch
ich im Freien. Die Menschen rannten so schnell sie konnten
über die hartgefrorenen Felder. Nur weit weg vom Zug!

Wieder näherten sich Bomber. Wir preßten uns in die Ak-
kerfurchen. Mein Herz klopfte zum Zerspringen. Diesmal
setzten sie zum Tiefflug an. Rattatatat – rattatatat ...!

Der Zug wurde mit Maschinengewehrsalven beharkt. Ob
er getroffen wurde, konnte ich nicht sagen.

Plötzlich war ich wieder ganz ruhig. Es war merkwürdig,
aber ich hatte die felsenfeste Überzeugung, daß mir nichts
geschehen würde. Wie lange wir so lagen, weiß ich nicht.
Vielleicht eine Viertelstunde? Vielleicht auch länger? Es kam
mir wie eine Ewigkeit vor. Am schlimmsten empfand ich da-

*) heute Olomouc in Tschechien

Historische Ansicht von Teplitz an der Betschwa, Kurort im Mährischen. Während des Krieges wurden Sanatorien und Hotels zu Lazaretten umfunktioniert. Meine Mutter arbeitete hier in einem KLV-Lager.

bei die Kälte, Schneetreiben hatte eingesetzt. Endlich war der Spuk vorbei. Die Lokomotive pfiff, und wir stiegen wieder in den Zug. „Gar nicht so dumm von dem Tschechen, sich bei der Kälte vorher mit Schnaps vollaufen zu lassen", fuhr es mir durch den Kopf. Die Lok pfiff ein zweites Mal, und, welch ein Wunder, sie fuhr an! Nach wenigen Minuten erreichten wir Mährisch Weißkirchen. Hier mußte ich zum letzten Mal umsteigen. Der kleine Anschlußbummelzug wartete auf uns und war nur halb besetzt. Um 16 Uhr traf ich in Teplitz-Bad ein.

Merkwürdig, irgendwie kam mir der Ort verlassen vor: keine Kinder auf den Straßen, obwohl hier drei KLV-Lager waren. Keine Soldaten, obwohl die Wehrmacht in etlichen Hotels und Sanatorien Lazarette eingerichtet hatte. Meine Mutter hatte im „Hotel Zora" ein Zimmer. Der Weg dorthin war mir von meinem letzten Besuch noch gut in Erinnerung.

In der kleinen Empfangshalle stand der Wirt. Als er mich sah, schlug er die Hände zusammen und radebrechte in seinem besten Deutsch: „Oh, Sie wollen zu Frau Mama? Aber Mama nicht sein hier, ist gefahren fort, nach Südmähren."

„Was?" Ich konnte es nicht glauben! Mutter wußte doch, daß ich kommen wollte. Warum hat sie mir nicht abtelegraphiert? „Wann ist sie fort?" fragte ich.

„Vorgestern, KLV auch weg und alle Soldaten."

Ich befand mich in einer heiklen Lage. Die Ostfront war bedrohlich nahe gerückt, deshalb hatte man die KLV-Lager verlegt und die Lazarette geräumt. Was sollte ich nur machen? Nachreisen konnte ich nicht, dazu hätte ich neue Genehmigungen gebraucht. Ich fühlte mich hundeelend!

„Kommen Sie", sagte der Wirt tröstend, „trinken Sie heißes Tee, ich gebe Zimmer, Sie ausruhen und schlafen! Wie lange Sie gefahren?"

„Ich weiß nicht, bestimmt über 30 Stunden, wir standen aber mehr, als daß wir gefahren sind. Und vor Mährisch Weißkirchen wurden wir beschossen."

„Jesus Maria", rief er aus. „Sie sein gewesen in das geschossene Zug? Man hier schon hat erzählt davon!"

In der Gaststube war es gemütlich warm. Gottlob war der Wirt sehr nett zu mir. Während ich den heißen Tee schlürfte, ging er mit einem Eimer voll Briketts und ein paar Holzkloben unter dem Arm die Treppe hinauf. Ich zog mich bald in mein geheiztes Zimmer zurück und fiel in einen unruhigen Schlaf. Am anderen Morgen erwachte ich mit Halsschmerzen und 39 Grad Fieber. Auch das noch!

Der tschechische Wirt war ein guter Mensch. Er sorgte dafür, daß das Feuer im Ofen Tag und Nacht brannte, gab mir zu essen und zu trinken. Nach drei Tagen, als es mir ein bißchen besser ging, trat ich die Heimfahrt an, denn meine Genehmigung war bald abgelaufen. Diesmal standen D-Züge zur Verfügung, und ich kam bedeutend schneller nach Tetschen-Bodenbach zurück. Bei den Verwandten erholte ich mich von den Strapazen. Der zweite Versuch, an meine Kleider zu gelangen, klappte vier Wochen später.

(Weitere ZEITGUT-Beiträge dieser Autorin sind im Autorenverzeichnis am Ende des Buches vermerkt.)

[Preußisch-Wilten – Pillau, Ostpreußen*) – Oliva, Hinter-
pommern**) – Danzig – Halbinsel Hela – Ueckermünde –
Eberswalde;
Januar – April 1945]

Herta Balduhn

Der Tod wollte uns nicht

*Hertha Balduhn lebte in Preußisch-Wilten, einem Dorf zwi-
schen Domnau und Friedland, in Ostpreußen. Ihr Mann war
zum Ende des Krieges Soldat. Sie war zu dieser Zeit 32 Jahre alt und hatte drei Buben, damals vier, neun und 12 Jahre
alt. In dem folgenden Brief aus Eberswalde bei Berlin, da-
tiert vom 1. Dezember 1945, berichtet sie ihrer Schwester Edith
Elster von Eschelbach über ihre abenteuerliche Flucht aus
der Heimat:*

„Liebe Schwester,
jetzt will ich Dir von unserem Weggang berichten.
Am 23. Januar 1945 zog der Gutstreck von Gottberg los. Ich
blieb noch. Ich wollte die Wohnung doch nicht im Stich lassen! In Friedland***), (etwa 50 Kilometer südöstlich von Königsberg) wurde schon gekämpft, ab 25. Januar in den umliegenden Dörfern. Die Kinder und das Kindermädchen
wohnten ab 28. Januar in Koskeim in der Wohnung von
Oberstleutnant Brach.
    Erst waren außer mir nur ein paar Soldaten und Polen,
die Panzergräben zogen, im Haus. Dann wurde hier der Pan-
zerdivisions-Gefechtsstand eingerichtet, später der Artille-
rie-Gefechtsstand. Drei Generalstäbe lagen im Gut. Und wie
sah es bei uns aus! Die Türen waren zum Teil ausgehängt
worden, jeder konnte ungeniert ein- und ausgehen.

---

*) heute Baltisk und **) heute Oliwa in Polen * **) Prawdinsk in Rußland

Vor meinen Augen und Ohren spielte sich der ganze Auf-
und Abmarsch ab. Seit dem 25. Januar verlief bei uns die
Hauptkampflinie. Abends saß ich mit den Offizieren nett zusammen. Wir redeten, es wurde gut gegessen und viel ge-
trunken. Uns war klar, jeder Augenblick konnte der letzte
für uns sein. Draußen war nur noch Getöse.

Nachts fuhren wir nach Koskeim. Ich schlief dort. Die Offiziere besprachen beim Oberstleutnant die Lage. Die Städte und Dörfer der Umgebung brannten bereits. Friedland,
Domnau*) – ein Feuermeer. Die Telefondrähte hingen von
den Masten herab. Die Gebäude waren leer, nirgendwo war
ein Zivilist zu sehen. Tote Soldaten lagen in den Straßengräben. Nur das Vieh von Gottberg irrte noch umher, während
ringsum die feindliche Artillerie aufblitzte.

Ich war in jenen Tagen innerlich erstarrt, konnte weder
denken noch fühlen. Es trieb mich dennoch immer wieder
nach draußen. Ich brachte zu Fuß oder im Auto soviel Gepäck wie möglich nach Koskeim.

Am Abend des 3. Februar zog sich die Artillerie aus Deutsch
Wilten**) gleich bis Saussienen zurück. Die Russen hatten
Deutsch Wilten eingenommen. Sie waren, von Georgenau
kommend, in den Wald eingedrungen.

Am nächsten Morgen wurde die Munitionsanstalt (Muna)
gesprengt. Die Bewohner der Umgebung waren bereits am
20. Januar alle weggegangen, nur Oberstleutnant Brach, drei
weitere Offiziere, vier Feuerwerker und wir waren noch hier-
geblieben. Jetzt nichts wie rauf auf den letzten LKW!

Bei Marquards warteten wir auf Brach und die Feuerwerker. Die Feuerwerker kamen, nachdem sie die Sprengung der
Muna beendet hatten. Brach hatte es vorgezogen, sich das
Leben zu nehmen. Er hatte wohl die Nerven verloren und
geglaubt, wir kämen nie aus dem Kessel heraus.

Nach vielem Hin und Her erreichten wir schließlich Preußisch Eylau***), aber wir kamen nur von einem Kessel in

---

*) heute Domnowo, **) Jermakowo und ***) Bagrationowsk in Rußland

den anderen. Unter heftigstem Beschuß der Artillerie und von Bordwaffen gelangten wir bis zum Haff. Hier mußten wir uns trennen.

Eine schreckliche Irrfahrt begann. Tagelang ging es über das morsche, brüchige Eis. Das Gepäck mußten wir zurücklassen. Außer Eiswasser bekamen wir nichts in den Magen. Und Leichen, überall – auf dem Eis, in den Dünen, im Wald, in einer verlassenen Jugendherberge – erfrorene, verhungerte Menschen! Stumpf und träge trotteten wir dahin.

Auf der Nehrung angelangt, verbrachten wir mehrere Nächte mit Franzosen an einem Lagerfeuer. Es war kalt, und es hatte stark geregnet. Die Franzosen gaben uns zum Schlafen ihre Mäntel und trockneten unsere nassen Schuhe und Strümpfe am Feuer.

Dann wurden wir mit LKWs nach Pillau zurückgebracht. Da waren wir aber schon 100 Kilometer zu Fuß gelaufen.

Von Pillau aus gelangten wir mit dem Schiff nach Neufahrwasser und dann nach Oliva in Hinterpommern. Einzelheiten der Flucht sind kaum zu schildern. In Oliva lebten wir vom 19. Februar bis zum 20. März. Unser Kindermädchen fand dort ihre Angehörigen und verließ uns.

Der Kessel um Danzig*) wurde enger und enger. Gegen das, was wir jetzt erlebten, war die Flucht aus Ostpreußen fast ein Spaziergang. Die Soldaten sagten, daß die Russen schon in der Stadt seien. Panzer brachten uns unter heftigem Beschuß russischer Panzerabwehrkanonen aus Oliva hinaus. Auf dem Bauch waren wir zu den Fahrzeugen gekrochen, unweit von uns fanden bereits Straßenkämpfe statt. Die Stadt brannte und auch das Haus, in dem wir Unterkunft gefunden hatten.

Wir kamen vier Kilometer weiter, bis Langfuhr**). Überall waren die Leute schon längst geflüchtet. Da die Kinder Ruhr hatten, kam ich nicht weg. Wir blieben drei Tage in Langfuhr. Die Panzersoldaten, die versprochen hatten, uns

---

*) heute Gdańsk und **) Gdańsk-Wrzeszcz in Polen

mitzunehmen, waren ohne uns losgefahren, weil die Russen schon da waren. Bei ohrenbetäubendem Lärm suchte ich zwischen zusammengefallenen Häusern und Panzerabwehrkanonen verzweifelt nach einem Fahrzeug. Die Fahrer von Nebelwerfern, die im Aufbruch waren, wollten uns schließlich mitnehmen. Ich eilte zurück in den Keller. Die Kinder brüllten, sie hatten Angst, das Haus zu verlassen. Ich nahm sie fest an die Hand, zerrte sie hoch, und wir rannten los. Da sahen wir schon die ersten Russen. Und alles, alles brannte!

Große Aufregung unter den Soldaten. Auch wir mußten jetzt Stahlhelme aufsetzen, weil in nächster Nähe dauernd Granaten einschlugen. In der Stadt tobten heftige Straßenkämpfe. Die durch Beschuß und Brände herabfallende Trümmer versperrten die Straßen. Wir waren mit einer dicken Rußschicht bedeckt. Die ganze Nacht hindurch fuhren wir kreuz und quer durch die Gegend. Schließlich fanden wir doch noch einen Weg nach Heubude*). Der einst so entzükkende Ort war ein qualmender Trümmerhaufen. Wir mußten von den Fahrzeugen herunter. Auf einer Protze**) fuhren wir weiter bis zur Westerplatte. Dort waren überall in den Dünen Feuerstellungen der schweren Artillerie und riesige Eisenbahngeschütze eingebaut.

Die Westerplatte ist eine unbewohnte, häßliche Gegend. Nur Sand, Sand und abermals Sand. Der Kampf war in vollem Gange. Die beiden Soldaten, die uns mitgenommen hatten, fuhren zurück zu ihrer Einheit. Sie hatten unterwegs kaum gesprochen. Am Tag darauf sind sie gefallen.

Zwei Tage und zwei Nächte saßen wir in den Sandlöchern und wagten uns nicht hoch. Außer mir waren drei weitere Frauen dabei. Unsere Bedürfnisse verrichteten wir in einer Ecke. Wolfhard trafen Granatsplitter ins Gesicht, und er brach sich den Arm. Ich verband Schwerverletzte. Vor unseren Augen kamen viele, viele Soldaten um.

In den Feuerpausen spielte ein Grammophon, die Soldaten tranken und sangen. Dann flogen erneut Granatsplitter.

---

*) Gdańsk-Stogi   **) Vorderwagen von Geschützen

Wieder ein Toter. Alle riefen durcheinander: „Wer bringt ihn hinaus und begräbt ihn?" Es war wie im Irrenhaus, sie tranken und sangen weiter.

Fünf Soldaten wollten sich mit einem Boot über die Ostsee absetzen. Sie erklärten sich sogar bereit, uns mitzunehmen, aber wir wagten uns nicht hinaus in den Geschützhagel. Doch dann, in einer Feuerpause von etwa fünf Minuten, kam der Kommandeur der Einheit auf uns zu und befahl: „Alles fertigmachen, die Russen sind da!"

Die Soldaten und die anderen Frauen rannten zu den Geschützen. Die Frauen kauerten sich zwischen die Waffenteile. Mich und die Kinder wollten sie nicht mitnehmen. Ich war wahnsinnig vor Wut und Angst! Sollte ich etwa allein in dem Sandloch die Russen erwarten? Auf Knien lag ich vor diesen Unmenschen, weinte, schrie und bettelte, daß sie uns mitnahmen.

Ein älterer Soldat sagte zu mir, ein mit Pferden bespannter Munitionswagen sei noch da, den ich durch die Dünen fahren könne. Was blieb mir anderes übrig? Mitten in der Nacht lenkte ich den Wagen durch feindliches Feuer. Die Pferde rasten. Ein Stück ging es durch einen dunklen Wald, der Wagen holperte über Baumwurzeln. Waren das Augenblicke! Wir saßen wahrhaftig auf einem Pulverfaß! Die Kinder hoch oben, mit einer Plane bedeckt. Am Strand angekommen, waren wir aus der direkten Feuerlinie heraus. Nach einer Stunde fand ich die Einheit am vereinbarten Platz. Ich kam mir wie ein altgedienter Soldat vor.

Und weiter ging es, ständig in der Hauptkampflinie. Überall blieben wir nur drei bis vier Tage. Die Ortschaften waren zum Teil zerstört, die Menschen bereits geflohen. Immer wieder mußten wir uns mit Soldaten in Erdlöcher ducken, in Laufgräben und dünne Bunker flüchten. Mal vor, mal zurück. Bei Flak-Einheiten, bei Panzersoldaten, bei der Infanterie. All das spielte sich in der Weichselniederung ab. Tausende und Abertausende Fahrzeuge aller Art, Panzerkolosse und Raupenschlepper, standen auf Straßen und Äckern herum. Kein Benzin mehr, keine Waffen, keine Munition. Den Motor zerstört und stehengelassen. Nein, dieses Bild werde ich niemals vergessen!

An Bäumen hingen deutsche Soldaten mit Schildern um den Hals: „Ich war feige" oder „Ich bin ein Deserteur".

Das Heerlager war auf engstem Raum zusammengedrängt. Der Kessel maß zum Schluß nur noch zehn Quadratkilometer. Von allen Seiten drängten die Russen nach. Es war so hoffnungslos. Ich glaubte nicht mehr an ein Überleben.

In dieser Situation nahm sich ein Major mit Ritterkreuz und Eichenlaub unserer an. Er war Divisionskommandeur und im Zivilberuf Lehrer. Durch seine Vermittlung konnte ich trotz Not und Tod ringsumher mit den Kindern noch ein paar ruhige Tage verbringen.

Der Major brachte uns persönlich mit dem Boot auf die Halbinsel Hela und dort auf ein Schiff in Richtung Osten, nach Swinewmünde*). Unter heftigem Beschuß wurden wir auf See von einem Prahm**) hochgezerrt. Unser Schiff war stark bewaffnet. Die Flak schoß und schoß, daß ich dachte, mein Trommelfell geht kaputt!

Auf diesem Schiff waren etwa 7000 Menschen zusammengepfercht. Es war grauenvoll! Nichts zu essen und nur zwei Klos für alle. Ich hatte Schlaftabletten dabei, davon nahmen wir ab und zu welche ein, damit die Zeit für uns schneller verging. Wir lagen ohne Zudecken auf dem harten Boden. Da hatten wir auch schon Kleiderläuse, und die Kinder die Krätze. Wir waren zehn Tage unterwegs, zwei wären für diese Strecke normal gewesen.

In Swinemünde wurden wir umgeschifft. Unser Ziel war Ueckermünde. Hier herrschten Ruhe und Frieden. Wir 300 Flüchtlinge wurden in einer kalten Kirche untergebracht. Wir saßen in den Bänken und starrten uns stumm an. Man gab uns Roggenmehlbrühe zu essen. Wir bekamen die Ruhr,

---

*) heute Świnoujście in Polen **) Flacher Lastkahn für Arbeitszwecke

aber die Läuse wurden wir los. Nachts mußten wir auf den harten Bänken liegen. Wolfhard fiel dauernd herrunter, ich mußte mich neben ihn setzen und ihn festhalten. An Schlaf war nicht zu denken.

Ich hielt es vier Tage in der Kirche aus. Dann zog ich auf eigene Faust los. Ich wollte zu Charlotte (der Schwester) ins Vogtland. Der Zug fuhr jedoch nur bis Eberswalde, also blieben wir hier. Nach vier Tagen kamen die Russen.

Endlos könnte ich über meine Erlebnisse berichten. Wir haben furchtbare Dinge gesehen, die man kaum beschreiben kann. Wochenlang befanden wir uns in ständiger Lebensgefahr. Aber der Tod wollte uns nicht.

Liebe Edith, schreibe bald wieder und versuche bitte, uns in Eßlingen eine Unterkunft zu beschaffen!

Viele, viele herzliche Grüße
Deine Herta, Dietrich, Reinhard und Wolfhard"

[Radom, Polen – Pulawy, Polen – Riga*), UdSSR;
Anfang Januar –9. Mai 1945]

Werner Protze

Tagebuch eines Kriegsgefangenen

Im August 1944 – ich war 29 Jahre alt und seit vier Jahren
Soldat – kam ich zur Grenadierbrigade 1133 nach Düssel-
dorf-Derendorf. Die Brigade wurde Ende des Monats per Güterzug ostwärts nach Ostrowice in Polen verlegt. Dort bilde-
ten wir die Infanterie-Reserve. Im September erhielt ich eine
Ausbildung an Panzerabwehrwaffen und wurde dann dem
Infanterie-Nachrichtentrupp im Dorf Jacentów als Störungs-
sucher für die Hauptkampflinie (HKL) im Raum Radom, südlich von Warschau, zugeteilt.

Während der Kriegsgefangenschaft führte ich ein Tagebuch. Der hier ausgewählte Abschnitt berichtet von meiner
Stunde Null, der Gefangennahme, und wie es danach wei-
terging.

Anfang Januar 1945 in Ruhestellung hinter der Front. Unsere Tage vergehen mit Bereitschafts-, Patrouillen- und Wach-
dienst, Geräte- und Waffenpflege. Auf einer Patrouille im
frontnahen, hügeligen Waldbereich stolpere ich über Baumwurzeln, rutsche auf dem vereisten Waldboden aus und stürze
auf Steine. Dabei springt der Kolben meines Karabiners ent-
zwei. Zurück von der Patrouille, erstatte ich dem Zugführer
Meldung. Damit gerate ich in den Verdacht, die Waffe selbst
beschädigt zu haben! Dies kann als Schwächung der Wehrkraft vor dem Feind ausgelegt werden! Ich sehe mich schon

*) heute Hauptstadt von Lettland

vor einem Kriegsgericht. Erst eine unter Soldateneid abge-
gebene Erklärung der beiden an der Patrouille beteiligten
Kameraden, die nicht meiner Einheit angehören, befreit mich
von diesem schwerwiegenden Verdacht.

6.–17. Januar. Für alle Einheiten im Standort findet am
6. Januar ein Appell statt. Ein NS-Führungsoffizier spricht
uns Mut zum Durchhalten zu und rühmt die Tapferkeit der
Menschen in der Heimat, die trotz aller Nöte und Schäden
durch Feindeinwirkung durchhielten. Am selben Tag treten
wir fünf Nachrichtensoldaten zum Waffen-, Geräte- und Aus-
rüstungsappell an, um in die HKL vorzurücken. Wir sollen
eine Stellung bei Goiców einnehmen, wo wir am 9. Januar
nachts, unter feindlichem Stör- und Streufeuer, die Leitun-
gen zum Stab und zum Zuggefechtsstand der 7. Kompanie
abbauen. Wir bleiben als Infanteristen in der HKL. Der Feind
leuchtet mit Signalmunition weiterhin unseren Frontabschnitt ab. Ohne Unterbrechung wird geschossen.

Am 10. und 11. Januar liegt unser Abschnitt weiter unter
starkem Beschuß. Wir werden zum Troß nach Schalowo beordert. Inzwischen bekommen auch die Nachbarabschnitte
schweres Trommelfeuer ab. Ein Großangriff der Roten Armee deutet sich an.*)

Beim Troß kann ich die letzte Post von zu Hause empfangen und noch einmal einen Brief absenden. Niemand weiß,
ob er jemals ankommen wird.

Im Kugelhagel bricht unser Trupp am 16. Januar aus der
Stellung nahe dem Dorf Wlassów in Richtung Jacentów aus.
Abends finden wir am Feldrand ein herrenloses Pferd mit
einem leichten Wagen. Wir beladen ihn mit Gerät, Munition
und Ausrüstung und suchen Schutz für die Nacht.

---

*) Gemeint ist die Weichseloffensive, die am 12. Januar 1945 auf einer
Breite von 1300 Kilometern begann und in deren Verlauf die Rote Armee bis Ende Januar bis zur Oder vorstieß.

Als wir am 17. Januar morgens aufwachen, ist rundum Gefechtslärm. Wir spannen das Pferd aus und lassen zurück, was wir nicht tragen können. Völlig orientierungslos suchen wir in einem Wald Deckung. Jetzt hören wir Schüsse, sich nähernde Kettenfahrzeuge und laute Rufe, jedoch ohne jemanden zu sehen. Wir entfernen uns in die Gegenrichtung. Aber wohin? Gefahren lauern überall.

Durch Niederwald laufen wir auf ein Waldstück zu. Es wird lichter vor uns. Während ich, wie wir es gelernt haben, im Zickzack gehe, spüre ich, wie mich unter der rechten Schulter ein vonweit her kommender Gewehrschuß streift. Schmerz fühle ich in diesem Moment kaum. Da kommen auch schon Rotarmisten, die Waffen im Anschlag, auf uns zu. Wir heben unsere Hände und werfen die Waffen weg.

Von Kosaken wird uns alles abgenommen: Der Tornister samt Inhalt: ein paar gute Wäschestücke, Rasierzeug, Soldbuch, Sprachführer, Fotos, Taschenmesser, Brieftasche, Geld, Kamm, Spiegel, Notizbuch, Zigarettenetui, Uhr, Nähzeug, Brot und Butter. Vom Troß weg haben wir ja alles am Mann gehabt. Meine guten Filzstiefel muß ich ausziehen, die neuen Strümpfe ebenfalls.

Barfuß geht es bei zehn Grad minus etwa acht Kilometer über Eis und Schnee. Ein Kamerad gibt mir einen Schal, den ich in der Mitte zerreiße und um meine Füße binde. Wir nächtigen in einem alten, leeren Forsthaus, wo ich mir weitere Stoffetzen und auch Papiersäcke um die Füße wickle.

Wie soll ich bloß Tagebuch führen? Die Russen haben mir ja alles abgenommen! In einer Uniformtasche finde ich noch einen Bleistiftstummel. Ich werde jedes Stück Papier oder Pappe aufheben, um darauf Wichtiges wie Orts- und Straßenschilder sowie Entfernungen festzuhalten.

18.–21. Januar. Wir gehen planlos weiter. Die Nacht verbringen wir in einer kalten Fabrikhalle, wo wir auf dem Steinboden schlafen müssen.

Es gibt nichts zu essen. Bei Tage kann man sich nach etwas Eßbarem wie einer Rübe oder einem Stück Kohl bükken. Ich esse hin und wieder Schnee. Die nächste Nacht verbringen wir in derselben Halle. Wir sind im Kreis gelaufen! Am 20. Januar marschieren wir in Richtung Radom. Ein Kamerad, der nicht mehr laufen kann, wird einfach erschossen und liegengelassen. An der ganzen Strecke verhält sich die polnische Bevölkerung uns gegenüber sehr aggressiv. Man schlägt mit Stöcken, Krücken, Gabeln auf uns ein, bewirft uns mit Steinen und Dreck, spuckt nach uns. Im Stadtgebiet von Radom müssen uns die sowjetischen Posten mit vorgehaltenen Waffen schützen!

Nach sechs bis sieben Stunden Marsch schlafen wir in einer Scheune. Ich finde Überreste einer Rübe, die ich zusammen mit einem Maiskolben esse.

Am Abend des 21. Januar erreichen wir das Frontlager Radom und erhalten nach fünf Tagen die erste warme Mahlzeit, etwas Suppe und Hartbrot.

22.–25. Januar. Nun bleiben wir erst einmal hier. Ein deutscher Stabsarzt behandelt die Verwundeten. Mein Durchschuß erweist sich zum Glück als nicht gefährlich. Ich bekomme sogar Schuhe! Aus einem Blechstreifen biege ich mir ein Messer zurecht, das ich an Steinen schärfe. Dieses Werkzeug kann ich schon bald sehr gut gebrauchen, denn wir erhalten als Marschverpflegung ganze Kommißbrote, je eines für fünf Mann. Natürlich hat niemand von uns ein Messer, um die Brote zu schneiden.

Am 24. brechen wir auf und marschieren bis zum 30 Kilometer entfernten Zwolen. Dort nächtigen wir abermals in einem kalten Steinschuppen. Draußen sind 30 Grad minus. Ich habe das erste Mal Durchfall.

Weiter geht es bis zum nordwestlich gelegenen Frontlager Pulawy. Wer während des Marsches aus der Reihe tritt, wird erschossen. Ich muß mich deswegen in die Hose entleeren.

Am Morgen haben wir Brot, Fett und Zucker als Marschverpflegung bekommen.

In Pulawy ist es noch schlimmer als in Radom: Die Bevölkerung schreit, droht, wirft mit Gegenständen nach uns. Die Begleitposten müssen Warnschüsse abgeben.

26.–31. Januar. Zum ersten Mal werden wir in beheizbaren Holzbaracken untergebracht. Noch einmal sieht uns ein Arzt an. Meine Verletzung ist am Verheilen. Wir dürfen baden, und unsere Uniformen werden entlaust. Zum Schutz vor Ungeziefer werden wir auf Glatze geschoren. Die Behandlung durch die Lagerleitung und die Posten ist hier humaner als im Lager Radom. Es gibt zweimal Suppe am Tag!

Im Dunkeln bin ich auf vereistem Boden ausgerutscht und habe mich dabei am Kinn verletzt, so daß ich zum Arzt muß.

Während des Tages dürfen wir uns im Lager frei bewegen. Ich suche die ganze Zeit nach einem Stückchen Papier oder Pappe und einem Bleistift, um mein Tagebuch fortsetzen oder ein Schachbrett zeichnen zu können.

1. Februar – 7. März. Anfang des Monats werden wir in Arbeitskommandos (AK) eingeteilt. Ich komme zum AK „Heulager“. Während der Arbeit halte ich Umschau nach bekannten Kameraden. Von einem deutsch sprechenden Polen erhalte ich Papier und Bleistift.

Wir hören zum ersten Mal etwas über die Antifa und das Nationalkomitee „Freies Deutschland“.[*]

Am Montag, dem 5. Februar, haben wir arbeitsfrei. Ich

---

[*] 1943 von der sowjetischen Regierung aus deutschen Emigranten, kooperationswilligen Kriegsgefangenen und Überläufern gebildete Organisation mit dem Ziel, zur schnellen Beendigung des Krieges beizutragen, indem unter anderem kämpfende Truppen zur Aufgabe aufgefordert wurden. In den Gefangenenlagern leistete sie eine umfangreiche Informations- und politische Erziehungsarbeit.

beginne, ein Kalendarium zu schreiben, so daß ich immer das Datum weiß. Ich trage die Ereignisse seit der Gefangennahme am 17. Januar, die ich nur kurz auf einem Pappstreifen festgehalten habe, ausführlicher nach. Es ist ein schöner Tag, ein Kamerad singt sogar!

Mitte Februar bricht in unsere Baracke Schlamm ein. Gut 20 Zentimeter steht der Matsch auf dem Boden. Die chaotischen Zustände veranlassen die Lagerleitung, über unsere Baracke Quarantäne zu verhängen. Nun kann ich in Ruhe ein Pappschachfeld und Spielplättchen malen.

Es regnet in Strömen, der Schlammpegel steigt weiter. Immer mehr Kameraden werden krank. Der Aufenthalt in der undichten Baracke ist fast unerträglich.

Am 17. Februar spricht wieder jemand vom Nationalkomitee „Freies Deutschland". Wir hören nur halb hin, haben mit ganz anderen Problemen zu kämpfen.

Auf dem Weg vom Essen treffe ich Werner Schmidt, einen Schulkameraden und Nachbarsohn aus meiner Heimatstadt Meißen. Was für ein Wiedersehen! Zusammen mit einem weiteren Bekannten ist er in der Nachbarbaracke untergebracht.

Das Wetter schlägt um, wir haben jetzt Kälte und viel Schnee. Wegen eines Furunkels muß ich wieder zum Arzt. Für längere Zeit können wir nicht baden. Seit der Gefangennahme habe ich mich nicht rasieren können, und meine Uniform stinkt. Ich ekele mich vor mir selbst.

Der 23. Februar ist der „Tag der Roten Armee". Das Lager wird etwas geschmückt, und wir erhalten für 32 Mann 2400 Gramm Brot.

Am 24. Februar kommt ein Kamerad wegen Diphtherie ins Lazarett. Unsere Quarantäne wird deshalb verlängert.

Plötzlich wird es wieder wärmer, mit dem Ergebnis, daß der Morast in unserer Baracke erneut ansteigt. Ich finde ein Stück Stoff, daraus mache ich mir je ein Säckchen für Brot und für Tabak. Wir sind froh, daß der Februar zu Ende geht.

Anfang März heißt es, wir kämen bald aus der miesen

Baracke raus. Am 3. dürfen wir baden, und unsere Sachen werden entlaust. Die ersten Märztage sind kühl.

8.– 18. März. Urplötzlich werden wir auf dem Bahnhof Pulawy verladen. Wir müssen in den Waggons für uns notdürftig Pritschen einrichten, und es gibt Tabak für 14 Tage. Niemand sagt uns, wohin wir fahren werden.

Bis zum 12. März bleiben wir auf dem Bahnhof stehen. Wir sind etwa 250 bis 300 Kriegsgefangene. Wir rauchen und rätseln, wohin es denn gehen wird. Die Gespräche drehen sich um das Schicksal der Angehörigen zu Hause, kommen wir doch aus verschiedenen, vom Krieg mehr oder weniger betroffenen Teilen Deutschlands. Die Wagen werden geheizt, damit schafft man uns in unserer ungewissen Lage etwas Entspannung. Schließlich rollen wir langsam in Richtung Nordosten. Am 14. erreichen wir das 150 Kilometer entfernte Brest-Litowsk. Wir sehen aber kaum etwas von der Stadt. Weiter geht es, nach Norden, in Richtung Vilnius.

Unsere Bewacher suchen während des Transports immer wieder nach Uhren und anderen Dingen. Als ich dabei zu einem Posten sage: „Ruski vsech nix nieto" – was soviel heißt wie: „Die Russen haben von allem nichts", kommt das einem kleinen Aufstand gleich.

Wir spekulieren weiter, wohin es geht. Überall liegt Schnee. In den nächsten Tagen erhalten wir auf den Bahnhöfen von deutschsprechendem Küchenpersonal eine mäßige Verpflegung. Die Posten achten streng darauf, daß es zwischen ihm und uns nicht zu Gesprächen kommt.

Draußen wird es immer kälter. Am 17. März lesen wir auf einem Bahnhofsschild „Dünaburg"*). Einen Tag später bleibt der Zug auf dem Hauptbahnhof von Riga stehen. Erst nach Monaten sollte ich erfahren, daß auf diesem Transport 17 Kameraden gestorben sind. Das Ausladen und ein nicht allzulanger Marsch gehen flott voran. In Riga gibt es mehrere Kriegsgefangenenlager. Wir kommen in das Hauptlager.

---

*) heute Daugavpils in Lettland

19. März–1. April. Am nächsten Tag werden wir registriert. Es stinkt nach Fischsuppe. Ich laufe im Lager herum. Von lettischen, deutsch sprechenden Rot-Kreuz-Schwestern erbitte ich Papier und Bleistift, damit ich aus den vielen einzelnen Papierfetzen ein Tagebuch zusammenstellen kann.

Am 20. März beziehen wir eine Steinbaracke. Beim ersten Mal Baden wird mein Brotsäckchen geklaut.

Als wir 1941 in Richtung Leningrad durch Lettland zogen, waren viele von uns noch guten Mutes gewesen. Ich bin der Dritte von links.

Laut Kalender ist am 21. März Frühlingsanfang, aber hier, so weit nördlich, bläst ein eisiger Wind. Wenigstens wird unsere Baracke beheizt. Wir werden in Kompanien und Züge eingeteilt.

Am Freitag, dem 23. März, – wir sind noch ohne AK – liegen wir auf unseren Pritschen. Ein Kamerad schmilzt aufgeklaubtes Stearin zu Hindenburglichtern.*) Viele nutzen die Zeit, um ihre Uniformen auszubessern.

---

*) kleine Windlichter, in Kriegszeiten Notbeleuchtung

Man versucht, sich ein wenig zu entspannen. Jemand fängt an, vom Essen zu reden – das wird sofort das Hauptthema! Wir schwärmen von Festessen, von unseren Lieblingsspeisen, wie man sie zubereitet, und was man dazu trinkt. Hoffentlich werde ich noch in diesem Jahr wieder bei meiner Familie sein.

Langsam wird es wärmer. Zusammen mit einem Kameraden aus Meißen und meinem Pritschennachbar räkele ich mich in der Märzsonne. Am Palmsonntag gerate ich in eine eigenartige Stimmung, wohl deshalb, weil seit den Morgenstunden das Läuten der Rigaer Kirchenglocken zu uns herüberklingt. Im Lager ist es ruhig. Wir erhalten etwas Tabak, und so mancher läßt mit den Rauchwölkchen auch seine Gedanken gen Himmel aufsteigen. Als wir mittags die Suppe empfangen, treten gutgekleidete Letten an unseren Stacheldrahtzaun heran und schauen uns zu.

Der Lagerkommandant erklärt, daß wir bald in Arbeitskommandos kämen. Als Kriegsgefangene würden wir ehrenvoll behandelt werden. Seine Worte tun uns gut. Ich wüßte gerne, was er für ein Mensch ist.

Um die Einteilung vornehmen zu können, erfassen die Russen in den folgenden Tagen mehrmals unsere Berufe. Wenn ich mir aber die Kameraden rundum ansehe, so weiß ich jetzt schon, daß viele zu schwach sind, um körperlich schwere Arbeiten zu verrichten. Der Kommandant sucht einen Mann mit kunsthandwerklichem Beruf. In einem gut erhaltenen Haus soll ein wertvolles Möbelstück restauriert werden.

Am 26. März geht im Lager das Gerücht um, in Deutschland sei Revolution! Das klingt sehr unwahrscheinlich. Am Nachmittag spielen ein Kamerad und ich in der Sonne Schach.

Karfreitag. Wir sind immer noch ohne AK. Ganz plötzlich werden wir umquartiert und dabei streng gefilzt. Mein Tagebuch kann ich retten, verliere aber einige, in einem kalten Ofen versteckte Kerzen und Schreibpapier.

Tags darauf fällt mir ein: Heute vor fünf Jahren stand ich vor dem Traualtar! In Gedanken bin ich zu Hause, in unserer kleinen Wohnung. Ich empfinde es als großes Glück, daß ich noch lebe und hoffen darf!

1. April, Ostersonntag. Das Läuten der Rigaer Kirchenglocken hallt über die Stadt. Auf dem Gesicht vieler Kameraden liegt ein der Stumpfheit naher Ausdruck – sehr zum Unterschied der Posten und Offiziere, die schmuck rasiert sind und saubere, dekorierte Uniformen tragen. Manch einer hat sogar ein Bäuchlein, auch einige von den gefangenen deutschen Offizieren!

2.–20. April. Am Ostermontag marschieren wir im Dauerregen fünf Stunden lang in ein Zwischenlager. Wir haben gerade unsere Baracken bezogen, als weitere 700 Kriegsgefangene aus einem anderen Lager eintreffen. Unser Lager liegt in einem Wäldchen nahe der Düna und nahe einer Straße. Mein erstes AK hier ist die Einrichtung des Badehauses und einer Entlausungsanstalt. Die Arbeit gefällt mir, doch fühle ich, daß ich schwächer werde. Bereits am 6. April können wir diese wichtigen Einrichtungen benutzen.

Als nächstes muß ich Ziegel putzen und stapeln. Ich bin matt und ausgehungert.

Am 8. April hängen im Lager einige Seiten der von der gleichnamigen Organisation herausgegeben Zeitung „Freies Deutschland" aus. In einigen Artikeln wird das Verhalten hoher Stabsoffiziere im Krieg kritisiert. Ein Bericht über das KZ-Lager Auschwitz erschüttert mich zutiefst. Dort sind an die vier Millionen Menschen umgebracht worden! Was für eine Kulturschande für Deutschland!

Ich werde einem AK mit leichterer Arbeit zugeteilt: Laub kehren und wegtragen. Im Birkenwäldchen und innerhalb des Lagers sprießen Knospen und Blätter, Singvögel beleben den Hain, und die Düna fließt ruhig dahin. Die Posten und Offiziere sind auffallend human. Ob sie aus den Baltenländern stammen?*) Unsere Quartiere, die Verpflegung und Behandlung waren schon viel schlechter als hier. Ich hoffe immer noch, daß ich dieses Jahr nach Hause komme. Das Schlimmste, glaube ich, dürfte überstanden sein.

Unsere Verpflegung besteht aus einem dreiviertel Liter Kaffee, 400 Gramm Frischbrot und einem Eßlöffel Zucker zum Frühstück, einem dreiviertel Liter Hirsesuppe, mal mit, mal ohne Fleischeinlage, 200 Gramm Frischbrot, 50 Gramm Rohfisch zum Mittagessen und aus einem dreiviertel Liter Hirsesuppe, mit oder ohne Fleisch, zum Abendessen.

Heute, am Sonntag, dem 8. April, begehen die Russen ihr Osterfest. Im Lager verrichten wir nur das Dringlichste. Anderntags kommen 1500 im Februar im Raum Thorn, Graudenz, Marienberg und Bromberg**) gefangene Kameraden ins Lager. Sie sehen recht gut aus. Ich gehöre zum AK, das im Revier Räume mit Betten und Bänken einrichten soll.

Wir hören, daß die Erfolge der Alliierten das Kriegsende bald erwarten lassen. „Freies Deutschland" zeigt Bilder aus mehr oder weniger zerstörten deutschen Städten. Mancher Kamerad wird darauf vorbereitet, was ihn zu Hause erwartet. Man informiert uns über Umfang und Auswirkungen der Kriegsschäden sowie über die Verbrechen der NS-Führung am eigenen Volk.

Bei kaltem Nordwind sind die Tage sonnig und trocken.

Das lettische Küchenpersonal wird am 10. April durch Polen ersetzt. Die Polen machen sich bei uns unbeliebt, denn

---

*) Die baltischen Staaten Estland, Lettland und Litauen waren 1940 von der Sowjetunion annektiert worden. Zu Beginn des Rußlandfeldzuges 1941 wurden die deutschen Soldaten im Baltikum deshalb vielerorts als „Befreier" begrüßt. Die deutschfreundliche Stimmung kühlte jedoch angesichts der harten Besatzungspolitik der Deutschen stark ab. – Die Balten wurden von der Nazipropaganda im Gegensatz zu den Slawen nicht als „völkisch minderwertig" dargestellt.

* *) Toruń, Grudziądz, Malbork, Bydgoszcz in Polen

Historische Ansicht von Riga mit der Düna. Diese Postkarte habe ich 1940 erworben, als wir auf dem Vormarsch waren.

wir müssen an der Essenausgabe unnütz lange anstehen, und die Suppen sind fettlos.

Nach sechs Wochen kann ich mich endlich am 12. April wieder rasieren lassen!

Sturm, Schnee und Kälte überziehen das Land. Infolge der dünnen, wässerigen Suppen bekomme ich Durchfall.

Am 15. April ist die Sonne herrlich über der dünnverschneiten Landschaft aufgegangen. Ich eile in Gedanken mit ihr westwärts zu meiner Frau, meinem 1940 geborenen Sohn und den Arbeitskollegen vom Postamt Meißen, die nichts über mein Schicksal wissen können. Nachmittags lehne ich mich in einen warmen Winkel, wo ich die im Sonnenschein glitzernde Düna sehen kann. Ein Segelboot gleitet dem Ufer zu. Dabei denke ich an den Vormarsch 1941, als wir gute Kontakte zur baltischen Bevölkerung hatten. Die Handwerker, Fischer und Bauern haben nun rauhe Kriegsjahre hinter sich.

Anderntags können wir uns baden und werden entlaust. Eine Wonne! Allerdings nimmt die Desinfektion die Leibwäsche stark mit: Löchrig hängen uns die Sachen am Körper.

Ich steige um ins AK „Torflager". Die Arbeit im Moor habe ich bereits beim Reichsarbeitsdienst im Emsland kennengelernt. Hier scheint sie nicht allzu schwer zu sein.

Wir erfahren, daß die Amerikaner den Sachsenring, die Autorennstrecke bei Chemnitz, erreicht haben. Also wird auch bald in meiner Heimat gekämpft werden.

Am 20. April hören wir, amerikanische Truppen würden am Westufer der Elbe stehen. Wo genau? Die Ungewißheit ist schrecklich! In diesen Nächten träume ich von zu Hause.

22. – 30 April. Einige Kameraden werden des Diebstahls und der Faulenzerei bezichtigt. Das wirkt sich sehr nachteilig für uns aus. Schon am nächsten Tag sind neue, strenge Posten da, und im Torflager müssen wir noch mehr leisten. Die Verpflegung wird schlechter: Wir bekommen jetzt dreimal am Tag Suppe, sonst nur heißes Wasser.

Es heißt, die deutschen Armeen würden bald zusammenbrechen. Und F. D. Roosevelt, der amerikanische Präsident, der im Februar noch an der Krimkonferenz teilgenommen hat, sei verstorben. Berlin sei rundum starken Angriffen ausgesetzt und Wien ganz befreit.*)

Am 24. April holen unser AK keine Posten ab, und ohne Bewachung werden wir natürlich nicht zur Arbeit geschickt. So im Vorübergehen beteilige ich mich an einem Mehltransport für die Küche und erhalte dafür eine extra gute Suppe.

Am 25. erfahren wir, daß Nürnberg, Dresden, mein schönes Meißen und Frankfurt/Oder gefallen seien. Im Süden hätten wir auf dem Rückzug die Bayerischen Alpen wieder erreicht.**)

Sehr wohltuend ist für uns das schon länger anhaltende warme, trockene Wetter. Es beginnt zu grünen, Schmetter-

---

*) Am 24. April hatte die Rote Armee Berlin eingeschlossen; die Hauptstadt kapitulierte am 2. Mai. Wien war am 13. April gefallen.
**) Dieses Gerücht entbehrte jeder Grundlage.

linge fliegen umher. Ich freue mich über die Kinder, die ich auf dem Weg zur Arbeit in der Sonne spielen sehe.

Die Verpflegung ist so schlecht, daß kaum jemand in unserem AK die erhöhte Leistung bringen kann. Allen fehlt es an Kraft. Einmal wird mir auf dem Rückmarsch ins Lager schwarz vor Augen.

Heute ist mein 30. Geburtstag. Ich wünschte, meine liebe Frau hätte Gewißheit über mein Schicksal!

Am Tag darauf gibt es im Lager ein großes Durcheinander. Alle müssen antreten und werden in kleine Gruppen eingeteilt, umquartiert und gefilzt. Endlich kann ich meine sich auflösenden Schuhe tauschen. Ich habe Läuse! Dagegen kann ich mich momentan nur waschen.

Schade, daß ich mich nicht bereits vor dem Sommer 1941 für die russische Sprache interessiert habe. Es hatte entsprechende Kurse gegeben. Dolmetscher sind bei uns dünn gesät, und sie stehen besser da als wir anderen Gefangenen. Jetzt kann ich schon ein paar Brocken Russisch. Vielleicht werde ich noch als Sprachmittler eingesetzt?

Es wird verkündet, amerikanische und sowjetische Truppen seien bei Torgau aufeinandergetroffen.*)

Fast bis zu den Knien hoch habe ich jetzt Wasser in den Beinen. Ich muß nachts sehr oft raus. Trotzdem werde ich dem AK „Großes Lager reinigen" zugeteilt.

1.–9. Mai. Am 1. Mai, dem Tag der Arbeit, rückt nur ein AK aus. Die Antifa gestaltet diesen Tag mit Reden, Liedern und Propaganda. Schnell verbreitet sich im Lager, daß gerade heute vom einzigen ausgerückten AK einer geflohen sei! Bis zum Abend erklingen Lieder und Musik. Die Antifa hat eine kleine Unterhaltungsgruppe gebildet. Sie bietet eine nette Abwechslung.

Berlin werde heiß umkämpft, erfahren wir.

---

*) Diese Begegnung fand am 25. April 1945 statt.

Gegen Abend wird bekanntgemacht, daß noch zwei Gefangene geflohen seien. Sie sind aber bald darauf wieder eingefangen worden. – Sicher zu unser aller Glück!

An den nächsten Tagen müssen wir nicht arbeiten. Mein Kamerad und Pritschennachbar Reinhold ist sehr schwach. Viele klagen über Läuse. Wir sammeln Brennesseln und Löwenzahn, um die Blätter mit der Suppe zu essen.

Wir hören zum wiederholten Mal, daß Berlin bald fallen würde. Hitler soll Selbstmord verübt haben.

Am 5. Mai müssen wir wieder arbeiten. Abermals fliehen zwei Gefangene!

Anderntags komme ich zum AK „Speiseraum einrichten". Abends fühle ich mich etwas wohler. Einige Tage Ruhe und das Grünzeug in der Suppe haben sicher dazu beigetragen.

Dann erfolgt wieder eine Neuverteilung der Quartiere. Alles geht drunter und drüber. Beim Großfilzen gehen mir Habseligkeiten verloren. Es gestaltet sich immer komplizierter, meine Tagebuchaufzeichnungen ständig im Wechsel zu verstecken und wieder hervorzuholen.

Am 7. Mai gehöre ich dem AK „Großes Eisenbahn-Kommando" an. Wir marschieren anderthalb Kilometer und schleppen dann Schienen. Es ist kühl und naß. Abends werden alle auf Arbeitstauglichkeit untersucht. Eine angenehme Folge für mich: Tags darauf fungiere ich im AK Zementwerk als Dolmetscher, vermittle zwischen den Posten und meinen Kameraden. Selbst brauche ich nicht zu arbeiten.

Am 9. Mai werden die ausgerückten Arbeitskommandos zurückbeordert. Uns wird das Ende des Krieges verkündet. Für die sowjetischen Offiziere und Posten ein großer Feiertag! Endlich ist es kein Gerücht mehr: Europa ist ohne Kriegszustand! Wir gehören zu den Überlebenden dieses Wahnsinnskrieges. Allerdings befürchte ich, daß nicht alle, die jetzt noch am Leben sind, ihre Heimat wiedersehen werden. Dennoch hofft jeder, bald nach Hause zu kommen.

[Schönlanke, Westpreußen*) – Berlin – Halle – Eisenach –
Würzburg – Fürth – Greding, Mittelfranken;
Januar –Oktober 1945]

Hildegard Christoph

Freifahrt nach Bayern

Der Winter 1944/45 war äußerst hart. Die Ostfront rückte
immer näher. Unsere Männer, Väter, Brüder und Söhne waren Soldaten. Niemals hätten wir uns vorstellen können, was
im Januar 1945 auf uns zukommen würde.

Am 27. Januar, Kaiser Wilhelms Geburtstag, brachen russische Panzer in unser friedliches Städtchen Schönlanke ein.
Einem Teil der Bewohner gelang es, noch rechtzeitig zu fliehen. Die klirrende Kälte machte den Russen wohl kaum zu
schaffen, sie trugen warme Kleidung und dicke Filzstiefel.
Die Soldaten fielen in die Häuser ein, raubten Schmuck und
Uhren. Sich zu wehren war zwecklos. Die Soldaten schossen
sofort.

In unserem Haus hielten sich etliche Nachbarn auf, denn
alle Zurückgebliebenen suchten die Nähe und den Trost des
anderen. Auch meine Cousine Hildegard aus Berlin war mit
ihrem vierjährigen Sohn bei uns, sie war aus Berlin nach
Schönlanke evakuiert worden. Nun wurde es noch enger. Wir
versuchten, uns gegenseitig Mut zu machen.

Unsere Angst war jedoch so groß, daß wir vor Einbruch
der Dunkelheit in ein Nachbarhaus in der Bergstraße, zu
Familie Modrow, flüchteten. Frau Modrow schlug vor, uns
gemeinsam in der nahegelegenen Brauerei Lehmann zu verstecken. Wir brachen auf und verbargen uns auf dem Dachboden der Brauerei. Die Frau des Brauereibesitzers tröstete

*) ehemalige Grenzmark Posen-Westpreußen, heute Trzcianka in Polen

uns. Zusammengekauert hockten wir in den Ecken auf dem harten Boden und versuchten, ein bißchen zu schlafen. Die ganze Nacht über wurde in der Stadt geschossen. Es schien, als flögen die Kugeln direkt um unsere Ohren. Meine Cousine besaß zwar eine Waffe, aber zu wenig Munition, um uns und sich zu erschießen. Mit Bangen erwarteten wir den nächsten Tag.

Frau Modrow, die Mutigste unter uns, suchte am Morgen die Brauereibesitzer-Eheleute, um mit ihnen abzusprechen, wie es weitergehen solle. Nachdem sie nirgends zu finden waren, verließen wir zunächst die Brauerei und gingen zurück in das Haus von Frau Modrow. Schließlich fanden wir das Ehepaar ertrunken im Sudkessel der Brauerei. Sie hatten sich umgebracht. Wir bargen die toten Körper und begruben sie unter äußerster Anstrengung – der Boden war gefroren – im Brauereigarten.

Inzwischen waren wir 15 Personen im Modrowschen Haus. Großmutter Modrow lag krank im Bett, wir anderen plazierten uns um sie herum. Geschlafen wurde, sofern man konnte, auf dem blanken Fußboden. Meine Mutter hatte wenigstens noch ein paar Decken retten können. Wir hatten nur die Kleidungsstücke, die wir auf dem Leib trugen.

Die russischen Soldaten suchten überall nach jungen Frauen und Mädchen, schleppten sie in leerstehende Häuser und vergewaltigten sie. Sich zu sträuben half nicht, die Russen machten kurzen Prozeß und schossen. Ich war 24 Jahre alt.

Die Rote Armee beherrschte das Straßenbild. In den ersten sechs Wochen durften wir unsere Wohnungen nur selten verlassen. In der Stadt wurde eine Kommandantur eingerichtet, und die ersten Aufrufe an die Bevölkerung ergingen. Wir mußten uns zu Arbeitseinsätzen einfinden. Unsere Kleider, die wir seit dem 27. Januar trugen, waren schmutzig, aber warm. Wir hatten keine Sachen zum Wechseln, und es gab auch kein Wasser zum Waschen. Die spärlichen Mahlzeiten bereiteten wir mit sauberem Schnee zu.

Als erstes verlangten die Russen von uns, die Einrichtungs-
gegenstände aus den Häusern herauszuholen und auf Handwagen zur Schule zu transportieren. Dort sortierten sie Mö-
belstücke, Porzellan, Glaswaren, Betten und andere Dinge
und bereiteten alles für den Abtransport nach Rußland vor.
Nähmaschinen, eine Rarität für die Russen, waren geson-
dert abzustellen. Das brachte uns auf eine Idee: Wir bauten
die Schiffchen aus, so daß die Maschinen später nicht funk-
tionierten.

Klaviere mußten wir zu dritt, ohne Gurte, aus den Häusern tragen, sogar aus oberen Etagen. Ich frage mich, wie
wir damals das bloß geschafft haben? Die Natur hat es wohl
so eingerichtet, daß der Mensch unter außergewöhnlichen
Umständen übernatürliche Kräfte entwickelt, auch wenn er
unterernährt ist.

In den verlassenen Wohnungen lagen oftmals Geldscheine herum. Wir konnten nicht ahnen, daß sie noch Monate
später in Deutschland gültig sein würden. Das Geld wurde
zusammen mit dem Unrat weggeworfen.

Die wenigen alten Männer, die noch in der Stadt waren,
wurden als Straßenwärter eingeteilt und mußten den Bewohnern die Aufträge der Russen übermitteln.

Eines Nachts kamen die Russen auch zu meiner Cousine
und zu mir. Da wir die Haustüren nicht verschließen durften, hatten sie leichtes Spiel. Mit vorgehaltenen Maschinenpistolen befahlen sie uns aufzustehen. Sie trieben uns in ein
freistehendes Haus. Da niemand wußte, was mit uns geschehen würde, rechnete meine Mutter mit dem Schlimmsten,
denn Frauen und Mädchen waren, wie man hörte, nicht nur
vergewaltigt, sondern auch umgebracht worden. Außer uns
waren noch andere junge Frauen in das Haus verschleppt
worden. Die Bestien fielen über uns her, immer wieder, die
ganze Nacht hindurch, eine ganze Meute. Im Morgengrauen
verschwanden sie. Wahrscheinlich hatten sie Angst vor ihren Vorgesetzten bekommen, die jedoch auch nicht viel bes-

*Meine Freundin
Gertrud Maschke und
ich im Frühjahr 1943.*

ser waren als sie. Wir schlichen uns in die familiäre Runde
zurück. Alle waren froh, daß wir lebend davongekommen
waren. Aus Verzweiflung nahmen sich viele Schönlanker das
Leben. Wir mußten die Erhängten abschneiden und begra-
ben. Manchmal ganze Familien.

Obwohl die Stadt zu 60 Prozent zerstört war, gab es noch
einige funktionstüchtige Bäckereien. Die Russen brachten
Frauen dorthin und befahlen ihnen, Brot zu backen. Mehl-
vorräte gab es in den umliegenden Mühlen reichlich. Die erste Brotzuteilung betrug 200 Gramm je Tag. In langen
Schlangen standen wir geduldig an.

Eines Tages holten uns die Ungeheuer wieder in ein leeres Haus, wir mußten für sie Hühner rupfen. Als Lohn erhielten wir nicht etwa ein Stück Hühnerfleisch, sondern wurden abermals vergewaltigt.

Im Bahnhof stand ein von den Russen beschossener Güterzug, der deutsche Soldaten und Flüchtlinge transportiert hatte. Er war nicht mehr weitergekommen. Zwischen den Leichen suchten wir nach Brot, so unerträglich war unser Hunger. Später mußten wir die toten Soldaten, Frauen und Kinder an einen größeren Platz bringen, wo die Leichen gestapelt wurden. Hätten wir doch bloß die Soldbücher der Soldaten an uns genommen, dann hätten wir später die Angehörigen informieren können. Aber keiner von uns glaubte, dieser Hölle lebend zu entkommen.

Es war inzwischen Anfang April. Plötzlich wurde ich zusammen mit anderen Frauen und Mädchen verhaftet. Wir wurden in einem ehemaligen, großen Getreidekeller festgehalten. Auf dem Boden lag geschnittenes Stroh, auf dem wir Frauen dicht an dicht hockten. Zum Stehen war das Gewölbe zu niedrig, zum Liegen war kein Platz. Wir trugen noch immer dieselben Sachen wie im Januar. Obwohl es jetzt schon wärmer war, hatte ich neben der Unterwäsche und den Strümpfen Rock, Bluse, Sommerkleid, Winterkleid und Mantel an, denn unser Haus hatten die Russen gleich zu Anfang besetzt.

Einmal täglich durften wir in den Hof, um dort in einer Ecke unser Geschäft zu verrichten. Wasser zum Waschen gab es nicht. Zu essen hatten wir nur das, was uns die Angehörigen brachten, und das war nicht viel, denn sie hatten ja selbst nur 200 Gramm Brot am Tag.

Meine Mutter setzte in ihrer Angst um mich alle Hebel in Bewegung, um mich hier herauszuholen. Sie hatte erfahren, daß eine ihrer Bekannten ein Verhältnis mit dem sowjetischen Kommandanten hatte. Mutter spürte diese Frau auf und bat sie, ein Treffen mit dem Kommandanten zu arrangieren. Als sie ihm dann wie zufällig auf ihrem Arbeitsweg begegnete, bettelte meine Mutter auf Knien, er möge meine Freilassung veranlassen.

Noch am selben Tag betrat der Aufseher den Keller und rief meinen Namen. Er drückte mir meine Kennkarte in die Hand und schob mich zusammen mit einer anderen jungen Frau hinaus auf die Straße. Wir konnten es nicht fassen: Wir waren frei! Vor Freude weinten wir.

Die Frauen und Mädchen, die im Keller verblieben waren, wurden drei Tage später nach Rußland verschleppt, wo sie unter menschenunwürdigen Bedingungen in Wäldern und in Kohlegruben arbeiten mußten. Die wenigen, die nach Jahren zurückkamen, waren meist ein Leben lang krank.

Nachdem wir auch die Leichen der gefallenen Sowjetsoldaten aus der Umgebung eingesammelt hatten, mußten wir auf dem Marktplatz von Schönlanke mit unserer Hände Arbeit ein Mausoleum errichten. Ich war bei dem Trupp, der für den Mörtel zu sorgen hatte. Gemauert wurde nach den Anweisungen unseres alten Zeichenlehrers, der davon allerdings genausowenig verstand wie wir. Fünf Soldaten mit aufgepflanztem Bajonett bewachten uns. Während der Arbeit durften wir nicht sprechen. Für das Transportieren und Bestatten der Leichen bekamen wir eine Sonderration Brot. Wir hätten gern auf die kleine Extrazuteilung verzichtet, wenn uns die Beisetzung der halbverwesten Leichen erspart geblieben wäre!

Schließlich wurde ich zusammen mit anderen Frauen zur Arbeit auf einen Bauernhof kommandiert. Das war eine geradezu erholsame Zeit. Wir mußten Kühe melken, buttern, die Tiere füttern und den Stall säubern. Abgesehen vom Anmarschweg am Morgen und vom Heimweg am Abend, wobei wir nur in Gruppen liefen, fühlten wir uns hier einigermaßen sicher. Der Hof lag außerhalb der Stadt, etwa vier Kilometer entfernt. Wenn die Russen die Butter und Milch abholten, versuchten sie, uns zu belästigen. Meine Mutter stell-

Das Fotoalbum hatte ich retten können. Erinnerung an glückliche Tage mit Sepp, meinem Mann, links, und meiner Freundin Gertrud während eines Heimaturlaubs 1943. Lange hatte ich nichts von Sepp gehört.

te sich schützend vor mich und behauptete, ich sei schwanger. So ließen sie meist von mir ab.

Auf dem Bauernhof kamen wir wieder etwas zu Kräften, denn ab und zu fiel für uns ein wenig ab. Auch Feldarbeiten mußten wir verrichten. Wir mähten das Getreide mit der Sense, brachten es ein und droschen es.

Inzwischen durften wir wieder in unser Haus. Die Russen hatten es zwar geräumt, uns aber ihren Unrat hinterlassen. In der Wohnung war alles demoliert: Schränke und Türen waren eingetreten, auf dem Wohnzimmertisch lag ein halber, mit Würmern übersäter Schafskadaver. Der Gestank war kaum zu ertragen! Über die Sofakissen huschten Ratten.

Im Keller, wo zahlreiche volle Weckgläser gestanden hatten, Mutter hatte im Jahr zuvor einen großen Vorrat angelegt, lag jetzt alles in Scherben: Marmelade, Obst, Fleisch, Gemüse, dazwischen Wäschestücke und Kleidung. Die Rus-

sen hatten alle Dinge, mit denen sie nichts anzufangen wußten, einfach die Kellertreppe hinabgeworfen. Wir holten heraus, was noch brauchbar war, und richteten uns ein paar
Kleidungsstücke her. Inzwischen gab es wieder Wasser und
Strom. Was für eine Wohltat! Endlich konnten wir ein wenig
menschenwürdiger leben. Die Löcher in den Türen füllten
wir mit Stoffresten aus. Als wir alles saubergemacht hatten,
sah die Wohnung auch ohne die Teppiche, die die Russen
fortgeschleppt hatten, wieder recht gemütlich aus. Wir waren froh, daß die schlimmste Zeit vorbei war.

Doch wie sollte es weitergehen? Uns erreichten keinerlei
Informationen über das Geschehen in Deutschland.

Mitte August 1945 kam für uns der Wendepunkt. Von der
polnischen Administration, die inzwischen die russische abgelöst hatte, bekamen wir ein Papier mit dem Vermerk: „Freifahrt mit der Reichsbahn nach Bayern." Nach Bayern deshalb, weil Sepp, mein Ehemann, von dort stammte. Wir hat-

*Eine Ansicht aus der Nachkriegszeit. Schönlanke, ehemalige Grenzmark
Posen-Westpreußen, nach dem Krieg unter polnischer Verwaltung.*

ten während des Krieges geheiratet. Das war die Ausweisung, der Verlust unserer Heimat.

Der Tag der Abreise rückte näher. Wir durften nur 25 Pfund Gepäck mitnehmen. Sorgfältig wählten wir aus unseren letzten Habseligkeiten die Stücke aus und nähten dafür aus einem alten Kartoffelsack einen Rucksack.

Am 16. August 1945 war es soweit. Meine Cousine, ihr vierjähriger Sohn, eine Tante, deren Mann im April 1945 von den Russen ans Eismeer, nach Murmansk, verschleppt worden war, meine Mutter und ich gingen schweren Herzens mit unserem Gepäck zum Bahnhof Schönlanke. Die Polen durchsuchten das Gepäck. Die Tante mußte ihren Bisamfellmantel, den sie zu einer Rolle, mit dem Futter nach außen, gewickelt hatte, und ihre bis dahin geretteten Silberbestecks abgeben. Wir anderen hatten ohnehin nichts Wertvolles dabei.

In einem alten Personenzug fuhren wir zunächst bis Kreuz.*) Dort stiegen wir nach drei Stunden Wartezeit in einen Güterzug um, der uns nach Berlin bringen sollte. Wir fanden eine leere Ecke, in der wir uns auf den Boden setzen konnten. Für die Fahrt nach Berlin, die normalerweise drei Stunden dauerte, benötigten wir 17 Stunden. Immer wieder hielt der Zug auf freier Strecke, um russische Soldaten mitzunehmen. Auch in unseren Waggon stiegen vier Soldaten ein. Sie versuchten, uns zu belästigen, doch wir konnten uns erfolgreich zur Wehr setzen.

In Berlin angekommen, wollten wir zu den Eltern meiner Cousine nach Grünau fahren. Wir fielen aus allen Wolken, als wir in der S-Bahn mit der alten Währung bezahlen mußten. Zum Glück hatten wir ein paar Reichsmark eingesteckt. Hätten wir doch bloß noch mehr Geldscheine in unseren Rucksack gepackt! Dann wären wir jetzt besser dran gewesen, denn in Berlin blühte an allen Ecken der Schwarzmarkt. Eine ganz andere Welt tat sich uns auf. Es gab bereits einiges auf Lebensmittelkarten zu kaufen.

---

*) heute Krzyż in Polen

Hildegard war froh, wieder bei ihren Eltern zu sein. Doch wir konnten nicht bei Onkel und Tante bleiben. Da unsere Fahrkarte nach Bayern ausgestellt war, bekamen wir hier keine Lebensmittelkarten. Die knappen Zuteilungen durften wir ihnen nicht noch schmälern. Wir mußten also weiter. Aber wie sollten wir von Berlin nach Bayern kommen?

An einer S-Bahn-Station lernte ich zwei junge Frauen kennen, die planten, in Thüringen schwarz über die Grenze in die amerikanische Besatzungszone zu gehen. Wir beschlossen, uns ihnen anzuschließen, und verabredeten uns am Anhalter Bahnhof. In dem völlig zerstörten Bahnhof stand ein langer Güterzug mit geschlossenen Waggons, alle mit Flüchtlingen besetzt. Um überhaupt mitzukommen, kletterten meine Mutter, die Tante, die zwei Frauen, die eine hatte ihren fünfjährigen Jungen dabei, und ich auf das Dach eines Waggons. In Halle mußten wir den Zug verlassen. Wir verbrachten die Nacht in einem nahen Bahntunnel. Am nächsten Tag fuhren wir in einem alten Personenzug bis Eisenach. Wir hatten Hunger, uns knurrte der Magen. Am Stadtrand von Eisenach versuchten wir, ein paar Kartoffeln zu ergattern. Die Leute verhielten sich uns gegenüber sehr ablehnend, wahrscheinlich hatten schon allzuoft Flüchtlinge bei ihnen angeklopft. Uns blieb nichts anderes übrig, als ihnen mit den Russen zu drohen, woraufhin sie für jeden eine Portion Kartoffeln herausrückten. Angst vor deren Rache hatten alle.

Wir folgten dem Plan der beiden jungen Frauen und marschierten in Richtung Demarkationslinie. In einer kleinen Gastwirtschaft trafen wir uns mit einem Mann, der uns gegen Bezahlung nachts über die Zonengrenze bringen sollte. Um 23 Uhr liefen wir los. Wir stießen an eine Wiese, auf der eine große Scheune stand. Hier, im sogenannten Niemandsland, seien wir in Sicherheit, meinte der Mann, wir sollten in der Nähe der Scheune den Morgen abwarten und dann in westliche Richtung weitergehen. Daraufhin kehrte er um und überließ uns unserem Schicksal.

Kaum war er 50 Meter entfernt, standen schon bewaffnete Russen vor uns und riefen: „Stoi!"

„Jetzt ist alles verloren!" dachten wir. Die Tante, eine Wolgadeutsche, verstand einigermaßen, was die Soldaten sagten, und sie schaffte es mit guten Worten, daß sie uns in Ruhe ließen. Etwa drei Stunden brachten wir im Halbschlaf zu, bis die nächsten Russen kamen und mit uns jungen Frauen in die Scheune gehen wollten. Aber wir wehrten uns erfolgreich mit Händen und Füßen.

Bei Tagesanbruch überquerten wir einen Bachsteg und hatten bald das erste westwärts der Zonengrenze gelegene Dorf erreicht. Wir baten den Bürgermeister um Einlaß in seine Scheune, um etwas ausruhen zu können. Er schickte uns jedoch in das sieben Kilometer entfernte Hasenfeld, da er hier in Grenznähe keine Flüchtlinge aufnehmen durfte.

Der kleine Junge, den wir abwechselnd tragen mußten, weil er gerade eine schwere Krankheit überstanden hatte, weinte vor Hunger und Müdigkeit. Nur mit Mühe schafften wir den beschriebenen Weg.

Es war Sonntag. Auch hier meldeten wir uns beim Bürgermeister. Er bat uns in die Küche, seine Frau kochte für uns Kaffee und reichte dazu Brot und Marmelade. Wir erlebten, wie die Kinder – fünf an der Zahl – aus ihren Betten sprangen. Wir trauten unseren Augen nicht, es sah aus, als seien sie vom Misthaufen oder aus dem Kuhstall gekommen! Die Füße waren grünbraun wie auch die Betten. Auf der Milch schwammen Fliegen, aber das störte uns nicht. Wir hatten einen Bärenhunger und großen Durst und waren glücklich, unversehrt im amerikanischen Sektor angekommen zu sein. Der Bürgermeister gab uns Lebensmittelkarten. Später verabschiedeten wir uns von den beiden jungen Frauen und dem Kind, sie schlugen eine andere Richtung ein. Die Nacht verbrachten wir in der Scheune.

Am anderen Morgen durften wir mit dem Milchauto, auf den Kannen sitzend, nach Hünfeld fahren. Allmählich wich

die Angst, die uns über Monate hinweg begleitet hatte. Ausgemergelt, aber beruhigt konnten wir jetzt unseren Weg fort-
setzten. In Hünfeld stellten wir uns an den Straßenrand und
hofften, daß uns ein Autofahrer mitnahm. Der Fahrer eines
Langholztransporters erbarmte sich und ließ uns auf den
Baumstämmen aufsitzen. Unser Ziel war Greding, ein kleiner Ort zwischen Nürnberg und München, wo die Familie
meines Mannes herstammte. In Würzburg fanden wir wegen der großen Schuttberge kaum einen Weg, so zerstört war
diese Stadt. Wieder hatten wir Glück, mit einem LKW konnten wir bis Fürth mitfahren. Hier nahm uns meine Schwägerin Betty herzlich auf. Die Verwandten hatten schon geglaubt, wir seien verschollen.

Meine erste Frage galt meinem Mann. Ich hatte lange Zeit
nichts von ihm gehört, wußte nur, daß er gegen Kriegsende

*Unsere Hochzeit am 18. November 1943 in Schönlanke. Die zweite links
von mir ist meine Mutter, rechts und links neben dem Brautpaar die
Schwiegereltern. Letze Reihe, zweite von rechts, meine Cousine Hildegard. Mein Mann hatte bei Kriegsende schon fast die Hoffnung aufgegeben, daß wir uns je wiedersehen würden.*

als Sanitäter auf einem Lazarettzug eingesetzt war. Betty konnte mich beruhigen: Mein Mann war bereits bei seinen Eltern in Greding. Um dorthin zu gelangen, mußten wir erst zu Fuß bis Nürnberg. An öffentliche Verkehrsmittel war nicht zu denken. Südlich von Nürnberg konnte man vielleicht mit einem LKW in Richtung München weiterkommen. Wir durften schließlich auf der mit Stroh ausgelegten Ladefläche eines Viehtransporters mitfahren.

Die letzten Kilometer unserer weiten, beschwerlichen Reise lagen jetzt vor uns. Fast vier Wochen hatte sie gedauert. Am 11. September 1945 kamen wir völlig entkräftet in Greding an. Wir hatten nur einen Wunsch: uns auszuschlafen. Die Schwiegereltern erkannten uns nicht. Was für eine Überraschung, als sie begriffen, wer vor ihnen stand!

Trotz aller Freude, daß wir es geschafft hatten, gab es für mich auch eine traurige Nachricht. Mein Mann saß seit drei Wochen mit anderen Gredingern in Hilpoltstein, der Kreisstadt, im Gefängnis. Nachdem ich mich etwas ausgeruht hatte, fuhr ich mit einem geliehenen Herrenfahrrad die 26 Kilometer bis Hilpoltstein, um meinen Mann zu besuchen. Er war überglücklich, denn er hatte den letzten Funken Hoffnung auf ein Wiedersehen fast aufgegeben.

Im Oktober 1945 ließen die Amerikaner alle Gefangenen frei. Jetzt konnten wir beginnen, uns eine Existenz aufzubauen.

(Den Bericht ihrer Mutter hat deren Tochter, Monika Danninger aus Stein, eingereicht.)

[Arnstadt, Thüringen;
5. bis 7. Februar 1945]

Marie Stade

... und es traf uns doch noch!

Wochenlang wurde hinter vorgehaltener Hand vom Ende des
Krieges gesprochen; und doch zog es sich hinaus...

Am 6. Februar 1945 kam der Krieg doch noch in unser
bisher so ruhiges Thüringen. Schon Tage zuvor warnte der
Radiosender vor überfliegenden feindlichen Flugzeugen und
wies die Bevölkerung an, bei Alarm unverzüglich in die Luftschutzkeller zu gehen. Wir nahmen die Anweisungen aber
nicht besonders ernst, war doch vorher nie etwas passiert.
Ich arbeitete in der Buchhaltung eines Saatgut-Versandge-

Die Kolleginnen der Buchhaltung des Arnstädter Saatgutbetriebes.

schäftes, und es gehörte zu meinen Aufgaben, bei Alarm die Kasse mit dem Bargeld sowie wichtige Unterlagen mit in den Luftschutzkeller zu nehmen. Als gegen Mittag des 6. Februar die Sirenen zu heulen begannen, glaubte ich, es würde genauso harmlos ablaufen wie an den vorangegangenen Tagen und ließ die Kasse und die Unterlagen im Tresor. Ich lief zum Luftschutzkeller, der sich etwa 20 Meter vom Betriebsgebäude entfernt, im Wohnhaus des Besitzers, befand. Martchen, eine Kollegin, und einer unserer Lehrlinge standen vor dem Eingang zum Luftschutzkeller und beobachteten die über die Stadt fliegenden Bomber.

Auch ich war von den Flugzeugen so fasziniert, daß ich stehenblieb. In der Arnsbergstraße liefen die Menschen in ihre Häuser. Unser Betriebshandwerker ermahnte uns im Vorbeilaufen, in den Keller zu gehen. Wie recht er hatte. Seine Wohnung war nicht weit entfernt, doch er erreichte sie nicht mehr. Er starb vor seiner Tür.

Die ersten Bomben fielen in der Nähe des Südbahnhofes. Wir drei flogen infolge des Luftdrucks direkt in den Hausflur. Instinktiv bedeckte ich meinen Kopf mit meiner Aktenmappe. Sekundenlang blieben wir zusammengekauert an der Wand liegen bis wir Geschrei aus dem Keller hörten; alle drängten über die Treppe nach draußen ins Freie und hasteten über die Straße in einen der nächsten Luftschutzkeller. Meine herzkranke Kollegin bekam einen Anfall, ich brachte sie in den Keller, wo sich die Sanitätsbox befand, um sie dort zu versorgen. Ich gab ihr Baldrian.

Meine große Sorge galt meinen beiden anderen Kolleginnen, die sich noch im Betriebsgebäude befanden. Von dort erreichten uns dichte, schwarze Wolken, die signalisierten, daß es brannte. Also hatten die Bomben eingeschlagen.

Ich wollte ihnen helfen, kam aber vor lauter Rauch nicht weit. Mir fiel der Wasserschlauch ein, der immer zu Luftschutzübungen benutzt wurde, und sich im Waschhaus, zwischen Betriebsgebäude und Wohnhaus, befand. Ich lief dorthin, riß den Schlauch von der Wand und versuchte aufs neue, das Betriebsgebäude zu erreichen. Doch der Schlauch war zu schwer und die Rauchentwicklung inzwischen so stark, daß ich kaum atmen konnte. Aus der Waschbütte nahm ich ein Stück eingeweichter Wäsche heraus und hielt es mir vor den Mund.

Ich gelangte nicht mehr zum Betriebsgebäude, denn das Haus drohte bereits einzustürzen. Balken und Gerätschaften lagen auf dem Hof und versperrten mir den Weg. Ich war entsetzt, weil ich meinen Kolleginnen Lilo und Marianne nicht helfen konnte. Ich mußte aufgeben und lief zurück zum Wohnhaus. Dabei stolperte ich über unseren Pförtner, der zwischen dem Geröll lag. Da er sich nicht rührte, hielt ich ihn für tot, doch er konnte später gerettet werden.

Aus ihrem Bunker im Garten stürzten die Kriegsgefangenen. Den Männern stand das Entsetzen ins Gesicht geschrieben und meine Bitte, den beiden Kolleginnen zu helfen, drang wohl nicht bis zu ihnen, zumal sie auch zwei ihrer Kameraden im zerbombten Betriebsgebäude wußten.

Der Fliegeralarm war inzwischen beendet. Es dauerte nicht lange und die Hilfsmannschaften, hauptsächlich Soldaten, rückten an. Kurz danach traf die Feuerwehr ein. Doch der Betrieb war nicht mehr zu retten, die Gebäude brannten völlig nieder. An eine Rettung der Menschen, die sich noch im Betriebsgebäude aufgehalten hatten, war nicht mehr zu denken. Inzwischen brannte auch das Dach des Wohnhauses. Die Rettungsmannschaften versuchten, die Flammen einzudämmen und das Saatgut sicherzustellen, das auf dem Boden lagerte.

Ich war wie in Trance und tat nur noch das, was mir gesagt wurde. Der Betriebsleiter bat mich, die Zweit-Kundenkartei aus dem Gefangenenbunker zu holen und zu verwahren. Anschließend ging ich ins Wohnhaus, um dort Hilfe zu leisten. Der Besitzer und seine Familie mühten sich, einige wenige Sachen herauszutragen. Mitten in dem Chaos saß

der Technische Leiter, der sich aus dem brennenden Betriebsgebäude herausgeschleppt hatte und nun zur Versorgung ins
Krankenhaus gebracht werden mußte. Er hatte bewußtlos
in seinem Büro gelegen. Weil eine Wasserleitung zerbarst
und das Wasser ihn besprühte, kam er wieder zu sich und
konnte dem Feuer entkommen.

Am späten Nachmittag kamen Angehörige der Brandop-
fer. Sie liefen um das ehemalige Gebäude herum, stellten
Fragen und jammerten. Da war es dann auch für mich zuviel. Ich setzte mich in den Garten und ließ meinen Tränen
freien Lauf. Hautnah hatte mich dieser verfluchte Krieg eingeholt. Ich war gerade 24 Jahre alt.

Als ich mich etwas beruhigt hatte, schaute ich mich um.
Die Nachbarschaft hatte durch den Angriff keinerlei Schaden genommen. Die Angestellten eines gemeinnützigen Büros standen am Fenster, um das Schauspiel vom ersten Platz
aus anzusehen. Keiner von ihnen hat für die Helfer und Ge-
schädigten auch nur eine Tasse Tee gekocht!

Irgendwann machte ich mich auf die Suche nach meinem
Fahrrad und fuhr nach Hause. Meine Familie hatte sich große Sorgen um mich gemacht, meine Schwester kam mir bereits entgegen. Ich hatte ganz vergessen, sie zu benachrich-
tigen.

Am Tag darauf erfuhr ich, daß meine beiden Kolleginnen,
zwei französische Kriegsgefangene und weitere acht Kollegen und Kolleginnen der technischen Abteilung den Angriff
nicht überlebt hatten. Lilo fand man nahe der Heizung am
Fenster, von Marianne wurde nur der Milchkrug, den sie bei
sich hatte, gefunden. Das traf mich sehr. Immer wieder stellte
ich mir die Frage: Hätten nicht zumindest diese beiden Opfer vermieden werden können, wenn die Vorkommnisse des
Vortages nicht gewesen wären?

Am Tag vor dem Bombenangriff, am 5. Februar, war eine
staatliche Kommission angerückt, hatte sich im Besucher-
zimmer niedergelassen und dann begonnen, Mitarbeiter des

Sommer 1944.
Gruppenfoto im
Betriebsgarten.
Ich sitze im
karierten Kleid
in der Mitte,
rechts und links
von mir Lilo und
Marianne.

Betriebes zu verhören. Meine beiden Kolleginnen, die im Bombenhagel umgekommen waren, sollten sich mit Kriegsgefangenen eingelassen haben! Es war einfach nicht zu glauben, es hatte tatsächlich jemand Anzeige erstattet! Dabei war die eine jung verheiratet und erwartete ein Kind, und die andere hatte einen festen Freund, der Soldat war.

Wahr ist wohl, daß wir ein gutes Verhältnis zu unseren Gefangenen hatten, die schon lange bei uns arbeiteten und sich offensichtlich auch wohl fühlten, wenn man davon überhaupt reden kann. Warum sollten wir uns nicht grüßen oder im Vorbeigehen ein paar Worte miteinander wechseln? Rechtsanwalt Lequ aus Nizza führte oft Reparaturen bei uns im Büro aus, und da wurde auch mal gelacht und gescherzt. Und war es anrüchig, wenn er zu meinem Geburtstag eine Blume aus dem Garten brachte und mir gratulierte?

Lilo und Marianne waren am Tag des Bombenangriffs sehr bedrückt. Als die Sirenen einsetzten, konnte ich sie nicht überreden, mir in den Bunker zu folgen.

*(Weitere **ZEITGUT**-Beiträge dieser Autorin sind im Autorenverzeichnis am Ende des Buches vermerkt.)*

[Gassen*), Niederlausitz – Aschersleben – Dresden;
Januar–November 1945]

Hildegard Heiter

Wo sind die Eltern?

Die Front rückte immer näher an die verschlafene Lausitz
heran. Am Silvesterabend 1944 saßen meine Eltern, mein
Mann und ich sowie unsere Nachbarn, ein befreundetes Ehepaar mit seiner Tochter, an unserem runden Stubentisch in
Gassen beisammen. Hinter Mama stand auf dem Schreibtisch der Christbaum mit den brennenden Kerzen. Die Stand-
uhr neben mir schlug zwölf. Beim letzten Gong hörte sie mit
dem Ticken auf, obwohl die Gewichte noch auf halber Höhe
hingen. In diesem Moment neigte sich der Christbaum auf
Mama zu. Ich schrie auf, Mama folgte meinem Blick, drehte
sich blitzschnell um und konnte den Baum gerade noch festhalten. Dabei murmelte sie: „Hier ahnt sich was!"
    Wenig später gingen wir bedrückt auseinander. Mein Mann
hatte nur einen kurzen Fronturlaub, er mußte zu seiner Einheit zurück.
    Mitte Februar 1945 war die Front nur noch etwa 50 Kilo-
meter von uns entfernt. Tag und Nacht hörten wir das Grol-
len der Geschütze. Ich arbeitete in einem Betrieb in Guben.
Wir mußten nun alle wichtigen Akten vernichten, damit
nichts in die Hände des Feindes fiel.
    Für Frauen und Kinder wurde ein Güterzug bereitgestellt,
der sie nach Mitteldeutschland evakuieren sollte. Ich hatte
mich auch für den Transport gemeldet. Als ich mich von den
Eltern verabschiedete, schärfte mir Mama ein: „Nimm dein

---

*) heute Jasień in Polen

Bett mit!" Für meine Eltern gab es keine Möglichkeit, Gassen zu verlassen. Die Front war jetzt nur noch 20 Kilometer von Gassen entfernt. Am Horizont blitzten ununterbrochen Geschützfeuer. Meine Eltern brachten mich zum Bahnhof. Es fuhr jedoch kein Zug mehr. Trotzdem wartete ich frierend auf dem Bahnsteig. Gegen Mitternacht kam Mama angerannt und brachte mir mein Sparbuch. Weinend verabschiedeten wir uns noch einmal.

Irgendwann in der Nacht hielt eine Lokomotive und nahm mich die zehn Kilometer bis Sommerfeld*) mit. Der kleine Bahnhof dort war vollgestopft mit Flüchtlingen. Die Kinder schrien, die Frauen weinten, es war furchtbar. In dem Zug, der am Morgen nach Guben fuhr, saß ich neben einem Mädchen, das ununterbrochen weinte. Ihr Arbeitsdienstlager war Hals über Kopf geräumt worden, und sie wußte nichts über den Verbleib ihrer Eltern.

In Guben ging ich gleich in meinen Betrieb, wo mich ein Anruf von Papa erreichte. Am nächsten Morgen telefonierten wir noch einmal. Da wurde bereits kurz vor Gassen gekämpft. Danach hatten wir keine Verbindung mehr.

Ein paar Tage später flüchtete ich mit einem Güterzug nach Mitteldeutschland. Wir durften nur wenig Gepäck mitnehmen. Ich hatte mein Bett und ein Köfferchen sowie die zum Rucksack umfunktionierte Skijacke dabei. Alle Kleidungsstücke trug ich dreifach übereinander. Eine Truhe mit Textilien hatte ich bereits vor Monaten bei Verwandten, im Keller der Sachsdorfstraße in Dresden, deponiert.

Nach einer siebentägigen, abenteuerlichen Fahrt, bei der mir das Bett gute Dienste geleistet hatte, erreichte ich Aschersleben. Dort wohnte ich bei Tante und Onkel, der einen Großhandelsbetrieb leitete. Die ganze Zeit über war ich in höchster Sorge um meine Eltern und um die Verwandten in Dresden. Ich hatte von dem schweren Angriff auf die Stadt gehört. Post wurde nicht mehr befördert.

Nach drei Wochen unternahm der Betrieb meines Onkels

---

*) heute Lubsko in Polen

*Nach meiner abenteuerlichen
Flucht im Februar 1945 suchte ich
meine Eltern, die damals östlich
der Neiße zurückbleiben mußten.
Auf dem Foto vom Sommer 1941
bin ich 22 Jahre alt.*

mit einem LKW eine Dienstfahrt ins Erzgebirge. Ich durfte mitfahren. Ich wollte nach Großvater in Dresden-Cotta sehen. Erleichtert stellte ich fest, daß dieser Stadtteil keine Bomben abbekommen hatte.

Großvater und ich lagen uns in den Armen. Wie aus einem Mund fragten wir gleichzeitig: „Wo sind die Eltern?" Jeder hatte bei dem anderen ihre Anwesenheit erhofft.

Dann kam Fliegeralarm. Wir rannten in den Keller. Einschläge waren zu hören, das Gemäuer schwankte. Bomben hatten das Kühlhaus von Cotta getroffen.

Ich wollte unbedingt meine Truhe mit den Textilien nach Aschersleben schicken. Onkel Erich half mir dabei. Bei Glätte und Schneeregen, der den ganzen Tag über nicht aufhörte, transportierten wir sie auf einem Tafelwagen zum Güterbahnhof. Dort wurde sie nicht entgegengenommen, wir sollten sie nach Radebeul bringen. Aber auch dort verweigerte man uns die Annahme. Also zogen wir den Wagen unverrichteter Dinge zurück in die Sachsdorfstraße.

Am nächsten Tag fuhr ich mit Großvater in die Dresdener Innenstadt. Auf Trampelpfaden liefen wir zwischen den Trümmerbergen hindurch. Beim Anblick der vielen Ruinen mußten wir beide weinen.

Am Abend fuhr ich mit dem Zug zurück nach Aschersleben. Im Abteil saß ein älteres Ehepaar mit einem kleinen Mädchen in einem Pelzmäntelchen. „Die ist in der Bombennacht allein umhergeirrt", meinte die Frau, „sie kann ihren Namen noch nicht sagen."

Ich wußte jetzt, daß ich meine Eltern vorläufig nicht sehen würde, denn die Front war inzwischen über Gassen hinweggerollt.

Zusammen mit den Bewohnern des Hauses brachte ich wegen der ständigen Fliegerangriffe zwei Wochen im Keller des Warenlagers zu, in dem wir von Flöhen fast zerstochen wurden. Als wir den Schutzraum wieder verlassen konnten, setzten sich die Wachposten des Wehrmacht-Lebensmittellagers, das sich auch auf dem Gelände des Betriebes befand, ab. Sofort begann das große Plündern. Die Menschen trugen nach Hause, was sie in Taschen und Koffern oder auf ihren Fahrrädern und Handwagen wegschleppen konnten. Das Ende war sowieso nicht mehr weit.

Als die ersten Ami-Jeeps in den Hof des Betriebes rollten, war der Krieg für uns vorbei. Die sonnigen Maitage stimmten mich optimistisch, die Eltern bald wiederzusehen. Wir hatten zwar davon gehört, daß an Oder und Lausitzer Neiße künftig die Grenze zu Polen verlaufen würde, die wirkliche Bedeutung dieser Aussage aber war uns Mitte 1945 noch nicht bewußt.

Ich nahm an, die Eltern wollten in diesen Zeiten ihr Haus nicht verlassen, und so war es für mich selbstverständlich, daß ich mich auf den Weg zu ihnen machte, um nach dem Rechten zu sehen. Der erste Zug, der wieder in Richtung Cottbus fuhr, bestand nur aus Güterwagen, die voller Menschen waren. Alle wollten zu ihren Verwandten hinter der

Grenze. Aber in Cottbus ging es nicht weiter. Also fuhr ich wieder zurück.

Post wurde noch immer nicht befördert. „Vielleicht sind die Eltern bei Großvater?" hoffte ich.

Im August fuhr ich mit dem Zug, diesmal waren es sogar Personenwagen, erneut nach Dresden. In allen Abteilen saßen und standen die Leute dichtgedrängt. Es war heiß, als ich in der geschundenen Elbestadt ankam. Die Straßenbahn fuhr nur ein kurzes Stück, dann mußte ich laufen.

Mein Herz klopfte, als ich bei Großvater klingelte. Er öffnete und wir umarmten uns. Dann wieder die bange Frage: „Und die Eltern?" – Großvater hob nur die Schultern.

Vor Erschöpfung und Hunger schlief ich an diesem Abend bald ein. Nachts gab es ein Gewitter.

Am nächsten Morgen saß ich deprimiert in der Küche. Großvater tröstete mich: „Sei nicht traurig, ich habe diese Nacht geträumt, deine Eltern hätten uns geschrieben, daß sie gesund wären und wir uns keine Sorgen machen sollten!"

„Jetzt dreht er vor Kummer durch!" dachte ich. Ich konnte nicht mehr an mich halten und weinte bitterlich. In dem Moment klingelte es an der Tür, und etwas fiel durch den Briefschlitz. Großvater ging hin und schwenkte lachend einen Brief in der Hand: „Hab' ich es nicht gesagt? Hier ist eine Nachricht von den Eltern!"

Jetzt wußten wir endlich, wo sie sich aufhielten. Durch einen Aushang, das war damals mangels Zeitungen üblich, wollten wir jemanden finden, der Polnisch sprach und einen Brief hinter der Grenze abgeben könnte.

Einem etwa fünfzigjährigen Mann vertrauten wir unsere Post an die Eltern an. Nach einigen Tagen kam der Mann zurück. Er hatte in Forst einen 13jährigen Jungen ausgemacht, der, in einer Lokomotive versteckt, öfter zu seiner Schwester über die Grenze fuhr. Auf diesem Weg erreichte der Brief schließlich die Eltern und ihre Anwort uns. Wir

*Meine Eltern,
Karl und Maria
Barth.
Wie froh war ich,
als ich sie wieder
bei mir hatte.
Eine Aufnahme
vom November
1950.*

hatten ihnen geschrieben, daß sie so schnell wie möglich nach Aschersleben oder Dresden kommen sollten. Sobald sie in Forst die bisher noch als vorläufig festgelegte Grenze überschritten hätten, sollten sie uns ein Telegramm schicken mit den Worten: „Zwei Zahnräder eingetroffen", denn Privattelegramme wurden noch nicht übermittelt. Der Onkel und ich wollten sie dann abholen.

Mitte November 1945 kam das langersehnte Telegramm. Vier Tage vor Mutters 54. Geburtstag konnten wir uns endlich wieder in die Arme schließen! Ach, wie dünn und zusammengefallen waren meine früher so stattlichen Eltern! Nur ein winziges Bündelchen brachten sie mit.

[Frankenberg/Eder, Hessen;
März–Mai 1945]

Ingeborg Werneken

„Fräulein nix lachen"

Meine erste Begegnung mit den Amerikanern fand aus großer Entfernung statt. Eine ungeheure Zahl ihrer Fliegenden Festungen*) zog in geordneter Formation wie silbern glänzende Vögel am tiefblauen Himmel über Frankenberg hinweg. Irgendwo würden sie ihre todbringende Last abwerfen. Obwohl ich mit Anfang 20 kein Kind mehr war, hinterließ dieser Anblick bei mir einen erhabenen Eindruck.

Das sollte sich schnell ändern. Gegen Ende des Krieges wurden auch kleinere Orte häufiger bombardiert. Die Luft war jetzt erfüllt von Geschwadern und einzelnen Tiefffliegern, vom Krachen der Bomben, mal näher, mal ferner, Tag und Nacht, so daß man nicht zur Ruhe kam. Angst und Wut erfüllte unsere Herzen.

Beim ersten Angriff auf unser Städtchen war ich noch voller Eifer und half, Kleinkinder und Wertgegenstände aus brennenden Häusern zu retten. Doch nach den Brandbomben kamen die Tiefflieger, und da wir durch die Flammen, die aus den brennenden Häusern loderten, gut beleuchtet waren, konnten die Piloten uns genau sehen und mit Maschinengewehrsalven jagen.

---

*) Flying Fortress: amerikanischer Langstreckenbomber Boeing B-17. Die Fliegenden Festungen wurden hauptsächlich bei Tagesangriffen gegen Deutschland eingesetzt.

Neben meinem Beruf und den zusätzlichen Nacht- und Feuerwachen war ich freiwillig ins Rote Kreuz eingetreten, um an den Sonntagen im Behelfskrankenhaus Dienst zu tun. Wie viele war ich damals zu großen Opfern bereit, weil ich es für meine vaterländische Pflicht hielt. Wie sonst hätten wir sechs Jahre Krieg, Entbehrungen und Bombenhagel aushalten können, während unsere Freunde an der Front den sogenannten Heldentod starben?

Einmal flüchtete ich panisch vor einem solchen Angriff und fiel in einen frischen Bombentrichter. Dort kauerte ich mich auf die Erde und erwartete mein Ende. Verrußt, versengt und weinend kam ich nach Hause.

Bei einem der Angriffe wurde auch unsere Dienststelle, das Landratsamt, von einer Bombe getroffen. Während wir durch die Gänge hasteten, vergaßen wir, die Akten zu retten, wie es uns eigentlich befohlen war. Was übrigblieb, wurde dann in eine Mühle vor der Stadt ausgelagert.

Der März des Jahres 1945 war ein warmer und sonniger Frühlingsmonat mit einem klaren, blauen Himmel, wie man ihn sich nur wünschen kann – wenn er nur nicht den Tieffliegern so deutlich ihre Ziele gezeigt hätte. Sie kamen nun täglich und verfolgten uns von morgens bis abends auf all unseren Wegen. Als ich einmal mit dem Fahrrad zum Dienst fuhr, schlugen die Salven neben mir ein, während ich vom Rad sprang und mich in den Straßenstaub warf.

Selbst die Felder mußten in diesem März unter dem Hagel der Geschosse bestellt werden. Bald wagte sich kaum noch jemand auf die Straße. Und keiner, der morgens das Haus verließ, wußte, ob er seine Angehörigen bei der Heimkehr noch antreffen würde.

Dann kam ein Tag, an dem sich in der Stadt zahllose ungeordnet flüchtende deutsche Soldaten aufhielten. Die versprengten Landser, viele von ihnen waren verletzt, erzählten uns, während wir unser letztes Brot mit ihnen teilten, daß die Amerikaner bei Remagen den Rhein überschritten hätten. Voll Schrecken erkannten wir, daß der Krieg nun endgültig vor unserer eigenen Tür stand.

Die Feinde hatten den Ruhrkessel geschlossen, und das Donnern der Kämpfe nahm kein Ende mehr. Nacht für Nacht standen die „Christbäume" am Himmel. In den sich kreuzenden Lichtbahnen der Flak kreisten die silbernen Vögel der Alliierten.

Mitte März war es dann soweit: Lange Kolonnen amerikanischer Panzer fuhren in Frankenberg ein. Laut dröhnten ihre Kettenfahrzeuge in den engen Straßen. Erste Schüsse fielen. Die letzten deutschen Soldaten waren am Tag zuvor abgezogen, nicht ohne uns Panzerfäuste vor die Türen zu legen, mit denen wir uns verteidigen sollten. Gerade noch konnte ich die Waffen verstecken, ehe meine Mutter und ich über die Straße in den Luftschutzkeller rannten, wobei uns Kugeln der auf den Panzern rotierenden MGs bereits um die Ohren flogen und zersprungene Scheiben und Mauerstücke vor unsere Füße fielen.

Nächste Seite: Registrierschein der amerikanischen Militärbehörde vom 24. April 1945. Dieses Papier mußte man stets bei sich tragen.

MILITARY GOVERNMENT OF GERMANY

TEMPORARY REGISTRATION

Zeitweilige Registrierungskarte

Name
Name   **Werneken, Inge**

Alter **23**   Geschlecht **female**
Age   Sex

Staendige Adresse **Frankenberg/Eder, Neustädter**
Permanent Address   **Str. 15**

Beruf **Clerk**
Occupation

Jetzige Adresse **Frankenberg/Eder, Neustädter Str. 15**
Present Address

    Der Inhaber dieser Karte ist als Einwohner von der Stadt **Frankenberg/Eder** vorschriftsmaessig registriert und ist es ihm oder ihr strengstens verboten, sich von diesem Platz zu entfernen. Zuwiderhandlung dieser Massnahme führt zu sofortigem Arrest. Der Inhaber dieses Scheines muss diesen Ausweis stets bei sich führen.

    The holder of this card is duly registered as a resident of the town of **Frankenberg/Eder** and is prohibited from leaving the place designated. Violation of this restriction will lead to immediate arrest. Registrant will at all times have this paper on his person.

Führerschein Nr. **31/40**

Ausgabeschein Nummer
Identity Card Number

Inge Werneken

Unterschrift des Inhabers
Signature of Holder

Name and Rank
Mil Gov Officer, US Army

Detachment No. ....
24. April 1945

Datum der Anmeldung
Date of Issue

(Dies ist kein Personal-Ausweis und erlaubt keine Vorrechte).
(This is not an identity document and allows no privileges).

Mein Vater, der sich als Volkssturmmann aus einem brennenden Zug gerettet hatte und erst am Tag zuvor nach Hause gekommen war, nannte uns Feiglinge und blieb vor der Haustür stehen. Doch als zwei Amis vom Panzer sprangen und ihn mit vorgehaltener Waffe an die Mauer drückten, zog er schnell sein Taschentuch und hielt es in die Luft – seine ganz persönliche Kapitulation.

Trotz der unbestreitbaren Übermacht der Amerikaner glaubte ich noch immer, sie würden bald wieder vertrieben werden. Meine Sorge war, daß ich dann vielleicht noch nicht einmal einen Ami aus der Nähe gesehen hätte. So schlich ich mich zur Haustür und schaute durch einen Spalt hinaus. Ich konnte nicht ahnen, daß ich die Besatzer noch viele Jahre erleben würde.

Für uns war der Krieg zu Ende. Die befreiten Kriegsgefangenen, Polen, Russen, Franzosen, plünderten unsere Stadt. Schadenfreude erfüllte uns, als so manche Hamsterware aus den Geschäften herausgeholt wurde, die uns die Ladenbesitzer in den vergangenen Monaten trotz Bezugsscheinen oft vorenthalten hatten. Doch als man dann auch in unsere Wohnungen eindrang, verging uns der Spaß. Fotoapparate, Uhren, Schnaps und andere Dinge wechselten unfreiwillig den Besitzer. Schließlich machte die amerikanische Militärpolizei den Plünderungen ein Ende.

Bald kamen die US-Soldaten selbst in die Häuser, um sie von oben bis unten zu inspizieren. Ein deutschsprechender Zivilist, vielleicht ein emigrierter Jude, hielt mich derweil mit einer mehrschwänzigen Lederpeitsche in Schach. Trotzig antwortete ich auf seine Frage, ob ich Nazi sei, mit einem unerschrockenen Ja!

Er war verblüfft, hatte wohl die Wahrheit bisher selten gehört. So sah er mich nur eisig an, tat mir aber nichts.

Am nächsten Tag hieß es, daß wir unsere Häuser innerhalb von zwei Stunden mit nur einem Koffer Wäsche verlassen müßten, sie würden besetzt. Dabei fiel mir die unangenehme Aufgabe zu, als Dolmetscherin auch die Nachbarn darüber zu unterrichten. Dann wurde befohlen, daß wir Sessel, Teppiche und Lampen in das gegenüberliegende Gebäude bringen sollten, wo die Amerikaner ihre Feldpost einrichteten.

Ich antwortete patzig, in Deutschland sei es nicht Sitte, daß Frauen für Männer schwere Gegenstände tragen. Deswegen müßten sie sich schon selbst bemühen. Das taten sie dann auch.

Nach 18 Uhr durfte niemand mehr die Häuser verlassen oder die Fenster geöffnet halten; es wurde scharf geschossen. Die Wohnungen mußten offen bleiben. Nacht für Nacht zogen die Sieger mit dem Ruf „Fräulein" durch die Häuser, wobei nicht immer auf die Freiwilligkeit gewartet wurde. Meine Eltern versteckten mich unter ihrem Bett.

Tagsüber streiften wir hungrig auf den Feldern umher. Einmal, als ich Brennesseln und Löwenzahn suchte, donnerte ein Tiefflieger über mich hinweg. Die Angst vor dem Maschinengewehrfeuer saß mir noch in den Gliedern, und ich warf mich ins Gras. Die Amerikaner, die mich auch hierhin verfolgt hatten, lachten laut darüber. Sie hatten die Hände voll mit Schokolade, Perlonstrümpfen und duftender Seife. Da ich aber gegenüber ihren Angeboten stur blieb, riefen sie bald "Fräulein nix lachen!" hinter mir her.

Der Hunger wurde unerträglicher, und so machte sich mein Vater eines Tages zum Hamstern auf. Er fragte in den Dörfern der Umgebung nach Eßbarem. Das war verboten, er hatte Pech, eine amerikanische Streife stellte ihn und nahm ihm alles wieder ab.

Irgendwann wurden die regulären Militäreinheiten durch Besatzungssoldaten abgelöst. Während des Wechsels standen die meisten Häuser einen Tag lang leer. Diese Gelegenheit nutzten meine Mutter und ich, um uns einige der beschlagnahmten Gegenstände zurückzuholen. Das Requirieren ging aber wenig später weiter, und als dann noch die

Radios mitgenommen wurden, war es uns nicht mehr möglich, das weitere Kriegsgeschehen zu verfolgen.

Nach dem Abzug der kämpfenden Truppe erzählte man sich die tollsten Dinge über Eßwaren, Seife und gar Wolldekken, die die GIs in den kurzfristig unbesetzten Häusern zurückgelassen hätten. So versuchten meine Freundin und ich, in unsere frühere Dienststelle einzudringen, ein ehemaliges Kloster, das beim Angriff nur teilzerstört war.

Dort befanden sich allerdings doch noch Soldaten. Natürlich wurden wir von einem Posten entdeckt. Er führte uns mit entsichertem Gewehr durch die Stadt zum Kommandanten. Wir flunkerten dem Befehlshaber vor, wir hätten noch Privatgegenstände in unseren Schreibtischen gehabt. Er herrschte uns an: „Das kann ich glauben oder nicht!", ließ uns aber gehen.

Es beunruhigte mich sehr, daß ich nichts vom Fortgang des Krieges erfuhr, und so ging ich täglich zur amerikanischen Feldpost, wo der Wehrmachtsbericht angeschlagen war. Hier führte ich einige interessante Gespräche mit amerikanischen Offizieren. Ich erkannte, daß diese keinerlei persönlichen Haß gegen uns hegten.

Angstvolle Wochen voller Ungewißheit vergingen, bis wir eines Morgens plötzlich von draußen Musik hörten. Die Amis tanzten und sangen auf den Straßen. Ich rannte zur Feldpost und erfuhr, daß der Krieg zu Ende ist. Erschüttert brach ich in Tränen aus. Ein Offizier fragte mich, warum ich nicht fröhlich sei.

Ich schluchzte: „Weil wir den Krieg verloren haben!"

(Weitere ZEITGUT-Beiträge dieser Autorin sind im Autorenverzeichnis am Ende des Buches vermerkt.)

[Oldenburg, Niedersachsen;
April 1945]

Marianne Diepen

„*Du nicht Feind!*"

Das Kriegsende war abzusehen. Die britische Armee rückte
von Süden immer weiter auf Oldenburg zu. In der Landwirtschaftlichen Zentral-Genossenschaft (LZG) hatte man die un-
ersetzbaren Buchungsmaschinen in den Luftschutzkeller verfrachtet. Dort saßen wir nun von morgens bis abends bei der
Arbeit. Obwohl wir das Leben im Keller für „ungesund" hielten, bewahrten wir uns doch unseren Humor. Bei Fliegeralarm und später auch bei Artilleriebeschuß versuchten wir,
unsere Angst einfach zu ignorieren. Sogar manchen kleinen
Streich ließen wir uns einfallen.

So öffneten wir das Fenster zur Straße, wo wir nur die
Beine der Passanten beäugen konnten. Manchmal schaute
jemand herein und schäkerte mit uns. Ein anderes Mal banden wir ein Fahrrad, das jemand direkt vor unserem Fenster
abgestellt hatte, mit Farbband kreuz und quer mit vielen
Knoten fest. Dann warteten wir, was passieren würde. Wir
sahen nur den Schatten eines Menschen, der stehenblieb.
Würde der Genarrte an die Scheibe klopfen?

Nein, er gönnte uns den Spaß nicht, er schnitt das „Ge-
binde" einfach mit einem Taschenmesser ab und ließ es vor
unserem Fenster liegen. Irmi murmelte noch: „Dieser alte
Grieskopf hat wohl gar keinen Humor."

Wenn Alarm gegeben wurde, eilte die gesamte LZG-Be-
legschaft zu uns in den Keller. Da Oldenburg noch nicht Ziel

Die weibliche Belegschaft der Buchhaltung der Landwirtschaftlichen Zentral-Genossenschaft in Oldenburg. Hintere Reihe, die zweite von links bin ich.

schwerer Luftangriffe gewesen war, hielt sich unsere Angst in Grenzen. Die Kollegen holten ihre Skatkarten hervor. Manche bedauerten sogar, wenn Entwarnung gegeben wurde.

Häufig war Stromsperre. Dann standen die Buchungsmaschinen still, und wir rechneten mit manuell zu bedienenden Multipliziermaschinen Zinszahlen, erledigten Briefpost oder die nie enden wollende Ablage der Belege.

In der Frühstückspause besuchten wir unseren kriegsblinden Telefonisten, der trotz seiner schweren Verwundung stets heiter war. Er erkannte uns an unseren Stimmen. Beim Frühstück tauschten wir oft unsere Brote. Zwei Kollegen, die vom Lande kamen, brachten immer gut belegte Schnitten mit, während wir Städter meist nur selbstgemachten Brotaufstrich aus Zwiebeln und angedickter Mehlschwitze hatten.

Für die Nächte wurden Wachen eingeteilt. Sie hatten bei Bombenangriffen auf ausbrechende Feuer zu achten. Zwei Frauen mußten auf dem Dachboden schlafen, während sich die Männer im ersten Stock aufhielten. Abends unterhielten wir uns oder arbeiteten noch fleißig; gegen 22 Uhr sang die „holde Weiblichkeit" zweistimmig ein paar Abendlieder für die Männer, dann war Ruhe.

Am nächsten Tag bekamen diejenigen, die Nachtwache gehalten hatten, zwei Stunden frei. Auf die Frage einer neuen Kollegin, was zu tun sei, wenn wirklich Brandbomben fallen sollten, bekam sie zur Antwort: „Abwehren, natürlich!"
„Ja, aber wie denn? Mit dem Regenschirm?" Wir lachten. Wir lachten überhaupt viel, aber es war keine echte, sondern eher eine unsichere Heiterkeit. Die Kollegin wurde darüber belehrt, daß sie im Falle eines Brandbombentreffers sofort die Direktion und die Feuerwehr anzurufen hätte.

Es gab nun merklich weniger Arbeit, weil Saatgut, Getreide, Futter-und Düngemittel sowie Landmaschinen wegen der immer näher kommenden Front ihr Ziel oft nicht mehr erreichten und daher nicht an die Mitgliedsgenossenschaften weitergegeben werden konnten. Die Belegschaft wurde immer noch bedacht, wir bekamen – natürlich gegen Bezahlung und auch nur in kleinen Mengen – Sackstopfgarn, aus dem wir uns Strümpfe und Pullover strickten. Auch Kartoffeln oder Roggenschrot gab es. Ich durfte manchmal den Lagerfußboden fegen und die Körner, die beim Verladen aus den Getreidesäcken gefallen waren, mit nach Hause nehmen. So hatten wir wieder etwas Futter für unsere vier Hühner.

Blieben volle Güterwagen wegen Beschuß liegen, wurden sie mitunter von der Bevölkerung geplündert. Die Polizei konnte eben nicht überall sein. Selbst Kinder klaubten auf dem Bahnhof im Schlackenkanal noch heiße, ja glühende Kohlen auf und beförderten sie auf Handwagen nach Hause. Das war verboten, aber man mußte ja irgendwie überleben! Propagandaplakate hingen an den Wänden: „Räder müssen rollen für den Sieg!" Mancher glaubte sogar noch daran. Und wer es nicht tat, durfte das um nichts in der Welt laut sagen!

Als ich eines Abends nach Hause lief, sah ich beim Kaufmann eine lange Menschenschlange anstehen. Es gab Sonderzuteilungen aus Lagerbeständen der Wehrmacht! (Oldenburg war ja Garnisonstadt.) Pro Kopf fünf Pfund Butter, Honig, Zucker, Nährmittel und sogar Alkohol. Über den Draht-

Lange Schlangen des Nachts vor den Läden. Kurz vor Kriegsende gab es Sonderzuteilungen aus Lagerbeständen der Wehrmacht. Unser Ausweis zum Einkauf von bezugsbeschränkten Lebensmitteln und anderen Waren.

funk der NSDAP Oldenburg-Stadt wurde laufend bekannt-gegeben, was alles zu haben war: Konserven, Brot, Mehl, Hülsenfrüchte... Sogar Stoffe und Schuhe wurden angebo-ten – alles, was das Herz begehrte! Wir fühlten uns wie im Schlaraffenland. Es herrschte ein Rummel in der Stadt, wie früher zu Zeiten des Kramermarktes, Oldenburgs „fünfter Jahreszeit". Alarm, Flugzeuge und Verdunkelung interes-sierten nicht mehr. Wir standen die halbe Nacht hindurch Schlange vor den Geschäften. Überall warteten die Menschen mit Handwagen, Wannen, Waschkörben oder Kinderwagen, um all die Kostbarkeiten nach Hause zu transportieren.

Einen Teil der Butter gaben wir in Weckgläser. Oben auf die Butter wurde ein brennender Wattebausch oder Kerzen-stummel getan, dann kamen der Weckring, der Deckel und die Klammer auf das Glas. War das Feuerchen erloschen, war das Glas luftdicht verschlossen und die Butter haltbar.

Am nächsten Morgen bekam ich eine neue Kleiderausstattung vom Deutschen Roten Kreuz. Ich sollte jetzt im Lazarett eingesetzt werden. Das wußte unser Chef allerdings zu verhindern. Er machte geltend, daß er als Verantwortlicher einer ernährungswirtschaftlich wichtigen Firma auf keinen seiner ihm anvertrauten Mitarbeiter verzichten könne. Ich mußte jedoch ab sofort in Rotkreuzschwesterntracht zur Arbeit gehen und mich im Falle eines Bombenabwurfs sofort bei der Polizei melden, die mich dann einsetzen würde.

Einige Tage später wurde ich zusammen mit einem männlichen DRK-Helfer zur Firma Lehmkuhl am Bahnhofsplatz geschickt. Das Gebäude war bei einem Luftangriff teilweise beschädigt worden. Der Kollege riet mir, einstweilen draußen zu warten, er wolle drinnen allein nachsehen.

Ich stand neben der Güterabfertigung und entdeckte plötzlich, daß keine zwanzig Schritte neben mir ein Kesselwagen von außen brannte. Mein Herz blieb vor Schreck fast ste-

Meinen Lazarett-Dienst als Rotkreuz-Helferin wußte mein Chef zu verhindern. Dafür mußte ich (rechts) fortan in Rotkreuzschwesterntracht zur Arbeit erscheinen und mich nach jedem Bombenabwurf bei der Polizei melden, die mir dann den Einsatzort zuwies.

hen! Ich war wie gelähmt, rührte mich nicht vom Fleck. War
das der unbedingte Gehorsam, die Todesverachtung, die uns
in den letzten Jahren eingebläut worden waren?

Da kam ein offener Geländewagen näher, in dem unser
DRK-Feldführer und unsere Führerin saßen. Die Frau rief
mir zu: „Marianne, mach', daß du hier wegkommst! Wir sollen uns doch nicht mutwillig in Gefahr begeben!"

Und ich ging ganz langsam, schleichend, als könne eine
hastige Bewegung eine Explosion auslösen. Fast unbewußt
bog ich um die nächste Straßenecke. Dort setzte ich mich
erst einmal auf die Stufen eines Hauseingangs. Ganz langsam regten sich meine Lebensgeister wieder.

Fünf Männer der Technischen Nothilfe, unter ihnen mein
Vater, schoben einen offenen Leiterwagen heran. Ich sah, wie
sie von der Straße Leichen aufhoben, sie auf den Wagen legten und zudeckten. Menschen, die es nicht geschafft hatten,
rechtzeitig den Luftschutzkeller aufzusuchen. Vor Entsetzen preßte ich die Fäuste gegen meinen Mund. Mein Vater
bemerkte mich, kam zu mir, legte seinen Arm um mich und
sagte: „Du brauchst ja Mutter nicht zu sagen, was ich hier
machen muß." Ich versprach es.

Wenig später heulten die Sirenen abermals. Ich befand
mich gerade vor dem Hochbunker und flüchtete mit anderen Menschen hinein. Plötzlich sah ich meine Schwester
Herta zwischen all den Leuten. Wir eilten aufeinander zu
und umarmten uns, als hätten wir uns Jahre nicht gesehen.
Herta war kürzlich vom Reichsarbeitsdienst zurückgestellt
worden, weil der Arzt auf ihrer Lunge einen Schatten entdeckt hatte. Als Entwarnung gegeben wurde, hatte ich es
eilig, nach Hause zu kommen. Herta wollte noch in die Stadt
gehen.

An der Nadorsterstraße, auf Höhe des Gertrudenfriedhofs,
lief unter Bewachung eine Gruppe kriegsgefangener Franzosen, die von der Arbeit zu ihrem Lager, der beschlagnahmten VfL-Turnhalle, wollten. Und wieder wurde Alarm gege-

ben. Die Franzosen warfen sich zu Boden und preßten sich an die Friedhofsmauer. Passanten von der Straße taten es ihnen gleich, ich auch. Tiefflieger rasten über uns hinweg, aber es wurde nicht geschossen.

Langsam hoben wir unsere Köpfe. Mein Blick traf die Augen eines Franzosen. „Unsere Feinde", ging es mir dabei durch den Kopf, „ob sie sich freuen, daß der Krieg für uns Deutsche so gut wie verloren ist?"

Der Franzose sah mir wohl meine Nachdenklichkeit an. Er streckte mir seine Hand entgegen, und ich ergriff sie. Da legte er seine zweite darüber. „Du nicht Feind!" sagte er und zeigte dabei auf meine schmutzig gewordene DRK-Uniform. „Rote Kreuz gut – gut für alle!"

Ich nickte, lachte und weinte, alles in einem. Dies war wieder so ein Augenblick in meinem Leben, in dem ich Gottes Atem spürte.

Zu Hause angekommen, sah ich meine Mutter verzweifelt auf der Straße umherlaufen. „Was ist denn los?" rief ich.

„Ach, es ist schrecklich, alle sind weg, Wilhelm, Vater, Herta, du – alle! Ich bin ganz allein, niemand kommt nach Hause, und dann sind auch noch Bomben gefallen! Ich habe solche Angst um euch gehabt!"

Ich unterbrach sie: „Mutter, wir leben! Ich habe Vater und Herta gesehen. Vater ist mit der Technischen Nothilfe zum Aufräumen unterwegs gewesen, und Herta hat im Hochbunker Schutz gefunden. Sie kommt gleich, und ich bin schon da. Komm, Mutter, jetzt brauche ich eine Riesentasse Tee!"

Später, als alle zu Hause waren, tischte Mutter uns ein kräftiges Abendessen auf. Wir hatten ja unverhofft Proviant bekommen. Viel redeten wir nicht mehr. Wir waren ob der Aufregungen und Anstrengungen sehr müde und hofften auf eine alarmfreie Nacht.

*(Weitere **ZEITGUT**-Beiträge dieser Autorin sind im Autorenverzeichnis am Ende des Buches vermerkt.)*

[Brüssow, Uckermark – Neubrandenburg – Demmin –
Woldegk, Mecklenburg-Vorpommern;
Ende April/Anfang Mai 1945]

Ursula Meier-Limberg

Drei Armbanduhren

Unser Städtchen ist voller Flüchtlinge und Militär. Die
Flüchtlinge kommen aus Ostpreußen und Hinterpommern.
Sie sind in einem jämmerlichen Zustand, leiden an Erfrie-
rungen, Erschöpfung, Unterernährung und Verletzungen.
Krankenstuben, Säuglingsstellen und Küchen sollen helfen,
so gut es geht. Die Not dieser armen Menschen ist groß, aber
ebenso auch die Hilfsbereitschaft unserer Bevölkerung.
Am 27. April 1945 läuten mittags die Kirchenglocken. Das
ist ungewöhnlich, alle laufen zum Marktplatz. Der Bürgermeister gibt bekannt, daß die Russen am Tag zuvor Stet-
tin*) – nur 30 Kilometer nördlich von uns gelegen! – eingenommen haben. Er fordert uns auf, die Stadt schnellstens
zu verlassen, da sie Kampfgebiet werde. Wir sollen keine
Hauptstraßen benutzen, sondern Neben- und Feldwege in
Richtung Westen.
Es ist eingetreten, was keiner von uns wahrhaben wollte.
Jetzt sind auch wir Flüchtlinge. Aber wohin fliehen?
Wir sind stumm vor Schmerz und Angst. Nachbarn umar-
men sich still. Unser Bäcker bleibt bis zur letzten Minute in
seiner Backstube, um uns mit Brot für unterwegs zu versor-
gen. Dann stehen wir vor der Frage: Was nehmen wir mit?
Was hierlassen? Die Frage ist schier unlösbar.
Mitten in den Vorbereitungen setzt ein Tieffliegerangriff
ein. Kleine, russische Flugzeuge fliegen über unsere Stadt

*) heute Szczecin in Polen

und schießen, bis es brennt. Niemand wagt sich auf die Straße. Die Menschen sitzen in ihren Kellern, zwischen Kohlen und Kartoffeln, denn einen Luftschutzbunker haben wir nicht.

Schließlich steht unser Wagen fertig in der Toreinfahrt, die Pferde, schon angeschirrt, sind aufgeregt. Ich lege meine Arme um ihre Hälse, um sie zu beruhigen. Die Tiefflieger schießen immer noch. Die Stadt brennt an allen Ecken, eine Seite des Marktplatzes, auch das Haus unseres Bäckers und das Haus des Pastors. In einem günstigen Moment fahren wir los. Wir schlagen auf die Pferde ein, um so schnell wie möglich dem Inferno zu entkommen. Am Brüssower See biegen wir auf die Landstraße zur Caselower Heide.

Vor und hinter uns ein Elendszug ohnegleichen. Die Bauern haben ihre Ställe geöffnet, alles Vieh zieht mit, Hunderte von Pferden, Kühen, Schweinen, Lämmern. Das Vieh brüllt vor Hunger und Angst. Immer wieder kommt der Treck zum Stehen, dabei ist höchste Eile geboten.

Wir sind jetzt schon drei Tage unterwegs. Jedesmal, wenn wir uns etwas ausruhen wollen, heißt es weiter, weiter, gleich sei der Russe hier. Wir haben keine Empfindungen mehr, wir haben nur noch den Wunsch zu schlafen. In einer sehr kritischen Situation will Mutter, daß wir uns alle vergiften. Wir können sie überzeugen, damit noch zu warten.

Vor Neubrandenburg stehen wir drei Stunden auf der Hauptstraße und erleben einen Großangriff. Flugzeuge mit deutschem Hoheitszeichen bombardieren die Stadt. Sie schießen auch auf den Flüchtlingstreck. Wir liegen im Straßengraben und beten. Pferde gehen durch, Wagen brennen, Menschen werden getroffen. Es gibt keine Worte, um das Grauen zu schildern.

Kurz vor Demmin holen uns die Russen ein. Wir machen gerade auf einem Bauernhof Rast, als die Magd angerannt kommt und schreit: „Die Russen sind im Dorf!"

Wir flüchten mit den Bauern des Dorfes querfeldein. In einem nahen Gehölz haben sie sich Erdhöhlen gebaut. Wir fahren unseren Wagen unter dichtes Gestrüpp und erwarten mit Bangen die Nacht. Von der Chaussee her hören wir Panzerrollen und Schüsse, aber hier passiert nichts.

Am anderen Morgen wissen wir nicht, was wir tun sollen. Einige beherzte Bauern gehen hinüber ins Dorf, um nachzusehen, wie die Situation ist. Sie kommen mit der Nachricht zurück, wir sollten unsere Verstecke verlassen, es werde uns nichts geschehen. Wir haben Angst.

Auf dem Weg ins Dorf werden wir von russischen Panzersoldaten auf deutsch gefragt, wo wir denn herkämen. Sie raten uns, so schnell wie möglich zurückzufahren, denn bald sei die Nachhut hier, das könne schlimm für uns werden. Dann schenken sie uns noch ein Brot.

Wir kehren um. Doch jetzt beginnt das eigentliche Elend. Auf der rechten Straßenseite zieht der Rest des Trecks. Uns entgegen rollen russische Panzer, die alles niederwalzen, was sich ihnen in den Weg stellt. Ihnen folgt die Nachhut, schnauzbärtige Soldaten, die wie Mongolen aussehen, auf kleinen Pferdewagen.

Wir sind ihre Beute. Sie plündern alles, sogar die Stiefel und Mäntel müssen wir ausziehen. „Germanski braucht nicht!" rufen sie. Sie finden sämtlichen Schmuck, aber am meisten begehrt sind Uhren. So viele Uhren gibt es auf der ganzen Welt nicht, wie sie haben wollen. Pferde werden ausgespannt und die Wagen einfach in den Graben gekippt. Kisten und Truhen voller Wäsche, Silber, Betten und sonstiger Hausrat häufen sich in den Straßengräben. Keiner kann es mitnehmen und tragen.

Abends werden Frauen und Mädchen für die Nacht gesucht. Frauen schreien um Hilfe, die Kinder schreien nach ihren bedrängten Müttern. Junge Mädchen klammern sich an ihre Eltern und werden brutal weggerissen. Wer sich weigert, wird abgeknallt.

Die Straße nach Neubrandenburg trägt die Spuren eines geschlagenen Volkes. Im Straßengraben türmen sich umgestürzte Treckwagen, dazwischen liegen Tote. Keiner sieht mehr hin, jeder hat mit sich zu tun. Seit Tagen haben wir nicht mehr geschlafen.

Am Ende der Straße steht eine Russin, die wild mit ihrer Pistole fuchtelt und auf jeden dritten Wagen schießt – einfach so! Als wir näher kommen, beten wir laut. Wir haben Glück und bleiben verschont.

Wir kommen nach Woldegk, es ist der 1. Mai. Die Russen haben überall Transparente mit der Aufschrift „Frieden und Freiheit" aufgehängt. Sie sind betrunken, grölen und spielen mit ihren Maschinenpistolen. Wir dürfen diese Straße nicht weiterfahren und werden über einen einsamen und sehr sandigen Waldweg geschleust. Die Pferde sind kaum in der Lage, die Wagen über den weichen Untergrund zu ziehen. Mit letzten Kräften schieben wir, doch immer wieder bleibt einer der Wagen stecken.

Die Pferde sind genauso erschöpft wie wir. Viele Tiere brechen zusammen. Wir haben kein Futter für sie, pflücken am Straßenrand Gras. Auch wir haben kaum noch zu essen. Unsere Tagesration besteht aus einer Scheibe Wurst. Besonders quälend ist der Durst. Einmal sehen wir nachts auf dem Feld Wasser glänzen. Beim Hinkommen erkennen wir, es ist nur eine Regenpfütze. Wir trinken trotzdem davon.

Wir wissen nichts über die Lage. Ist der Krieg vorbei?

Es geht das Gerücht um, der Amerikaner habe dem Russen das ganze Deutschland bis zum Rhein überlassen.

Ein Russe in Lederjacke, einer der gefürchteten Kommissare, läuft auf mich zu. „Komm Frau!" ruft er und will mich wegziehen. Ich schreie und schlage um mich. Vater will mir helfen. Dabei versetzt der Rotarmist ihm einen solchen Faustschlag ins Gesicht, daß er einige Zähne verliert.

Ich kann mich losreißen. Aber wohin soll ich laufen?

Es gibt kein Versteck. Überall stehen grinsende Russen.

Ich renne wohl an zehn Treckwagen vorbei nach vorne und hänge mich an den Arm eines älteren Mannes. Ich flehe ihn an, mir zu helfen. Er schiebt mich zwischen seine beiden Pferde.

Nach geraumer Zeit wage ich es, am Wegesrand auf meine Eltern zu warten. Da packen die Soldaten zu. Sie sind mir unauffällig gefolgt, haben mich nicht aus den Augen gelassen. Sie stoppen uns und drei weitere Wagen. Sie fuchteln mit ihren Pistolen herum. Wir müssen die Wagen zur Seite fahren und uns, Frauen und Männer getrennt, vor ihnen aufstellen. Dann sagen die Russen, sie würden uns in wenigen Minuten erschießen.

Totenstille. Wir sind wie erstarrt. Keiner bettelt um sein Leben. Neben mir steht eine hochschwangere Frau mit drei kleinen Kindern. Sie hat die Arme um ihre Kinder gelegt und blickt wie irr von einem zum andern. Da tritt Vater auf uns zu und nimmt uns in den Arm. Sein Mund zittert. Ich klammere mich in Todesangst an Mutters Arm. Man kann uns doch hier nicht einfach abknallen, denke ich noch. Ich bin 20 Jahre alt.

Einer der Russen geht mit schußbereiter Pistole ständig vor uns auf und ab. Dann brüllt ein anderer: „Uri! Drei Uri!"

Aber wer von uns hat jetzt noch eine Uhr?

Ich habe tatsächlich noch meine goldene Armbanduhr im Strumpf stecken. Wie ein Wunder taucht eine zweite Uhr auf, die dritte wird uns von einem anderen Treckwagen zugeworfen. Die Russen betrachten lange die Uhren, drehen sie hin und her. Sie klopfen sich gegenseitig auf die Schulter, freuen sich wie die Kinder.

Wir dürfen weiterziehen. Vater bekommt Fieber, bricht zusammen. Phantasierend liegt er im Treckwagen. Wir weinen stumm vor uns hin.

Ausgehungert und erschöpft erreichen wir schließlich wieder unseren Heimatort. Brüssow ist, wie die umliegenden Dörfer auch, fast leer. Nur wenige Einwohner sind inzwischen zurückgekehrt. Unsere Wohnung ist verwüstet. Alle Wohnungen sehen so aus.

Wir sind von der Außenwelt total abgeschnitten. Es gibt keinen Strom, kein Radio, keine Post, keine Zeitung, keine Verwaltung. Niemand weiß etwas Genaues über die politische Lage. Es gibt keinerlei Fahrmöglichkeiten. Selbst die Fahrräder haben die Russen mitgenommen. Sie fahren damit auch ohne Bereifung. Alle Geschäfte sind geplündert.

Wie soll es bloß weitergehen?

Wir haben Angst vor den Russen. Sie sind uns sehr fremd, sie trinken viel, sind ungezügelt und unberechenbar. Mal sind sie nett, mal grausam.

Im ehemaligen Schloß des Feldmarschalls von Mackensen richten die Russen ihre Kommandantur ein. Von dort erfahren wir, daß der Krieg aus ist.

(Weitere ZEITGUT-Beiträge dieser Autorin sind im Autorenverzeichnis am Ende des Buches vermerkt.)

Winfried P. Sommer

Meine Stunde Null

Als Stunde Null wird im allgemeinen ein Zeitpunkt bezeichnet, an dem die alten Lebensumstände aufhören zu existieren und neue beginnen. Das war in Deutschland am 9. Mai 1945 der Fall, als die deutsche Wehrmacht die Urkunde über ihre bedingungslose Kapitulation unterzeichnete. Meine Stunde Null begann am 1. Mai.

Anfang März 1945 war ich an der Ostfront bei Guben zum dritten Mal verwundet worden. Mit einem Lazarettzug wurde ich in meine Heimatstadt Berlin gebracht und kam in das mir gut bekannte St. Gertrauden-Krankenhaus in Wilmersdorf, jetzt Reservelazarett 112. Am 13. April wurde ich entlassen, bis zum 27. April hatte ich noch 14 Tage Genesungsurlaub. Laut Marschbefehl sollte ich mich am 28. April in Neumünster, in Schleswig Holstein, bei einem Ersatztruppenteil melden. Inzwischen fuhren keine Züge mehr aus Berlin heraus, die Rote Armee hatte den Ring um die Reichshauptstadt geschlossen. Kurzerhand entschied ich mich, meine Uniform auszuziehen und Zivilkleidung zu tragen.

Bei meinen kurzen Spaziergängen mit dem Stock sah ich den Umfang der Zerstörungen durch Bomben und Artilleriebeschuß im ehemals schönen Wilmersdorf. Leere Fensterhöhlen, Trümmer und Schutt. Auf dem Kurfürstendamm wurden aus Bussen, Straßenbahnwagen und Steinen Panzersperren gebaut. An den Litfaßsäulen klebten Aufrufe an

Ende April 1945: Kurzerhand entschied ich mich, meine Uniform auszuziehen und Zivilkleidung zu tragen. Seit ich den Befehl zur Ersatztruppe nicht befolgt habe, bin ich ein Deserteur, den jeder deutsche Polizist in diesen Tagen hätte erschießen können.

alle Soldaten, sich sofort an bestimmten Stellen der Stadt zur Verteidigung zu melden.

Am 29. April begab ich mich in den Keller des Hauses Georg-Wilhelm-Straße 6, einer Seitenstraße des Kurfürstendamms. Am folgenden Tag verbreitete der Rundfunk noch die Nachricht über „den heldenhaften Kampf im Bereich der Reichskanzlei". Und kurz darauf: „Der Führer Adolf Hitler ist an der Spitze seiner Truppen gefallen."

Am 1. Mai, gegen 11 Uhr, tritt plötzlich draußen totale Stille ein. In den Straßen hängen die Staubwolken vom Artilleriebeschuß. In der Ferne sind noch vereinzelt Schüsse aus Geschützen und Granatwerfern zu hören, dazwischen Rattern von Maschinengewehren und Maschinenpistolen. Wir sind übernächtigt, ängstlich sitzen wir auf unseren Betten oder Stühlen. Niemand wagt es, den Keller zu verlassen. Jeder weiß: Gleich kommen die Russen! Die Stille ist unheimlich, kein Autogeräusch, keine Schritte.

Kinder weinen. Die Erwachsenen beginnen leise darüber zu reden, wie man sich verhält, wenn die Russen hereinkommen. Flüchtlinge haben von Gewalttaten gegen deutsche Frauen und Mädchen erzählt. Der russische Dichter Ilja

Ehrenburg hätte sogar öffentlich dazu aufgerufen, „den Stolz der deutschen Frau zu brechen". Und russische Soldaten haben in den von ihnen besetzten Gebieten vom Plünderungs-„recht" regen Gebrauch gemacht. Das alles geht uns durch den Kopf. Wir rechnen mit dem Schlimmsten.

In dieser angespannten Situation geraten meine Fronteinsätze in Rußland und Frankreich trotz aller Grausamkeit fast in Vergessenheit. Ich bin 21 Jahre alt, seit meinem 18. Lebensjahr bin ich Soldat. Für mich ist jetzt die Stunde Null angebrochen. Der Krieg ist, wenigstens für uns hier im Keller, zu Ende. Und ich lebe!

Um sich vor Übergriffen der Russen zu schützen, schminken sich einige Frauen eilig in übertriebener Weise. Damit wollen sie vortäuschen, dem horizontalen Gewerbe anzugehören. Sie hoffen, dadurch in Ruhe gelassen zu werden, denn, wie bekannt ist, haben die Russen Sorge vor ansteckenden Krankheiten. Oder sie machen sich viel älter, als sie sind, schwärzen ihre Gesichter und ziehen die Kopftücher tief in die Stirn. Nichts soll daran erinnern, daß sie noch vor kurzem elegante Hauptstädterinnen gewesen sind.

Die wenigen Männer im Keller sind entweder alt oder nach Verwundungen aus dem Wehrdienst beurlaubt oder entlassen worden. Funktionäre der NSDAP ziehen ihre braunen Uniformen aus. Sie haben bis zur letzten Minute wehrfähige Männer und Jungen gesammelt und in sinnlose Fronteinsätze getrieben. Da ich am Stock gehe, haben die Ordnungshüter wohl angenommen, ich sei aus der Wehrmacht entlassen worden. Bis jetzt habe ich Glück gehabt. Doch vor mir liegt eine ungewisse Zukunft. Was werden die Russen mit mir machen? Muß ich als Gefangener nach Rußland? Vielleicht sogar nach Sibirien? Oder erschießen sie mich gleich, weil ich im wehrfähigen Alter bin und sie annehmen, daß ich als Soldat in Rußland gegen sie gekämpft habe?

Diese und ähnliche Gedanken plagen die meisten Menschen hier im Keller. Die größten Sorgen machen sich die

Frauen. Sie haben Angst, besonders um ihre Kinder. Wird man sie mißhandeln oder nach Rußland verschleppen? Die Nazis haben sogar von Ausrottungsplänen der Russen gesprochen. Das sitzt tief in den Köpfen der Menschen.

Die Stille im Keller zermürbt.

Plötzlich Geräusche von Panzerketten und Fahrzeugen. Einige Männer gehen hinaus, um zu sehen, ob es sich vielleicht um Reste deutscher Truppen handelt. Nein, es sind die Russen! Die Männer rennen zurück in den Keller, und schon tauchen die ersten Soldaten der Roten Armee in ihren erdbraunen Uniformen bei uns auf. Sie fragen in gebrochenem Deutsch, ob sich Wehrmachtsoldaten hier aufhalten. Keiner antwortet ihnen. Daraufhin drohen sie mit ihren Maschinenpistolen und rufen laut: „Krieg aus! Hitler kaputt!"

Jetzt kommen Offiziere in schwarzen Lederuniformen. Sie erklären freundlich, aber bestimmt, daß Hitler tot sei und wir jetzt befreit seien. Dann sagen sie noch: „Die Hitler kommen und gehen, aber das deutsche Volk bleibt." Später erfahren wir, daß es sich um einen Ausspruch von Marschall Stalin handelt. Die ersten Soldaten der Roten Armee, die wir kennenlernen, gehören einer Elitetruppe an.

Ein Soldat bringt auf einem silbernen Tablett zwei Hühner mit Reis. Er stellt das Essen vor eine Gruppe von etwa acht Frauen, Männern und Kindern. „Essen, trinken! Sieg! Hitler kaputt!" ruft er. Dann sollen wir singen. Das ist gefährlich, denn wir wissen nicht, welche Lieder die Russen mögen und welche bei ihnen als Nazilieder bekannt sind. Eine Frau beginnt leise das „Wolgalied" zu summen, „es steht ein Soldat am Wolgastrand".

Der Bann scheint gebrochen. Die Russen fordern uns auf, mit ihnen Wodka zu trinken. Und immer wieder müssen wir wiederholen: „Hitler kaputt! Rote Armee gut!"

Ein Russe will wissen, an welcher Front ich verwundet worden sei. Blitzschnell fällt mir die richtige Antwort ein: „In Frankreich, bei einem Bombenangriff", sage ich. Darauf er: „Gut, Amerikanski, du trinken mit mir!" Der Alkohol versetzt die Soldaten wie auch uns Kellerbewohner in Stimmung, aber auf sehr unterschiedliche Weise. Einige Russen liegen auf dem Boden und schlafen, andere versuchen, Frauen zu küssen. Wenn die Soldaten nicht hinsehen, kippen wir den Wodka hinter dem Rücken aus, um die Kontrolle über die Situation zu behalten.

Vom Gesang angelockt, kommen immer wieder andere Russen herein, nach einigen Tassen Wodka verschwinden sie wieder. Plötzlich wird eine Frau mitgeschleppt. Nach einiger Zeit kehrt sie weinend zurück. Ich kann einige Brocken Russisch, die ich bisher aus gutem Grund nicht angewendet habe. Mit Fingerzeig zeige ich auf meine Verlobte und sage sehr entschlossen: „Matinka", Mutter. Die Russen akzeptieren es.

Die Russen, die uns aufgespürt haben, spielen sich gegenüber den neu hinzukommenden als Beschützer auf. Eine groteske Situation! Unter dem starken Alkoholeinfluß schießen sie einige Male in die Kellerdecke. Kalk rieselt herunter, und es staubt so stark, das alle Kellerinsassen grau und alt aussehen. Die Russen lachen und singen weiter.

Die Nacht verbringen wir zwischen Wachsein und Halbschlaf, wobei wir uns gegenseitig ablösen, so daß wir zu jeder Minute wissen, was im Keller vor sich geht. Aus den Nachbarhäusern hören wir Frauen schreien.

Am Morgen des 2. Mai, gegen 9 Uhr, erhalten die Russen den Befehl zum Antreten und Abrücken. Mit Gefühlen, die man nicht beschreiben kann, sehen wir zu, werden aber bald zurück in den Keller gejagt. „Unsere" Russen nehmen uns zum Abschied sämtliche Uhren ab.

Am 15. Juni 1945 rücken auch Amerikaner, Engländer und Franzosen in Berlin ein. Die Siegermächte übernehmen laut der Vereinbarung von Jalta die Hoheit über die Stadt. Die Stunde Null geht zu Ende.

(Weitere ZEITGUT-Beiträge dieses Autors sind im Autorenverzeichnis am Ende des Buches vermerkt.)

[Halbinsel Hela*), Danziger Bucht;
8. Mai 1945]

Heinrich Schröter

Russisches Roulette

„Im Krieg hat man Glück oder Pech – das eine ist das Leben,
das andere der Tod", sagte Obergefreiter Karl Berger am
8. Mai 1945 in einer Artilleriestellung auf der Halbinsel Hela,
die die Danziger Bucht von der offenen See trennt.

Seine Batterie zählte noch 14 Soldaten. Sieben konnten
von einem der letzten Schiffe, die abends den Helaer Hafen
Richtung Kiel verlassen würden, mitgenommen werden; die
übrigen sieben aber sollten an den Geschützen im Westen
der Landzunge bleiben.

Natürlich wollten alle auf das Schiff. Freiwillig blieb nie-
mand auf Hela, denn das bedeutete Tod oder Gefangenschaft.
Befehle galten in diesen Stunden nicht mehr, also mußte das
Los entscheiden.

Berger, der schon bei der Reichswehr gedient hatte, dann
zur Fremdenlegion übergewechselt war und schließlich bei
der Wehrmacht die Ostfront überstanden hatte, nahm das
Lotteriespiel um Leben und Tod in die Hand. Er riß aus seinem Soldbuch zwei leere Blätter und machte daraus 14 Zettel. Auf sieben Papierfetzen schrieb er ein großes „H", das
bedeutete „Heimat"; ebenso viele Zettel blieben ungezeich-
net, das waren die „Nieten". Als er damit fertig war, warf er
alle 14 Lose in ein Kochgeschirr, schüttelte den Inhalt und
bestimmte: „Jeder nimmt im Vorbeigehen, ohne in den Topf
zu blicken, einen Zettel raus. Ich fange an."

---

*) heute Halbinsel Helska in Polen

Eine Aufnahme von mir, die ein Kriegsberichterstatter während einer Panzerschlacht in Rußland „schoß".

Schicksalsstille ringsum. Berger griff hinein und behielt seinen Zettel fest in der Faust. „Der nächste!" brummte er dann. So ging es weiter, bis zum letzten Mann.

Berger und ich hatten „H" gezogen. Wir und die fünf anderen „H"-Kameraden verließen wenige Stunden vor der Kapitulation der deutschen Wehrmacht mit dem Schiff den Hafen und kamen glücklich in Kiel an.

Von den sieben Soldaten, die auf Hela geblieben waren, sah nur einer seine Heimat wieder. Er wurde im Jahre 1952 todkrank aus russischer Kriegsgefangenschaft entlassen.

*(Weitere **ZEITGUT**-Beiträge dieses Autors sind im Autorenverzeichnis am Ende des Buches vermerkt.)*

[Kannin, Kreis Schlawe*), Pommern);
Frühjahr – Juli 1945]

Waltraud Westphal

„Durch so viel Angst und Plagen...“

So dichtete Paul Gerhardt 1648 im dritten Vers. Unser Lehrer ließ uns im Religionsunterricht sämtliche 15 Verse des
bekannten Neujahrsliedes: „Nun laßt uns gehn und treten...“
auswendig lernen. Nicht ohne zu seufzen, haben wir Schü-
ler diese Aufgabe zu erfüllen versucht. Wer von uns Mädchen ahnte, daß nach zirka zehn Jahren diese Verse für uns
grauenhafte Wirklichkeit werden würden?

Juli 1945. Nach einer überstandenen schweren Diphterie
holt Vater mich mit dem Kastenwagen aus dem Kreiskran-
kenhaus Schlawe nach Hause. Ich bin 22 Jahre alt. Natürlich freue ich mich auf mein Zuhause, doch im Hinblick auf
die schlimme Wirklichkeit, die mich dort erwartet, klage ich
Gott fast an: „Warum durfte ich das Krankenhaus nicht als
Tote verlassen?“

Wir sind vielleicht dreißig Minuten unterwegs, da haben
uns Angst und Schrecken schon eingeholt. Zwei russische
Soldaten stoppen das Fahrzeug. Sie wollen die Fracht kontrollieren. Vaters Antwort „Tochter, Krankenhaus, Diphterie“ hält die Reiter nicht davon ab, die Decke zurückzuschla-
gen und mich in Augenschein zu nehmen.

Wie viele Ängste sind dann Nacht um Nacht zu verkraf-
ten! Ein großer Birnbaum, der dicht am Hause steht, läßt
seine Früchte fallen. Jedesmal schrecke ich zusammen und
denke: „Jetzt ist der gefürchtete Überfall da!“

---

*) heute Slawno in Polen

Meine Schwester Gerlinde ergreift nicht so schnell die Flucht. Sie wartet immer erst die Situation ab. Einmal kommt sie aber in hellem Entsetzen ins Zimmer gestürzt: „Beim Nachbarn kracht es! Die Russen schlagen alles kurz und klein! Wir müssen verschwinden!"

Unser Fluchtziel ist der etwa 500 Meter entfernte Wald. Ich habe noch mit Lähmungen zu kämpfen, die oft als Folgeerscheinungen der Diphterie auftreten. Auf halbem Wege breche ich zusammen. Meine Schwester läßt mich nicht im Stich. Von diesem Tag an verbringen wir die spätsommerlichen Nächte im Wald. Vater trägt bei Beginn der Dunkelheit benötigte Decken dorthin.

Der Herbstbeginn bringt Minusgrade mit sich. Wir müssen uns nach einer neuen Schlafstelle umsehen. Wir wählen den Heuboden. Doch auch da fühle ich mich nicht sicher. Wenn meine Schwester schlafend gleichmäßig atmet, wecke ich sie in der Angst, daß sie gehört würde.

Unser Dorf bekommt einen polnischen Bürgermeister. Es wird verfügt, daß alle Deutschen bei Eintritt der Dunkelheit in ihren Wohnungen sein müssen. Nun ist guter Rat teuer! Wir vier Mädchen, zwei Flüchtlingsmädchen aus Ostpreußen und wir beiden Schwestern, müssen nun im Hause schlafen. Wieder finden wir eine Lösung. Zur Nacht ziehen wir uns in eine sehr enge Kammer zurück, vor deren Tür die Eltern einen leeren Schrank stellen.

Die polnische Kontrolle kommt. Erregte Fragen: „Wo sind die vier Mädchen?"

Der Vater führte sie ums Haus herum an das Kammerfenster. Wir werden gerufen und im Schein der Taschenlampe gezählt. Die Kontrolleure amüsieren sich und drohen am nächsten Tag aus Spaß meiner Schwester, den Russen unser Versteck zu verraten.

Vor Monaten, noch tobte der Krieg, erschienen dagegen vier Rotarmisten in friedlicher Absicht. Es ist im zeitigen Frühjahr 1945, vielleicht gegen 16 Uhr. Die eingefallenen

Eine Aufnahme aus dem Jahr 1941: mein Vater, an seiner Hand mein kleiner Neffe Peter, und meine Schwester Gerlinde vor dem Giebel des Stallgebäudes. Im Herbst 1945 versteckt mein Vater meine Schwester und mich vor den Russen auf dem Heuboden, rechts oben, dort, wo das Kreuzchen ist. Was habe ich für Angst, daß unsere Atemzüge uns verraten könnten!

Besucher kommen in der Absicht zu feiern. Meine Schwester hat sich bei ihrem Herannahen versteckt. Ich liege im Gipsbett in unserer geheizten Wohnstube. Wodka haben sie mitgebracht. Sie fordern keine Gläser, sondern Tassen. Meine Mutter trägt Brot, Butter und Wurst auf. Doch das ist ihnen nicht recht. Mutter muß Butter und Wurst wieder in die Speisekammer zurücktragen. Dann wird in froher Weise gefeiert.

Welch freudiges Ereignis ist der Anlaß? Den Gästen gelingt es trotz aller Mühe nicht, uns den Anlaß ihrer Feier deutlich zu machen. Ob die mitgebrachte Wodkaflasche schon zur Hälfte geleert ist?

Obwohl Vater und Mutter zu ihren Gästen erklärt werden und mindestens auch ein Tasse Wodka vor sich zu stehen haben, ist keiner der Feiernden auch nur angeheitert.

Die Frühlingsnacht zieht herauf. Licht gibt es nicht. Die Besucher bedeuten Vater und Mutter, daß sie schlafen wollen. Wir bieten ihnen Betten an.

„Nix, nix Bett!" Vater und Mutter werden aufgefordert, in ihrem Ehebett zu schlafen, und die vier Rotarmisten legen sich, gestriegelt und gespornt, wie sie sind, auf den nackten Fußboden. Nicht lange dauert es, und ich höre die regelmäßigen Atemzüge. Feinde, noch ist Krieg, sind friedlich im Schlaf vereint.

Wie spät es ist, weiß ich nicht mehr. Draußen klopft jemand ans Fenster und gibt einen Befehl. Die Gäste antworten. Wieder erlebe ich soldatische Disziplin. In Sekundenschnelle erheben sich die Rotarmisten, ein kurzes Dankeschön den Gastgebern und schon sind sie zum Haus hinaus.

Die Leidtragenden dieses Besuches sind unsere Nachbarn Pagel. Sie hatten gesehen, wie die Vier auf unser Grundstück gingen. Dann haben sie in großer Angst, Stunde um Stunde, bis in die Nacht hinein, darauf gewartet, daß der Besuch sie ebenfalls beehren würde. Als sich nichts bewegt, wird die Sorge um uns immer größer und unheimlicher.

Während wir friedliche Stunden mit den Eindringlingen gemeinsam verschlafen, machen Oma und Opa Pagel und Schwiegertochter Helene in dieser Nacht kein Auge zu. Wie groß ist am nächsten Morgen das Staunen und die Freude, als wir uns gesund und munter begegnen.

*(Weitere **ZEITGUT**-Beiträge dieser Autorin sind im Autorenverzeichnis am Ende des Buches vermerkt.)*

Karin Barden

So kurz vor dem Ziel

Erschöpfung und Verzweiflung zeichnen das Gesicht der jungen Frau. Ihre Kraft ist zu Ende. Weinen kann sie schon lange nicht mehr. Sie und ihre drei Kinder sitzen am Straßenrand im Süden von Berlin, in Britz, wo die Stadt beginnt. Die Häuser sind niedrig; kleine Gärten, Ruhe und Frühsommersonne täuschen Idylle vor. Aber die gibt es nicht im Juni 1945. Es gibt nur die Parole der Militärs: Wer nach 18 Uhr auf der Straße ist, wird ohne Anruf erschossen.

Es ist jetzt 18 Uhr.

Es gibt nichts zu tun für die junge Frau und ihre Kinder. Wer jetzt nicht in einer Wohnung ist, wird erschossen. Das ist unumstößlich wie die Uhrzeit.

Sie weiß das. Und die beiden Mädchen, fünf und acht Jahre alt, wissen es auch.

Viele hundert Kilometer haben die vier hinter sich, mit der Eisenbahn, oft auf Dächern überfüllter Güterzüge, und zu Fuß. Seit Tagen sind sie auf den Beinen. Heute morgen brach eine Achse des Kinderwagens, so, als ahnte er das Ende der Flucht. Morgen wären sie angekommen bei der Mutter der Frau. Aber heute ist heute, und es ist 18 Uhr.

Die Frau ist zu müde zum Denken. Sie sitzt einfach nur da. Auch die Kinder schweigen. Die monatelange Flucht hat den beiden Mädchen die Sinne für Gefahr geschärft. Nur der Junge im achsbruchschiefen Kinderwagen weiß noch nichts.

Wann hatten sie die letzte warme Mahlzeit? Wann ein Bett? Was *Spielen* bedeutet oder *Lachen*, ist ihnen längst verlorengegangen. Hunger, Kälte und Angst, das ist ihre Welt.

Abgerissen, schmutzig und mager sehen die vier aus. Als sie aus dem Sudetenland fliehen mußten, war strenger Winter. Wer gab ihnen Kleidung? Nahrung? Brot bekamen sie von Soldaten – erst von deutschen, später von russischen. Der Mensch kennt Erbarmen, nur die Maschinerie nicht. Krieg ist tödliche Maschinerie. Sie hat auch ihren Mann verschlungen. Seit mehr als drei Jahren weiß die junge Frau nichts über sein Schicksal.

Wie hat sie sich und ihre Kinder bis hierher gebracht?

Von Osten her in einer erzwungenen Völkerwanderung mit hunderttausenden ebenso ausgemergelten Gestalten über verbrannte Erde und durch zerschossene Städte. Wenige alte Männer, fast ausschließlich Frauen und Kinder, alle mit dem gleichen Ziel: nach Westen, nach Westen. Nun hat sie Berlin erreicht, aber es nützt ihr nichts, denn sie hat die letzten Kilometer nicht mehr geschafft. Morgen wäre sie bei ihrer Mutter angekommen. Aber heute ist heute, und es ist 18 Uhr.

Die Straße ist gespenstisch still. Außer der jungen Frau mit den drei Kindern ist niemand zu sehen. Stumm sitzt die kleine Gruppe am Straßenrand, die Füße im Rinnstein, vor sich den Kinderwagen. Es ist warm, wenigstens das.

Da wird zwei Häuser weiter ein Fenster geöffnet. Eine Frau ruft und rudert mit den Armen. „Kommt!" schreit sie.

Ungläubig steht die Mutter auf. Wer läßt Leute wie sie in Zeiten wie diesen in seine Wohnung?

„Sie können bei uns übernachten!" ruft die Frau.

Die Mädchen springen auf, greifen den Kinderwagen an den Seiten, tragen, ziehen und schleifen ihn auf das Haus zu. Die Mutter geht hinterher. Sie weint, daß es sie schüttelt.

(Meiner Schwester Bärbel Mielke gewidmet.)

[München – Bad Reichenhall – Weilburg/Lahn;
25. April–Anfang August 1945]

Hans Wagner

„Also tschüs, bis nach dem Krieg!"

Mit dem Auftritt beim Hygieniker war unser medizinisches
Staatsexamen an der Münchener Universität am 25. April
beendet. Die Amerikaner standen schon vor Augsburg und
hatten von Norden her Nürnberg passiert. Durch die mit
Trümmern bedeckten Straßen stolperten wir zum Innenmi-
nisterium, wo uns ein Beamter in Mantel und Hut die Be-
stallung als Arzt übergab. Dann ging's zur Uni in die Lud-
wigstraße. Wir baten den Pförtner, uns die noch nicht ge-
druckten Doktordiplome an unsere Hausadressen nachzu-
schicken. Sie kamen tatsächlich nach einem Jahr mit der
Post.

Bei der Studentenkompanie konnten wir uns unter den
zwischen München und Berchtesgaden vorhandenen Lazaretten eins aussuchen, in dem wir das Kriegsende abwarten
würden. Der Abschiedsgruß des Spießes rührte und versöhnte
uns: „Macht's gut, Jungs, haltet die Ohren steif, und Hals-
und Beinbruch!" Kein bißchen „Heil Hitler" mehr.

Da in jedem Lazarett nur einer von uns unterkam, mußte
ich mich von Willi, meinem besten Freund, verabschieden.
Seit Januar 1942 waren wir unzertrennlich gewesen, in den
Hörsälen Bonns und Münchens wie in den Pariser Bistros
und Bordellen oder in den Weiten Rußlands. Er ließ sich nach
Bad Aibling versetzen, ich nach Bad Reichenhall.

Es fuhren keine Züge mehr. Wir beschlossen daher, noch

eine Nacht in Großhesselohe bei unserer lieben Hulda zu
verbringen. Wir marschierten über ein Stunde die Isar auf-
wärts und erreichten erst bei Dunkelheit unsere Luxuswoh-
nung. Hulda, unsere Wirtin, war die Tante eine Kommilito-
nen. Sie hatte uns aufgenommen, nachdem auch die Kriegs-
schule, mein viertes Studentenquartier, den Bomben zum
Opfer fiel. Todmüde ließen wir uns auf unsere Feldbetten im
Musiksalon fallen und schliefen fast bis zum nächsten Mittag. Dann packten wir etwas Wäsche, Waschzeug, zwei Bücher und einen Kanten Brot in den Tornister und marschierten nach Süden, Richtung Autobahn. Dort würden wir wohl
am ehesten eine Mitfahrgelegenheit finden.

Die amerikanischen Tiefflieger waren sehr eifrig, und wir
mußten uns mehrmals in den Straßengraben fallen lassen.
Als wir endlich die Rennbahn in Riem erreichten, erfuhren
wir, daß die Autobahn von deutschen Jägern als Start- und
Landepiste benutzt wurde und daher für jeden anderen Ver-
kehr gesperrt sei. Es handelte sich um die ersten deutschen
Jagdflugzeuge mit Düsenantrieb. Aber auch sie würden das
Blatt nicht mehr wenden können.

Wir sollten die Dunkelheit abwarten, dann kämen sicher
Fahrzeuge, die nach Süden fahren würden. Tagsüber werde
alles, was sich bewegt, von amerikanischen Jagdflugzeugen
beharkt. Ich konnte auf einem offenen, hoch mit Fässern
beladenen LKW bis Berchtesgaden mitfahren. Willi mußte
auf einen Wagen nach Bad Aibling warten. Wir verabschiedeten uns nach Manier des braven Soldaten Schwejk: „Also
tschüs, bis nach dem Krieg, um 9 Uhr, in unserer Kneipe im
Bonner Talweg!" – Wir sahen uns später wieder, aber nicht
in unserer Kneipe, denn die war ein Trümmerhaufen.

Mit zwei anderen Männern kroch ich auf die Fässer, aus
denen es nach Benzin stank. Ich versuchte, mein Gepäck
und mich zu verstauen. Hätte uns eine Kugel getroffen, wäre
die ganze Ladung in die Luft geflogen, immerhin ein schneller Tod. Mit von der Partie war ein älterer Mann aus Mün-

chen, der zu seiner Frau wollte, und ein Beinamputierter, der aus einem Münchener Lazarett kam. Ab ging die Fahrt, ohne Licht, über bayerische Landstraßen zweiter und dritter Ordnung. Der Fahrer mußte schon ausgezeichnete Ortskenntnisse besitzen! In Richtung Autobahn sahen wir gelegentlich Einschläge und hörten auch ein paar Flakgeschütze. Hin und wieder nickten wir für ein paar Minuten ein.

Im Morgengrauen stand ich vor dem Stadtkrankenhaus Bad Reichenhall, das als Reservelazarett ausgewiesen war. Meldung beim schläfrigen Pförtner, der mir den Marschbefehl abnahm und mir bis zum Dienstbeginn eine Matratze im Keller zuwies.

Um 8 Uhr war Vorstellung beim Chef des Lazaretts, Oberstabsarzt Dr. Edler von Rauchenbichler, einem etwas mürrischen, aber – wie sich herausstellen sollte – friedlichen und gerechten Chirurgen aus Salzburg. Rauchenbichler hatte sich auf die operative Behandlung von Aneurysmen spezialisiert. Das sind durch Verletzungen entstandene Verbindungen von Venen und Arterien, durch die es zu einer Vermischung von sauerstoffarmem und sauerstoffreichem Blut und damit zu erheblichen Kreislaufstörungen und zum Absterben des betroffenen Körperteiles kommen kann. Ein schwieriges Kapitel der Gefäßchirurgie, das fast ausschließlich in den Heimatlazaretten behandelt wurde. Diese Operationen dauerten zwei bis fünf Stunden. Als absoluter Anfänger auf diesem Gebiet war ich dazu verurteilt, das Operationsgebiet offenzuhalten. Haken und Klappe halten, das war meine Aufgabe. Geleitet wurden die Eingriffe entweder von Dr. von Rauchenbichler oder von seinem nicht ganz so edlen Oberarzt, einem robusten bayerischen Urvieh.

Der Chefarzt hatte eingeführt, daß bei den mehrstündigen Operationen vom Plattenspieler symphonische Musik erklang, wohl, um die Anspannung etwas abzubauen. Seitdem ist es mir möglich, Mahler, der damals verpönt war, von

Beethoven zu unterscheiden. Das ging so lange gut, bis eines Tages bei einem schwierigen Aneurysma die Vene an der Halsarterie mit einem schlurfenden Geräusch Luft ansaugte, und der Patient an einer massiven Luftembolie auf dem Operationstisch starb. Da wurde der Plattenspieler für immer abgestellt.

Der April neigte sich dem Ende zu, es war herrliches Wetter. Abgesehen von den dröhnenden amerikanischen Bombern, die über uns hinwegzogen und wohl Berchtesgaden ansteuerten, blieb alles ruhig. Ich schaute mich in Reichenhall um, bewunderte das Luxushotel Axelmannstein von außen und blickte sehnsüchtig zu dem über der Stadt thronenden Predigtstuhl. Die Ungewißheit über die Lage der Front erlaubte keine größeren Wanderungen in die Umgebung. Was würde wohl passieren, wenn die Amis kämen, und ich nicht da wäre?

Im Lazarett lagen nicht nur Soldaten, sondern auch Zivilisten, die aus allen Gegenden Deutschlands hierher evakuiert worden waren. Darunter war auch eine junge Frau aus Frankfurt, die beim Kraxeln in den Bergen abgestürzt war und sich den Oberschenkel gebrochen hatte. Mit ihr saß ich gerne abends nach Dienstschluß auf dem Balkon im ersten Stock und genoß die letzten Sonnenstrahlen. Wir unterhielten uns über Gott und die schlechte Welt.

Einmal klopfte es zaghaft an die Glastür. Wir riefen „Herein!" und ein kleiner Mann mit starker, dunkel getönter Brille, sehr dickem Bauch, spärlichem, strähnig grauem Haar und tiefen Tränensäcken im gelbgrauen, faltigen Gesicht trat ein. Er trug Hausschuhe und einen bordeauxroten Bademantel. „Ei, ich hör, hier wird hessisch geschwätzt. Darf mer eintrete?" fragte er bescheiden.

„Aber sicher, alls erinn, nehme Se Platz", erwiderten wir erstaunt und neugierig zugleich.

„Wo kommt Ihr dann her?" fragte er und ließ sich stöhnend in einem Korbsessel nieder.

„Ich bin aus Frankfurt", antwortete die junge Frau.

„Ich komme aus Weilburg", darauf ich. „Und woher kommen Sie?"

„Ich bin aus Münzenberg", nuschelte der alte Herr.

Ich kannte das romantische Dorf, das mit seiner Burgruine auf einem Hügel über der Wetterau thront, aus Studentenzeiten. „Und was machen Sie hier? Sind Sie verwundet?"

„Nein, ich wohne ganz in der Nähe, in Bayerisch Gmain, und habe mich wegen eines Herzanfalls hierher verlegen lassen. Ich bin Dr. Morell, der Leibarzt vom Führer."

Uns fielen die Kinnbacken runter. Doch dann prasselten unsere Fragen nur so auf ihn ein. „Warum sind Sie dann nicht in Berlin?"

„Ei, der Führer hat mich doch einen Tag nach seinem Geburtstag rausgeschmissen, am 21. April bin ich dann mit dem Auto nachts nach Bayerisch Gmain gefahren worden. Da hab ich ein Häuschen, und da steht auch das Elektromikroskop, das mir der Führer geschenkt hat."

Wir ließen nicht locker. „Hat er wirklich eine Freundin gehabt?"

„Ei, was dann, die Eva Braun, e hübsch Mädche."

„Und hat er wirklich in die Teppiche gebissen?" Wir hatten das im BBC gehört. Er nickte und zog sich leise stöhnend zurück. An den beiden nächsten Abenden hielt er es etwas länger bei uns aus. Bei einer Kanne Tee erzählte er, wie er Hitler kennengelernt hatte. Eines Tages war ein gewisser Hoffmann, Fotograf aus München, der sich später zum Leibfotografen Hitlers mauserte, zu ihm in die Berliner Praxis gekommen. Er rief Morell 1936 wegen einer Nierenbekkenentzündung nach München und stellte ihn Hitler vor.

Morell kam ins Schwärmen, als er von seinen pharmazeutischen Betrieben berichtete, die in Hamburg und Nürnberg, aber auch in der Ukraine, im Generalgouvernement und in Böhmen unter seiner Leitung und auf eigene Rechnung gearbeitet hätten. Er habe aus den Hoden von Bullen männliches Sexualhormon extrahieren, in Ampullen füllen und unter dem Namen „Orchikrin" vermarkten lassen.

Mich schauderte.

Als er das von ihm entwickelte „Russlapuder" über den grünen Klee lobte – es war das einzige Mittel gegen Läuse, das wir an der Front bekamen –, konnte ich nicht mehr ruhig bleiben. Ich schilderte ihm, wie wir im November 1941 dieses Zeug zwischen Haut und Hemd und unter die darunter gepackten Zeitungsknäuel schütteten, die Läuse händeweise herausschaufelten, um am nächsten Morgen schon wieder ganze Kolonien zu orten. Wußte er denn nicht, wie schlecht wir bei 20 Grad Kälte, ohne Dach in einer Schneegrube zubringend, für den Winter ausgerüstet waren? Der kleine weiße Fuchspelz an meinem Mantel sah ja ganz nett aus, aber zum Wärmen war er nicht geeignet. Und in den winzigen Muff kam man nur ohne Handschuhe!

Morell machte ein pikiertes Gesicht. Ja, er habe gehört, daß einiges nicht geklappt hatte.

„Einiges ist gut", sagte ich, „nichts hat geklappt!" Oder hielt er eine Dose Ölsardinen für zwei und ein Kommißbrot für sechs Mann am Tag für ausreichend? Wenigstens bekamen wir vor jedem Angriff die Feldflasche halb mit Tee und halb mit Rum gefüllt.

Morell schlurfte weg, und wie um mich zu versöhnen, kehrte er mit drei Kistchen Ampullen zurück. Das „Orchikrin" war sein Abschiedsgeschenk.

Am nächsten Morgen hörten wir das Rasseln von Panzerketten und vereinzelte Gewehrschüsse. Die Amerikaner rückten in Bad Reichenhall ein. Das Krankenhaus betraten die alliierten Soldaten nicht, sie blieben an der Pförtnerloge stehen. Vom Fenster aus beobachteten wir, wie von Rauchenbichler und der Zahlmeister mit zwei Offizieren verhandelten. Diese trugen Uniformen aus Tarnstoff, an den Helmen hatten sie blau-weiß-rote Kokarden. Das waren doch keine

Amerikaner, sondern Franzosen! Wir erfuhren, daß es sich um einen französischen Truppenverband im Rahmen der 12. US-Armee handelte. Unser Chef legte den Alliierten die Papiere sämtlicher Patienten und des Krankenhauspersonals vor.

Im Ort wurde es sehr laut, und es floß wohl auch reichlich Alkohol. Nach ein paar Stunden wurden alle Frauen, die vergewaltigt worden waren, per Lautsprecher aufgefordert, sich im Krankenhaus zur Untersuchung zu melden.

Die Franzosen hatten Morell Stubenarrest verordnet. Die Amerikaner waren später nicht so pingelig mit ihm. Sie verhörten ihn zwar, auch eine amerikanische Journalistin befragte ihn. Im Nürnberger Prozeß jedoch wurde er nicht angeklagt. Morell starb 1948 nach mehreren Schlaganfällen.

Die Verpflegungsvorräte im Krankenhaus neigten sich dem Ende zu. Fleisch, Kartoffeln, Fett, Gemüse und Brot reichten nur noch für zwei Tage. Die letzte Erbsensuppenkonserve war bald gegessen. Kein Deutscher durfte das Haus verlassen. Den Verhandlungen unseres Chefs mit den französischen Offizieren war es zu verdanken, daß das Lazarett die Genehmigung erhielt, aus einem Wehrmacht-Vorratslager Lebensmittel zu holen. Diese einmalige Aktion sollte von zwei Armeeangehörigen durchgeführt werden, von denen der eine im Offiziersrang sein sollte.

Ich wurde zum Chef befohlen. Er stellte fest, daß ich als Feldunterarzt noch keinen Offiziersstatus hätte. Da er aber glaubte, daß bei der Abwicklung der bedauerlichen militärischen Niederlage für Offiziere gewisse Vorteile zu erwarten seien, beförderte er mich im Einvernehmen mit dem Oberzahlmeister rückwirkend zum 26. April 1945 zum Assistenzarzt. Der Eintrag in das Soldbuch sei schon erfolgt. Anschließend gab der Oberstabsarzt dem jüngsten Offizier des Hauses, also mir, den Befehl, zusammen mit einem Sanitätsgefreiten so viele Lebensmittel wie möglich im Versorgungsdepot des Wehrmachtsführungsstabes in Bad Reichenhall zu requirieren. Er übergab mir den Marschbefehl und die Genehmigung der Franzosen.

Aber wie den Transport organisieren? Wir hatten zwar einen Sanitätswagen, aber leider keinen Tropfen Benzin. Der findige Gefreite wußte etwas von einem Transportfahrrad im Keller. Das stabile Gefährt hatte vorne ein kleines und hinten ein normales Rad. Auf dem Vorderrad war ein großer Blechkorb, über dem Hinterrad ein kleinerer Gepäckträger angebracht. Nachdem wir einen Reifen geflickt und längere Zeit an dem Rad herumgeschraubt hatten, konnten wir es bewegen. Es machte jetzt einen recht stabilen Eindruck.

Das Magazin lag am linken Ufer der Salzach. Wir sollten auf dem Damm flußabwärts nach Süden fahren, nach 20 Minuten würden wir das große Gebäude schon sehen. Unterwegs sprachen wir natürlich vom Essen. Wir erinnerten uns an die zahllosen Gaumenkitzel wie Soupe d'Homard, Salade Niçois oder saftiges Boeuf à la Bourguinonne, die wir in Paris kennengelernt hatten. Aber auch daran, wie wir dort des Führers tripperkranke Grenadiere heilen durften.

Plötzlich stand 20 Meter vor uns ein kleiner, französischer Soldat mit einer Maschinenpistole im Anschlag. „Kommen!" befahl er knapp. Dann verlangte er: „Dokument!"

Ich übergab unsere Papiere, die er kaum beachtete und mir mit zwei Fingern zurückgab. Ich versuchte, unsere Mission mit meinen wenigen Französischvokabeln zu erläutern.

Er winkte ab. „Macht die Uhren ab", sagte er.

Eilfertig nestelten wir unsere Chronometer von den Handgelenken und übergaben sie ihm. Er versenkte sie in der Hosentasche. „Passez!" entschied er schließlich.

Wir rollten los. „Passen Sie auf", sagte mein Begleiter, „gleich knallt es, und dann ist nicht nur der Krieg zu Ende, sondern auch unser Leben." Ich konnte nicht widersprechen.

Da rief es erneut „(H)alt! Kommen!"

„Was ist denn das für ein Spiel?" fragten wir uns.

Jetzt sagte der Franzose in erstaunlich gutem Deutsch mit sächsischen und elsässischen Anklängen: „Ich woar zwee Joarn bei Gera in Dieringen als Gefangener. Die Leude woaren gut zu mir, und was soll ich mit den villen Uhren? Da!" Und er warf jedem eine Uhr gegen die Brust.

„Merci!" riefen wir im Chor.

„Nischt zu danken", meinte er und drehte sich um.

Nach knapp zehn Minuten standen wir vor unserem Ziel: einem Gebäude aus Beton, etwa dreißig mal zehn Meter, mit flachem Dach, Tarnanstrich und einer großen Flügeltür an der Stirnseite. Davor war wieder ein Posten mit einer Maschinenpistole, dem wir die Papiere gaben. Er verschwand, kam zurück und öffnete das Tor. Wir betraten einen drei Meter hohen Raum von der Größe zweier Klassenzimmer.

Uns blieb die Spucke weg! Hier waren bis zur Decke dicht an dicht wagenradgroße Schweizer Käse gestapelt. Der zweite Raum, ebenso groß, war prall gefüllt mit Kisten, die die Aufschrift „Moët Chandon" trugen. Im dritten schließlich gab es große Ballen Papier, wohl alle Sorten, die man sich vorstellen kann: Kartons, Säcke, Zellstoff, Papierbinden, Klopapier, Schreibpapier, Vordrucke, Formulare. Das also war eines der geheimnisvollen Reservedepots der Alpenfestung! Wir schlossen daraus, daß der Krieg nicht mangels Käse-, Papier- oder Champagner verloren worden war.

So groß wie unsere Verblüffung war auch unsere Ratlosigkeit. Wie konnten wir so viel wie möglich von dem Käse ins Lazarett bringen? Die Käselaibe hatten einen Durchmesser von einem Meter und waren etwa 30 Zentimeter dick. Zu zweit konnte man einen heben. Der Versuch, einen Käse auf den großen Behälter über dem kleinen Rad zu hieven, scheiterte daran, daß dann das Hinterrad vom Boden abhob. Um einen Laib auf der Rückseite des Rades zu plazieren, war der hintere Gepäckträger viel zu klein.

Was tun? Als der Gefreite draußen einem dringenden Bedürfnis nachging, entdeckte er im Gras ein verrostetes Seitengewehr. Er schob es unter seine Feldbluse und brachte es in den Käsespeicher. Jetzt ging alles schnell. Wir holten uns einige der kräftigeren Papiersäcke und vier Flaschen Schampus. Eine davon nahmen wir erstmal zur Brust. Die anderen benutzten wir als Hammer, um das Seitengewehr mit steinmetzgerechten Schlägen in den Käse zu treiben und faustgroße Stücke herauszubrechen. Daß dabei eine Flasche zu Bruch ging und der Sekt den Käse tränkte, störte uns nicht.

Mit den Käsestücken füllten wir zwei kleine und zwei große Papiersäcke. Die beiden großen Säcke hievten wir auf den vorderen Korb. Durch das Gewicht wurde der Vorderradreifen ziemlich platt. Die kleinen Säcke verstauten wir auf dem hinteren Gepäckträger. Das Fahrrad ließ sich zwar nicht mehr so leicht lenken, blieb aber fahrbar.

Bei meiner Überlegung, daß ein Rad Schweizer Käse für ein voll belegtes Krankenhaus sicher nicht lange reichen würde, fiel mir ein Schlager aus den zwanziger Jahren ein, den meine Schwester tagelang auf ihrem neuen Grammophon gespielt hatte. „Wer hat nur den Käse zum Bahnhof gerollt?" Das war's! Ich werde das Rad schieben, und mein Begleiter, etwas gelenkiger als ich, wird einen weiteren Käse auf dem Teerdamm oberhalb der Salzach rollen!

Der freundliche Türöffner bestätigte uns den Empfang von zwei Rädern Käse, vier Papiersäcken und vier Flaschen „Moët Chandon", und los ging unsere Fahrt. Sie kam einer Zirkusnummer gleich. Wir passierten den zeitweiligen Besitzer unserer Uhren, der nur den Kopf schüttelte und unser „Bonjour, Monsieur!" mit einem mürrischen „Grüß Gott!" quittierte. Da waren wir auch schon am Krankenhaus. Alle Fenster waren voll besetzt. Von Rauchenbichler stand mit dem Zahlmeister und dem Koch an der Pforte, als wir ankamen. Ich meldete: „Befehl ausgeführt, Herr Oberstabsarzt! Aber es gab nur Käse." Sie besahen die Beute, schienen aber nicht sehr begeistert zu sein. Sie hatten wohl größere Erwartungen in die vorausehende Fürsorge des Führers gesetzt.

Im Krankenhaus brach nun die Käsezeit an: Käse gebak-
ken, gewürfelt, geschnitten, auch mal Raclette, aber immer
Käse, nur Käse. Es gab weder Brot noch Kartoffeln, kein
Fett, keine Milch, kein Gemüse. Lediglich ein Sack mit großen Zwiebeln lag noch im Keller. Neben Käse pur bekamen
wir auch Käsesalat mit Zwiebeln und mit Käse gefüllte Zwiebeln. Dieser Käseexzess hatte zur Folge, daß das ganze Haus,
unsere Kleidung und unsere Haare danach rochen. Sogar
die Reste der Verdauung waren kreidig-weiß. Ein frisch ge-
prüfter Adept der Medizin mußte natürlich an einen Leber-
schaden denken. Das war eine Fehldiagnose, leider nicht die
letzte in meinem Leben.

Nach vier Tagen hatten wir den Käse aufgegessen. Die Franzosen waren in Richtung Berchtesgaden abgezogen, und überall rollten nun amerikanische Panzer mit ewig kauenden,
fröhlichen Soldaten, weißen und schwarzen, ein. Vergewal-
tigungen wurden nicht mehr gemeldet. Auch die Amerikaner sprachen, heftig gestikulierend, mit unserem Chef. Das
hatte angenehme Folgen: Wir bekamen Verpflegung, und alle
Mitarbeiter des Krankenhauses durften sich im Stadtgebiet
frei bewegen.

Es war ein eigenartiges Gefühl, nach fast dreiwöchiger Iso-
lierung wieder unter andere Menschen zu kommen! Welch
ein polyglottes Gemisch grundverschiedener Existenzen hatte
sich in Reichenhall zusammengefunden! Ich traf eine Schauspielerin aus Karlsruhe mit ihrem zweijährigen Sohn, zivile
Zwangsarbeiter aus Polen und der Tschechoslowakei, einen
Professor der Arabistik aus Graz, deutsche Deserteure in
nicht passender Zivilkleidung, zum Skelett abgemagerte
Männer, die dem Marsch aus dem KZ Dachau entkommen
waren, sowie aus den zerbombten Städten des Ruhrgebiets
evakuierte Frauen mit ihren Kleinkindern. Nachrichtenhel-
ferinnen trugen noch immer ihre Wehrmachtuniformen.
Eine bayerische Gräfin bot sich im Tausch gegen Butter

oder Hochprozentigen als Wahrsagerin an. Ich konsultierte sie, jedoch nicht für Butter, sondern für Kopfschmerztabletten. Mein Vater sei leider tot, sagte sie, und ich müsse auf meinen Magen aufpassen, ich stürbe wahrscheinlich an Magenkrebs. Das war ja nicht gerade erbaulich!

Die durch den Krieg entwurzelten Menschen fanden sich abends an verschiedenen Orten zusammen, um das Überleben mit viel Alkohol zu feiern. Vor allem die jungen Damen waren reichlich mit amerikanischem Whisky oder Gin ausgestattet. Unsere Schauspielerin hatte als Honorar für nicht näher zu bezeichnende Dienste ein ganzes Faß Butterschmalz erhalten. Darauf brach ein mehrtägiges Pommes-Frites-Festival aus, bei dem auch reichlich Schweizer Käse gereicht wurde. Wo der wohl herstammte?

Zwei Geräusche sind mir bis heute im Ohr. Das eine waren die aus allen Lautsprechern tönenden, Reichenhall flächendeckend beschallenden Melodien, die wir von der BBC kannten: „When the Saints Go Marching In", „Goody, Goody", „Please Let Me Explain" und wie sie alle heißen. Ohrwürmer, die noch lange aktuell sind.

Das zweite Geräusch war das dumpfe Klatschen eines mit einem Lederhandschuh aufgefangenen Baseballs, der von einem 20 Meter entfernt stehenden Partner geworfen wurde. Der Fänger warf zurück, wieder klatschte es. Das ging stundenlang so. Die Straßen waren voll von Kaugummi kauenden Werfern und Fängern, die ihre Schildmützen entweder tief im Gesicht oder tief im Nacken trugen.

In den ersten 14 Tagen konnte es jedem Zivilisten oder Soldaten, der über 1,70 Meter groß war, mehrmals widerfahren, daß er von einem amerikanischen Doppelposten mit Druck des Zeigefingers auf die Brust angehalten wurde. Die Amerikaner prüften dann den Ausweis und befahlen, den Oberkörper freizumachen und beide Arme hochzuheben. Die Posten inspizierten die Achselhöhlen. Waren sie makellos, konnte man sich wieder anziehen und seines Weges gehen.

Es wurde nicht etwa nach Ungeziefer gefahndet, sondern nach einer Tätowierung der Blutgruppe, wie sie bei den Angehörigen der SS üblich war.

Mitte Juli durfte ich mit einem amerikanischen Truck nach München mitfahren. Dort holte ich meine restlichen Sachen aus der Studentenzeit, viele Bücher und Wäsche. Als Gegenleistung für den Transport schenkte ich dem amerikanischen Fahrer eine Schachtel von Morells Stierhoden-Destillat. In meinem mageren Englisch sagte ich zu ihm: „Gift from the doctor of the Führer." Darauf bekam er große, runde Augen und bedankte sich lauthals und schulterklopfend bei mir.

Am 1. August war es dann soweit: Das Sanitätspersonal des Lazaretts wurde aus der Kriegsgefangenschaft entlassen. Wir versammelten uns vor dem Gebäude*). Drei riesige Feuerwehrwagen kamen, die dann jeweils in Richtung Frankfurt, Erlangen und Freiburg fuhren. Jeder sollte in das Auto einsteigen, an dessen Wegstrecke sein Heimatort lag. Ich hatte viel Gepäck. Wir waren acht Mann, die Richtung Frankfurt wollten. Unsere Fahrer, zwei Neger, halfen uns, das Gepäck an den Aufbauten des Wagens festzumachen, denn er hatte kein Dach. Vor der Abfahrt läuteten sie mit der großen Messingglocke. Jubel der Passagiere und der zur Verabschiedung vollständig versammelten Sommerschikeria!

Und ab ging es auf der Autobahn Richtung München. Viele Armeefahrzeuge kamen uns entgegen, einzeln und in Kolonnen, nur ganz selten zivile LKWs, die aus ihrem Holzkohlenmotor stinkenden Rauch ausstießen. Alle wurden angebimmelt und winkten zurück.

Augsburg war die erste Station, hier wurde unser OP-Pfleger direkt vor seiner Haustür am Stadtrand abgeladen. So blieb uns die Fahrt durch die zerstörte Stadt erspart.

Die Sonne brannte, nur vereinzelt sah man Bauern mit Pferdegespannen, die mit der Getreideernte begannen. Ab und zu erinnerte ein am Straßenrand liegender Panzer oder ein räderloser Lastwagen an die vorausgegangenen Wochen

---

*) Das Krankenhaus mit etwa 30 Patienten blieb bestehen.

und Monate. Hinter Ulm war die Autobahn gesperrt. Weiter ging es über Landstraßen durch Dörfer mit winkenden Frauen und Kindern, nur vereinzelt sah man Männer. Zwei Mann mußten nach Kirchheim/Teck. Sie setzten sich als Lotsen zu den Fahrern und dirigierten sie zu ihren verschont gebliebenen Wohnungen. Eine überraschte, glückliche Frau bewirtete uns mit Kaffee und Streuselkuchen, bei der zweiten gab es Apfelmost und Schinkenspeck.

Vor Einbruch der Dunkelheit kamen wir in das kleine Heimatdorf unseres Helbigs, meines Weggefährten beim Käseunternehmen. Die Frau weinte vor Freude, sein kleiner Sohn, den er zum ersten Mal sah, kam ihm sabbelnd entgegen. Es gab eine Vesper mit herrlichem Bauernbrot, Hausmacher Wurst und rotem Trollinger. Unsere Fahrerfreunde würdigten ihre olivgrünen, luftdicht verpackten Lunchpakete keines Blickes. Sie waren begeistert und so durstig, daß wir dringlich vorschlugen, uns ein paar Stunden aufs Ohr zu legen. Sie machten es sich auf ihrem breiten Fahrersitz bequem, und wir restlichen vier legten uns ins Gras. Nach dem Frühstück ging es weiter. Je näher wir Frankfurt kamen, desto belebter wurde die Autobahn. Ich erschrak: Was war aus dieser schönen Stadt geworden? Die beiden Frankfurter verabschiedeten sich.

Die Order der Fahrer reichte nur bis hierher. Wir zwei Übriggebliebenen versuchten, ihnen klar zu machen, daß wir noch weiter, bis nach Butzbach und Weilburg, wollten.

„How many miles?“ fragt der Chef.

„Zwanzig Kilometer“, (es waren 50) und „dreißig Kilometer“, (bei mir waren es 100!) flunkerten wir.

„Okay“, grunzte er lachend. „Let's go!“ So hatten die beiden noch Gelegenheit, unseren schönen Taunus kennenzulernen. Händeschütteln und Umarmung in Butzbach, nun war ich der letzte Fahrgast. Laut bimmelnd fuhren wir durch die engen Gassen und hielten schließlich auf den großen Marktplatz des barocken Weilburg.

Mir war während der Fahrt etwas mulmig zumute, weil ich an die Prophezeiung der Münchener Gräfin dachte, die für Kopfschmerztabletten meinen Vater hatte sterben lassen. Ich bat meine beiden dunklen Freunde um fünf Minuten Geduld und lief in die Geschäftsstelle unserer Lokalzeitung. Die Dame, die mich empfing, schaute mehr auf das ungewöhnliche, riesige rote Taxi mit den beiden Piloten, die auf dem Marktplatz aus meinen Gepäckstücken gerade eine Pyramide errichteten, als auf mich. Als ich sie fragte, ob Albert Wagner noch lebte, schaute sie mich erstaunt an: „Sicher lebt der, der Herr Wagner ist doch gerade Landrat geworden." Ich telefonierte mit Vater und bat ihn, vier Flaschen „Oestricher Lenchen", Jahrgang 1939, einzupacken und auf den Marktplatz zu kommen.

„Was soll das?" fragte er glücklich und verwirrt. Er kam, ich entlohnte die prächtigen Kerle mit dem edlen Tropfen. Wir umarmten uns, sie drehten bimmelnd eine Ehrenrunde und fuhren davon.

Nach einigen Tagen der Ruhe mußte ich mich nach Arbeit umsehen. Viele Ärzte waren noch in Gefangenschaft, es gab keinen Stellenmangel. Aber welche Richtung wollte ich einschlagen? In Reichenhall war ich auch zu Entbindungen hinzugezogen worden und hatte sogar einmal, als sich der Geburtshelfer verspätete – freilich unter Aufsicht der Hebamme –, einem Kind auf diese Welt verholfen. Und meine Doktordissertation hatte sich mit einem gynäkologischen Thema befaßt. Die Überlegung, daß es nach dem jahrelangen, blutigen Gemetzel nichts Sinnvolleres geben könnte, als neuem Leben auf die Welt zu helfen, gab schließlich den Ausschlag: Ich wollte Geburtshelfer werden. Ich war voller Idealismus und guten Willens.

*(Weitere **ZEITGUT**-Beiträge dieses Autors sind im Autorenverzeichnis am Ende des Buches vermerkt.)*

[Bury – Bedford, Großbritannien;
Spätsommer 1943–1946]

Heinz Gutzeit

Erste Erfahrungen in Demokratie

Als das Deutsche Afrika-Korps am 13. Mai 1943 vor den Alliierten kapituliert hatte, waren wir in Tunesien in britische
Gefangenschaft geraten. Per Schiff wurden wir im Spätsommer 1943 von Casablanca nach Liverpool gebracht. Nun sollte
es mit der Eisenbahn nach Bury, nördlich von Manchester,
weitergehen. Auf den Gleisen im Hafengelände stand schon
ein Zug für uns bereit. Noch ein Blick zurück zum Schiff,
das uns bis hierher gebracht hatte, dann war es Zeit, einzu-
steigen und sich einen Platz zu suchen.

Aber was waren denn das für Eisenbahnwagen, in die wir
eingewiesen wurden? Wir bekamen Zweifel, ob mit dem
Transport alles seine Richtigkeit hatte: gepolsterte Sitze,
dunkelpolierte, abklappbare Tischchen, die Lampen an der
Decke in reizvollen, altmodischen Formen – das ganze Wa-
geninnere strahlte ein salonhaftes Ambiente aus!

Wir glaubten, es sei ein Irrtum, der sicherlich gleich korri-
giert werde, und wir würden herausgeholt und zu einem
anderen Zug, der irgendwo auf einem Nebengleis auf uns
wartete, geführt.

Aber nein! Niemand kam, um uns Kriegsgefangene aus
dem Personenwaggon hinauszubefördern. Schließlich nahmen wir, eingekleidet in dunkelrot gefärbte, britische Uniformen mit einem großen Patch, dem runden, gelben Flik-
ken auf dem Rückenteil der Bluse, in den komfortablen Ses-

seln mit makelloser Samtpolsterung Platz. Je mehr uns bewußt wurde, wie unempfindlich wir gegen Unbequemlichkeiten und Härte aller Art in den zurückliegenden Jahren geworden waren, desto weicher kamen uns die Sitze vor. Unsere verschüttet geglaubte Sensibilität kehrte allmählich zurück. Wir genossen die luxuriöse Vornehmheit, wie sie in der Zeit vor dem Ersten Weltkrieg bis in die zwanziger Jahre hinein anzutreffen war. Wir profitierten von der sprichwörtlichen Liebe der Engländer zu allem Althergebrachten. Der Kontrast zu der Welt, aus der wir kamen, konnte nicht größer sein.

Unser erstes Ziel, die Industriestadt Bury in der Nähe von Manchester, war nur eine Zwischenstation auf dem Weg in die verschiedenen „PoW-Camps", wie die Kriegsgefangenenlager hier hießen. In Bury brachte man uns daher nur provisorisch in einem leerstehenden Industriekomplex unter. In riesigen Fabrikräumen standen uns Matratzen, Wolldecken und ausreichend Verpflegung zur Verfügung. Auf einem großen Hof konnten wir uns Bewegung verschaffen.

Aber es gab keinerlei Beschäftigungsmöglichkeit, weder Zeitungen, noch Bücher oder Rundfunk. Die Langeweile begann uns zu quälen. Hier und da kam es dank dieses Vakuums immerhin zu langen und interessanten Gesprächen. Meist ging es um sehr grundsätzliche Daseinsprobleme, die außerhalb eines solchen, beinahe klösterlichen Reservats wohl nie zur Sprache gekommen wären. Niemand hätte den Mut gehabt, sich gegenüber anderen in dieser Weise zu öffnen.

Sehr bald kam von verschiedenen Seiten der Wunsch auf, daß jene, die sich aufgrund ihrer Ausbildung dazu in der Lage sähen, allgemeinverständliche Vorträge über ihr Fachgebiet halten oder über herausragende Bücher, berühmte Persönlichkeiten oder sonstige kulturelle Leistungen sprechen sollten. Kurz gesagt, es wurde so etwas wie ein Kultur- und Bildungsprogramm für die Zeit angeregt, die wir in dieser aus-

gedehnten, aber gleichzeitig so verlassenen Welt von alten
Backsteinbauten würden verbringen müssen. Alles, was einer vorzutragen wisse, sei willkommen, selbst Fernliegen-
des. Nur interessant müsse es sein. Die Zuhörer sollten neugierig gemacht werden auf Themen, von denen sie bisher
noch nichts gehört hatten.

Aber genau das war die Klippe. Wer von uns durfte sich
das zutrauen? Wer wußte denn schon, wie es sich anhört,
wenn er vor vielen Menschen ohne schriftliches Konzept frei
spricht? Man konnte nicht auf Bücher zurückgreifen, sondern sich höchstens ein paar Stichpunkte auf Toilettenpa-
pier kritzeln. Ein Referat vor den Mitgefangenen würde ein
Wagnis sein, ein Selbsttest, aber auch eine Aufforderung an
das Publikum, geistig über den eigenen Schatten zu springen. Ich hatte vor dem Krieg vier Semester Philosophie und
Germanistik studiert.

„Fang du mal an!" sagten die beiden anderen zu mir, die
man auch ausgesucht und die sich ebenfalls zu einem Vortrag bereit erklärt hatten.

„Philosophie?" fragte ich noch einmal zurück. „Seid ihr
sicher, daß das jemand hören will?" Was blieb mir übrig, nachdem ich unvorsichtigerweise ein zaghaftes Ja signalisiert
hatte? Hinzu kam, daß ich selbst neugierig darauf war, wieweit es mir gelingen würde, einen solchen Stoff vor anderen
mehr oder weniger reizvoll auszubreiten. So wurde also einen Tag später angekündigt: In Halle Nr. X spricht Heinz
Gutzeit über die Philosophie der alten Griechen.

Gleich waren wieder meine ursprünglichen Zweifel da.
„Bist du verrückt?" fragte ich mich. „Philosophie? Alte Griechen? Die überwältigende Mehrheit hat sicher noch nie davon gehört! Für sie ein außerordentlich fremder Blick auf
die Welt!"

Ein älterer Feldwebel, der mein Vater hätte sein können,
beruhigte mich mit dem Hinweis, daß viele Gefangene hier
nach allem, was sie im Verlauf des Krieges erlebt und erlit-

ten hätten, selber kleine Philosophen geworden seien. Natürlich seien sie keine Denker wie jene, über die ich sprechen würde, aber immerhin hätten etliche von ihnen über den Sinn des Lebens nachzudenken begonnen, nachdem dieser furchtbare Krieg Selbstverständliches im Fühlen und Handeln der Menschen in Frage gestellt hatte.

„Wahrscheinlich hat er recht", dachte ich. Vielleicht würden wirklich ein paar Leute kommen.

Und dann die Überraschung: Im Saal hatten sich Hunderte von Kriegsgefangenen eingefunden! Die weitaus größere Zahl von ihnen hatte wohl lediglich einen Volksschulabschluß. Wo also sollte ich sie abholen? Wo einen Anknüpfungspunkt finden? Wie auch immer: Es gab kein Zurück.

Also, so verständlich wie möglich. Aber gerade das ist immer das schwerste. „Einfach reden", sagte ich mir, während ich schon vor all den anderen ein bißchen erhöht auf einem Kasten stand, „reden, wie bei einer Unterhaltung mit ein paar Freunden."

Dann hörte ich mich auf einmal den Namen Thales von Milet aussprechen. Irgendwann war ich auch bei Empedokles und Sokrates und sprach darüber, welche Fragen sie sich gestellt, welche Antworten sie gefunden und welche verborgenen Wahrheiten sie hinter den Dingen vermutet hatten. Dabei merkte ich nicht, daß inzwischen zwei Stunden vergangen waren. Am Ende gab es großen Applaus. Die Männer klopften auf die blanken Holztische wie in einem Universitäts-Hörsaal. Sie wünschten sogar eine Fortsetzung, bei der ich sie mit Platon bekannt machen sollte, dessen Namen ich ja ein paarmal erwähnt hätte.

Am nächsten Tag sprach ein anderer über Mathematik, wobei er sich auf die große Mehrheit derer einstellte, die noch nie etwas von Algebra gehört hatten, aber neugierig auf das Rechnen mit „a" und „b" waren. Mit großem Geschick gelang es dem Redner, die Verblüffung der Kameraden darüber auszunutzen, daß er in wenigen Sekunden eine Aufgabe wie $55 \times 45 = 2475$ im Kopf ausrechnen konnte. Dann machte er ihnen klar, daß ihm das mit Hilfe der dritten Binomischen Formel $(a+b)(a-b) = a^2 - b^2$ gelungen sei. Wenn sie nämlich nun für a und b einfach die Zahlen 50 und 5 einsetzten, war das Ergebnis einfach zu bestimmen: $(50+5)(50-5) = 50^2 - 5^2 = 2500 - 25 = 2475$.

Bald waren alle in der Lage, selbst Aufgaben wie 27×33 oder 106×94 blitzschnell im Kopf zu lösen. Und die Gefangenen wußten nun auch, daß sie sich dabei der Binomischen Formel $(a+b)(a-b) = a^2 - b^2$ bedienten.

Was für ein Aha-Erlebnis!

Anfang 1946 kam ich ins Lager Ducks Cross Camp bei Bedford, wo ich als Interpreter eingesetzt wurde. Ich saß in einer Bürobaracke und hatte mich um den mündlichen und schriftlichen Kontakt zwischen der deutschen Lagerführung und dem Office des englischen Lagerkommandanten zu kümmern. Der britische Major, ein älterer Herr, sehr groß und schlank, war von imponierender Fairneß und Freundlichkeit. Er ließ mich eines Tages in seine Baracke rufen, weil ihm ein neuer Leutnant zugeteilt worden war, der deutsche Sprache und Literatur studiert hatte. Der junge Offizier hatte gegenüber dem Kommandanten den Wunsch geäußert, sich mit einem Deutschen über Besonderheiten der deutschen Sprache und vor allem über deutsche Literatur zu unterhalten.

So saß ich nun zwischen dem Major und dem Leutnant vor dem Kamin und versuchte, all die Fragen zu Goethes „Werther", zu Heinrich von Kleists „Prinz von Homburg" und Thomas Manns „Buddenbrooks" zu beantworten. Gern gab ich Auskunft, und mit Vergnügen vernahm ich die humorvollen Zwischenbemerkungen des alten Majors, der dabei immer wieder nach frischem, heißem Tee verlangte. Er scherzte, wer wie wir in einem kaminbeheizten Zimmer sitze, sei gleichzeitig von mehreren Klimazonen umgeben: vor sich habe er eine tropische Zone, im Rücken eine gemäßigte und etwas weiter, in Richtung Tür, eine arktische.

Als ich ein anderes Mal zum Kommandanten befohlen wurde, war eine 55jährige Engländerin bei ihm. Mrs. Cardew wollte sich ein Bild von den Verhältnissen machen, unter denen die Gefangenen im Lager lebten. Sie wollte wissen, ob es Probleme gäbe, zu deren Behebung sie als Außenstehende beitragen könne. Ich führte sie durch das Lager, stellte ihr den evangelischen und den katholischen Pfarrer vor sowie jene Gefangenen, die Abendkurse abhielten, unter anderem in Englisch, Französisch, Mathematik und Literatur. Obwohl wir inzwischen über das Internationale Rote Kreuz auch mit Büchern versorgt wurden, waren wir über das Angebot von Mrs. Cardew hocherfreut, weitere Literatur für uns zu besorgen.

Schon vor einiger Zeit hatten wir einen Vortrag des in London lebenden deutschen Germanisten Werner Milch über jene Literatur gehört, die seit 1933 in Deutschland verboten gewesen war. Durch ihn erfuhren wir erstmals etwas über die späteren Werke von Thomas Mann, über Werner Bergengruen und über den 1941 im Londoner Exil verstorbenen Romancier und Lyriker Max Herrmann-Neiße. Nun sollten wir bald deutsche Bücher bekommen, die uns bis dahin nicht zugänglich gewesen waren. Wir waren aufs äußerste gespannt.

Wie Mrs. Cardew erzählte, hatte sie sich bereits bei literarisch interessierten Engländern in Bedford und Umgebung umgetan und sie gefragt, ob sie sich zugunsten einer Lagerbücherei für deutsche Kriegsgefangene von einigen ihrer Bücher trennen würden. Und sie war erfolgreich.

Einmal durfte ich sie sogar zu einem Lehrer namens Burns begleiten, der an einer Grammar School unterrichtete. Die Bücherregale in seiner Bibliothek reichten bis an die Decke. Unter Benutzung einer auf einer Schiene laufenden Leiter durfte ich dort nach Büchern suchen, die mir für die Lager-

bücherei geeignet schienen, während Mrs. Cardew und der
Lehrer Tee tranken. Nach einiger Zeit fragte Mr. Burns erstaunt, ob denn gar nichts dabei sei, was ich mitnehmen wolle.
Er hätte doch so viel deutschsprachige Literatur. Offensichtlich hatte er erwartet, daß ich inzwischen mehrere kleine
Büchertürme auf den oberen Stufen der Leiter gestapelt hätte. „Is there nothing you would be interested in?"*) erkundigte er sich noch einmal.

Tatsache war, daß ich auf eine Menge interessanter Literatur gestoßen war, nur daß ich es nicht fertigbrachte, die
Bücher einfach aus den Regalen zu nehmen und sozusagen
gleich mit der Plünderung von Mr. Burns' Bibliothek zu beginnen. Anschließlich war dann doch Mrs. Cardews kleiner
Austin in seiner ganzen Breite mit Büchern zugepackt, lite-
rarischen Werken in Deutsch und Englisch, Schöngeistigem
und Historischem, ja sogar mit einem mathematischen Lehr-
buch, das, wie ich wußte, im Lager sehr begehrt sein würde.

Sonntags war ich regelmäßig mit zwei Kameraden bei
Mrs. Cardew und ihrem Mann, einem britischen Major aus
dem Ersten Weltkrieg, zum Essen eingeladen. Gegen elf Uhr
holte sie uns mit dem Auto ab und fuhr mit uns zu ihrem
Haus nach Bedford. Mr. Cardew, schlank und hochgewach-
sen, mit gütigem Gesicht und humorvoller Ausdrucksweise,
hatte oft eine heitere Geschichte auf Lager. Nach dem Essen
stand manchmal ein gemeinsamer Spaziergang am River
Ouse auf dem Programm.

Später kam es dann zu lebhaften Gesprächen. Mrs. Cardew
interessierte sich besonders dafür, was unsere Verwandten
über die Lebensverhältnisse und besonders über die Versor-
gungslage in den deutschen Trümmerlandschaften schrieben, wieweit Lebensmittel und Kleidung erhältlich seien.
Auch wir konnten uns die wahre Situation zu Hause nicht
recht vorstellen. In den Briefen berichteten die Verwandten

---

*) „Gibt es denn nichts, an dem Sie interessiert wären?"

Zusammen mit zwei weiteren Kriegsgefangenen lud mich, in der Mitte, das Ehepaar Cardew regelmäßig sonntags zum Mittagessen ein. Hier stehen wir vor ihrem Haus in Bedford, Putnoe Lane 44.

darüber meist nur sehr zurückhaltend, man mußte schon zwischen den Zeilen lesen können. Natürlich schrieben auch britische Zeitungen über die Notlage in Deutschland, aber die Informationen reichten nicht aus, um zu wissen, was die Familien besonders dringend benötigten. Wir bekamen im Lager reichlich zu essen, wenngleich uns die immer gleichen Sandwichs bald zum Halse heraushingen. Als ich mich in einem Brief an meine Mutter in Hamburg über das langweilige Essen im Lager beklagte, erklärte sie mich für verrückt. Von solch feinen Sachen konnte man in Nachkriegs-Deutschland nur träumen.

Mrs. Cardew schickte viele Pakete mit Kaffee, Kakao und Milchpulver, mit Garn, Wolle und Kleiderstoffen nach Deutschland.

Eines Tages fuhr sie mit mir in ein Krankenhaus in Bedford, um dort einen deutschen Kriegsgefangenen, der kein Englisch sprach und daher keinen Gesprächspartner vor Ort hatte, zu besuchen. Der Mann litt an einer langwierigen Krankheit, die ihn noch für Monate ans Bett fesseln würde. Mrs. Cardew hatte ihn schon des öfteren gesehen und mitbekommen, daß ihn etwas bedrückte. Nun sollte ich ihr erklären, worum es ging.

Es stellte sich heraus, daß der Mann vorzeitig repatriiert, also nach Deutschland entlassen werden sollte. Die Engländer wollten kranke Kriegsgefangene nicht über längere Zeit medizinisch versorgen müssen. Der Mann berichtete, daß das Haus in Hamburg, in dem seine Familie gelebt hatte, bei einem Bombenangriff zerstört worden sei und alle Angehörigen dabei umgekommen wären. Es gäbe niemanden, der sich um ihn kümmern könnte. Deshalb wolle er von der Repatriierungsliste gestrichen werden und so lange in England bleiben, bis seine Gesundheit wenigstens einigermaßen wiederhergestellt sei. Mrs. Cardew versprach ihm, sich dafür einzusetzen. Auf der Rückfahrt fragte ich sie, was sie denn in dieser Sache unternehmen wolle.

„Ich setze mich mit dem Abgeordneten meines Wahlkreises in Verbindung", erwiderte sie.

„Kennen Sie ihn denn?" fragte ich.

„Jeder in England kennt seinen Abgeordneten", gab Mrs. Cardew zurück. „Sein Name ist Mr. Skeffington-Lodge. Ich schreibe ihm und bitte ihn zum Tee." Sie sagte es so, als wäre das die normalste Sache auf der Welt.

„Glauben Sie denn, daß er kommt?" erkundigte ich mich ungläubig.

„Natürlich", war ihre Antwort. „Er will doch wiedergewählt werden!"

Als ich nach zwei oder drei Wochen wieder bei Mrs. Cardew war, berichtete sie über ihre Teestunde mit Mr. Skeffington-Lodge. Natürlich hätte sie ihm nicht gleich ihre Bitte vorgetragen. In England platze man nicht mit seinen Problemen heraus. Es gäbe immer erst eine kurze Anwärmphase: Tee, Kekse, eine Bemerkung über das Wetter, einen auf einen Halbsatz beschränkten Ausdruck der Freude, sich gegenseitig kennenzulernen. Wenn der Gast andeutet, es sei für ihn Zeit aufzubrechen, dann sei das der Moment, um vorzubringen, worum es eigentlich geht. In diesem Fall also ein langfristig erkrankter deutscher Kriegsgefangener, die Familie tot, das Haus und die gesamte Stadt zerstört, die verbliebenen Krankenhäuser hoffnungslos überfüllt, Patienten auf Treppenfluren notdürftig untergebracht, keine sonstigen Angehörigen, die Hilfe leisten könnten. Und dann die konkrete Frage, ob jemand in Anbetracht einer solchen Lage nicht doch in England bleiben könne.

Er werde die Angelegenheit bei der nächsten Parlamentssitzung dem Parlamentarischen Staatssekretär des Kriegsministeriums vortragen. Dann werde man weitersehen, habe Mr. Skeffington-Lodge geantwortet.

„Und wie wollen Sie wissen, ob Mr. Skeffington-Lodge diese Sache wirklich vorträgt?" bohrte ich nach.

„Man kann es überprüfen", erklärte sie mir. „Wenn er die Frage an den Parlamentarischen Staatssekretär gestellt hat, wird es im ‚Weekly Hansard' nachlesbar sein."

„Weekly Hansard?"

In dieser Zeitung, erfuhr ich nun, würden die kompletten Mitschriften der Parlamentssitzungen veröffentlicht. Kein Wort, kein Zwischenruf werde ausgelassen.

Als wir eines Sonntags wieder gemeinsam Mittag aßen, zeigte Mrs. Cardew uns eine Postkarte, die ihr der Abgeordnete geschickt hatte. Darauf standen lediglich der Hinweis auf die jüngste Ausgabe des „Weekly Hansard" mit Seitenangabe sowie seine Unterschrift.

Tatsächlich! Wir konnten uns davon überzeugen, daß der Abgeordnete Skeffington-Lodge die betreffende Frage gestellt und der Parlamentarische Staatssekretär ihm zugesagt hatte, daß das Kriegsministerium demnächst dazu Stellung nehmen werde.

Einige Wochen später erhielt Mrs. Cardew abermals einen Hinweis auf die neueste Ausgabe des „Weekly Hansard", in dem die Entscheidung des zuständigen Ministers im Wortlaut wiedergegeben war: Der kranke Kriegsgefangene durfte noch bleiben. Er wurde nicht gegen seinen Willen repatriiert. Allerdings sei dies nicht als Präzedenzfall zu betrachten, hieß es, die Regierung behalte sich in jedem weiteren Fall eine Einzelentscheidung vor.

Was wir Kriegsgefangene nicht für möglich gehalten hatten, es hatte funktioniert! Für uns Deutsche, die wir aus einer Diktatur kamen, war diese Angelegenheit ein Lehrbeispiel in Sachen Demokratie.

Im März 1947 wurde ich aus der Kriegsgefangenschaft entlassen. Das Haus in Putnoe Lane 44 in Bedford, in dem Mr. und Mrs. Cardew gelebt haben, ist mir eine unvergeßliche Adresse geblieben. Jahre später habe ich dort einen privaten Besuch gemacht.

*(Weitere **ZEITGUT**-Beiträge dieses Autors sind im Autorenverzeichnis am Ende des Buches vermerkt.)*

Verfasser   *Seite*

Balduhn, Herta   *249*
geb. 1913 in Memel, verstorben 1996.

Barden, Karin, geb. Guthsmuths   *326*
geb. 1938 in Berlin,
lebt in Baltmannsweiler, Baden-Württemberg.
Beruf/Tätigkeiten: kaufmännische Angestellte.

Christoph, Hildegard, geb. Remer   *271*
geb. 1921 in Schönlanke/Pommern, verstorben 1997,
lebte zuletzt in Greding, Mittelfranken in Bayern.
Beruf/Tätigkeiten: Kauffrau.

Csallner, Heinz   *39*
geb. 1939 in Mülheim/Ruhr,
lebt in Frankfurt/M., Hessen.
Beruf/Tätigkeiten: Werbefachmann.
Bisherige Veröffentlichungen: Zu historischen Themen, insbesondere
Dokumentationen über deutsche Kaiser-, Bismarck- und Kriegerdenkmäler;
Buch/Bildband „Deutsche Kaiserdenkmäler in alten Ansichten", Verlag
Europäische Bibliothek, Zaltbommel, Niederlande 1994; Artikel über
DDR-Reisen und deutsch-deutsche Grenze.

Diebold, Herbert   *175*
geb. 1923 in Berlin-Schöneberg,
lebt in Bad Homburg, Hessen.
Beruf/Tätigkeiten: Filialleiter Dresdner Bank AG, im Ruhestand.

Bisherige Veröffentlichungen: Illustrierte PINGUIN vom 9.11.49; „Sensation in Paris", Verlag Curt E. Schwab GmbH, Stuttgart.

Diepen, Marianne, geb. Wandscher *302*
geb. 1923 in Oldenburg,
lebt in Oldenburg, Niedersachsen.
Beruf/Tätigkeiten: Büroangestellte, im Ruhestand.
Bisherige Veröffentlichungen: Laienspiel „Der Tod und der Blinde", Bärenreiter-Verlag, 1949; Beitrag in „Und weiter geht es doch". Deutschland 1945-1950, Reihe ZEITGUT, JKL Publikationen, Berlin 1999.

Elster von Eschelbach, Edith *186*
geb. 1921 in Memel,
lebt in Sinsheim, Baden-Württemberg.
Beruf/Tätigkeiten: Hausfrau.

Friedrich, Hans Edmund *213*
geb. 1923 in Hamburg,
lebt in Westergellersen, Niedersachsen.
Beruf/Tätigkeiten: bis 1997 Unternehmensberater und Dozent an Wirtschaftsakademien.
Bisherige Veröffentlichungen: „Mit Bildern verkaufen", Verlag für Unternehmensführung, Baden-Baden 1963; „Mühsam ernährt sich das Eichhörnchen", Roman eines Außendienstlers (unter dem Pseudonym Hans Edmund), Eigenverlag H. Friedrich 1985; div. Fachartikel über Menschenführung und Marketing; Beiträge in „Wir wollten leben". Jugend 1939-1945, und „Pimpfe, Mädels & andere Kinder". Kindheit 1933-1939, Reihe ZEITGUT, JKL Publikationen, Berlin 1998.

Guschl, Dr. Franz *130*
geb. 1922 in Deutsch-Beneschau (CSR),
lebt in Halle/Saale, Sachsen-Anhalt.
Beruf/Tätigkeiten: Hochschuldozent, im Ruhestand.
Bisherige Veröffentlichungen: wissenschaftliche Beiträge zu Fragen der Hochschulreform, der Gleichberechtigung der Frau und zur Didaktik in Zeitschriften in Berlin, Poznan, Kiew (1970-1980).

Gutzeit, Heinz　　　　　　　　　　　　　　　　　*343*
geb. 1922 in Berlin,
lebt in Hechingen, Baden-Württemberg.
Beruf/Tätigkeiten: Studium der Germanistik, Lehrer, später Schulleiter und
Schulrat, 1960/61 im Auslandsschuldienst in Chile.
Bisherige Veröffentlichungen: „Reise ins Land der schwankenden Erde“,
„Auf das Komma kommt es an“, „Notizen eines Scharlatans“, „Auf dem
Flug von Rio nach Frankfurt“, „Verkehrsstau“ (alle im Eigenverlag); Beiträge in „Wir wollten leben“. Jugend 1939-1945 und „Pimpfe, Mädels &
andere Kinder“. Kindheit 1933-1939, Reihe ZEITGUT, JKL Publikatio-
nen, Berlin 1998.

Haß, Ernst　　　　　　　　　　　　　　　　　　*199*
geb. 1913 in Hamburg,
lebt in Hamburg,
Beruf/Tätigkeiten: Schiffbau-Techniker, im Ruhestand.
Bisherige Veröffentlichungen: Beiträge in „Und weiter geht es doch“.
Deutschland 1945-1950, Reihe ZEITGUT, JKL Publikationen, 1999.

Heiter, Hildegard, geb. Borth　　　　　　　　　　　*289*
geb. 1919 in Dresden,
lebt in Dresden, Sachsen.
Beruf/Tätigkeiten: Bibliothekarin im Ruhestand.
Bisherige Veröffentlichungen: 1952 bis 1956 einige Essays in der Tageszeitung.

Janotta, Irmgard, geb. Wysgol　　　　　　　　　　　*18*
geb. 1918 in Laband, Kreis Gleiwitz, Oberschlesien,
lebt in Berlin,
Beruf/Tätigkeiten: Hauswirtschafterin, Köchin, im Ruhestand.

Keller, Leo　　　　　　　　　　　　　　　　　　*133*
geb. 1921 in Konstanz,
lebt in Konstanz, Baden Württemberg.
Beruf/Tätigkeiten: Rentner.
Bisherige Veröffentlichungen: Beitrag in „Und weiter geht es doch“.
Deutschland 1945-1950, Reihe ZEITGUT, JKL Publikationen, Berlin 1999.

Kimmann, Hermann *120*
geb. 1909 in Haren, Emsland,
lebt in Haren, Niedersachsen.
Beruf/Tätigkeiten: Landwirt im Ruhestand.

Klimenko, Michael *67*
geb. 1924 in Ukraine,
lebt in Honolulu, Hawaii, USA,
Beruf/Tätigkeiten: Professor, im Ruhestand.
Bisherige Veröffentlichungen: „Der heilige Stephan von Perm", Kyrios-Verlag, Berlin-Hamburg 1968; „Ausbreitung des Christentums in Rußland", Lutherischer Verlag, Berlin 1969; „The young Sholokhov", Boston, USA, 1972; „St. Sergii of Radonezh", Nordland, 1979; „Ilya Ehrenburg, Attempt of Literary Portrait", New York, 1990.

Kohl, Helmut *62*
geb. 1924 in Hammelburg, Unterfranken,
lebt in Schwebheim, Bayern.
Beruf/Tätigkeiten: Redakteur im Ruhestand.
Bisherige Veröffentlichungen: Zeitungen, Zeitschriften, Wirtschaftspublikationen von 1958 bis 1996.

Küchemann, Hermann *93*
geb. 1924 in Göttingen,
lebt in Dassel-Lauenberg, Niedersachsen.
Beruf/Tätigkeiten: Lehrer i.R., Assessor des Forstdienstes.
Bisherige Veröffentlichungen: Akademie für Ältere, Heidelberg „Damals war es Gegenwart", Band 3/98; Mehrere Artikel in Jagd- beziehungsweise Forstzeitschriften 1956 bis 1997; Artikel im Kirchlichen Gemeindeblatt für Lauenberg-Hilwartshausen, regelmäßig seit 1974; Tageszeitung „Einbecker Morgenpost", Artikel über Geschichte, Geschichtsforschung, kirchliche Unternehmungen, Heimatkunde.

Lauenstein, Dr. Reinhard *53*
geb. 1924 in Rostock,
lebt in Stadtoldendorf, Niedersachsen.
Beruf/Tätigkeiten: Arzt für Allgemeinmedizin und Geburtshilfe im Ruhestand.

Bisherige Veröffentlichungen: „Das Verhalten der Magensäure bei chronischen Pankreopathien", Deutsche Medizinische Wochenschrift, Heft 78/1953; „Die Fortbildung für den praktischen Arzt", Deutsches Ärzteblatt Köln, Mai 1959; „Der Vorschlag zur Güte", Deutsches Ärzteblatt Köln, Januar 1966; „Wir wollten leben". Jugend 1939-1945. Reihe ZEITGUT. JKL-Publikationen, Berlin 1998.

Leidig, Charlotte, geb. Merkel   *189*
geb. 1923 in Baden-Baden,
lebt in Gaggenau, Baden-Württemberg.
Beruf/Tätigkeiten: Stenotypistin, Hausfrau, im Ruhestand.

Linke, Margot, geb. Scholz   *154*
geb. 1924 in Maltsch/Oder,
lebt in Kirchheim/Teck, Baden-Württemberg.
Beruf/Tätigkeiten: Kindergärtnerin, im Ruhestand.
Bisherige Veröffentlichungen: Beitrag in „Stöckchen-Hiebe". Kindheit 1914-1933, Reihe ZEITGUT, JKL-Publikationen, Berlin 1998.

Meier-Limberg, Ursula, geb. Limberg   *309*
geb. 1924 in Prenzlau, Uckermark,
lebt in Herford, Nordrhein-Westfalen.
Beruf/Tätigkeiten: Hausfrau.
Bisherige Veröffentlichungen: Beiträge in „Pimpfe, Mädels & andere Kinder", Kindheit 1933-1939, „Und weiter geht es doch". Deutschland 1945-1950, Reihe ZEITGUT, JKL Publikationen, Berlin 1998, 1999.

Pätz, Trudi, geb. Schröder   *83*
geb. 1922 in Hamburg,
lebt in Hamburg.
Beruf/Tätigkeiten: im Ruhestand, vordem Behördenangestellte in der Staatlichen Pressestelle.
Bisherige Veröffentlichungen: Gedicht über Indien-Reise in „Reime, Riemels und Balladen", hrsg. v. NDR-Hamburg; mehrere Kurzgeschichten und Gedichte in der Deutschen Multiple Sklerose Zeitschrift „Gemeinsam"; Beiträge in „Stöckchen-Hiebe". Kindheit in Deutschland 1914-1933 und „Pimpfe, Mädels & andere Kinder". Kindheit 1933-1939, Reihe ZEITGUT, JKL Publikationen, Berlin 1998.

Pesch, Margareta *78, 223*
geb. 1922 in Zülpich,
lebt in Zülpich, Nordrhein-Westfalen.
Beruf/Tätigkeiten: Gymnasiallehrerin in Köln bis 1985, seither ehrenamt-
liche Sozialarbeit in der Flüchtlingshilfe.
Bisherige Veröffentlichungen: Gelegenheitstexte in der Schulzeitung und
im Pfarrblatt.

Petri, Dr. phil. Hasso Gottfried *206*
geb. 1927 in Berlin,
lebt in Vechta, Niedersachsen.
Beruf/Tätigkeiten: Komponist, Konzertpianist, Schriftsteller.
Bisherige Veröffentlichungen: „Beschenke dich, indem du schenkst", 1992;
„Sammle mit vollen Armen", 1992; „Grundwissen Musik", 1992; „Meta-
morphosen", 1993; „Sage täglich Ja zum Leben", 1994; „Mache dich glücklich", 1994; „Lenke dein Leben", 1996; „Cantus vitae", 1997; alle R.G.
Fischer Verlag, Frankfurt.

Protze, Werner *256*
geb. 1915 in Dresden,
lebt in Dresden, Sachsen.
Beruf/Tätigkeiten: Angestellter bei der Deutschen Post, der Deutschen
Reichsbahn, Bergbau unter Tage, im Ruhestand.
Bisherige Veröffentlichungen: als Volkskorrespondent von 1950 bis 1980
mehr als 300 Beiträge in sechs Tageszeitungen und zwei Zeitschriften auf
Ministeriumsebene, Betriebszeitungen der Deutschen Post und Deutschen
Reichsbahn.

Schaefer-Kehnert, Prof. Dr. agr. Walter *43*
geb. 1918 in Kehnert/Elbe,
lebt in Remagen, Rheinland-Pfalz.
Beruf/Tätigkeiten: Landwirt, Agraringenieur, Dozent,
Agrarprojektplanung in Entwicklungsländern als Stabsmitglied der
Weltbank; seit 1984 im Ruhestand.
Bisherige Veröffentlichungen: 8 Bücher in Deutsch, Englisch und Spa-
nisch; Beiträge in Fachzeitschriften und Handbüchern unter Copyright des
Economic Development Institute der Weltbank.

Schröter, Heinrich   *320*
geb. 1917 in Hütte, Kreis Elbing, Westpreußen,
lebt in Wiesbaden, Hessen.
Beruf/Tätigkeiten: Journalist und Schriftsteller.
Bisherige Veröffentlichungen: Literarische Beiträge in zahlreichen deutschen Zeitschriften und Anthologien sowie 15 eigene Bücher in mehreren
westdeutschen Verlagen, Beitrag in „Und weiter geht es doch". Deutschland 1945-1950, Reihe ZEITGUT, JKL Publikationen, 1999.

Siegmund, Traute, geb. Gansinger   *242*
geb. 1924 in Hamburg,
lebt in Wietzendorf, Niedersachsen.
Beruf/Tätigkeiten: im Ruhestand, früher Mitarbeit im zahntechnischen
Labor ihres Mannes.
Bisherige Veröffentlichungen: Kurzgeschichte, Radio Bremen, 1988;
Beitrag in „Und weiter geht es doch". Deutschland 1945-1950, Reihe
ZEITGUT, JKL Publikationen, Berlin 1999.

Sommer, Karl-Heinz   *161*
geb. 1926 in Frankfurt/Oder,
lebt in Stuttgart, Baden-Württemberg.
Beruf/Tätigkeiten: Import-/Exportkaufmann, Großhandel mit eigener Firma, im Ruhestand.
Bisherige Veröffentlichungen: jagdliche Kurzgeschichten.

Sommer, Winfried Peter   *315*
geb. 1924 in Berlin-Wilmersdorf,
lebt in Karlsruhe, Baden Württemberg.
Beruf/Tätigkeiten: Ingenieur, Leitender Angestellter.
Bisherige Veröffentlichungen: Artikel in Fachzeitschriften; Beitrag in
„Pimpfe, Mädels & andere Kinder". Kindheit 1933-1939, Reihe ZEIT-
GUT, JKL Publikationen, Berlin 1998.

Stade, Marie   *284*
geb. 1920 in Siegelbach, lebt in Suhl, Thüringen.
Beruf/Tätigkeiten: Buchhalterin im Ruhestand.
Bisherige Veröffentlichungen: Beitrag in „Stöckchen-Hiebe". Kindheit
1914-1933, Reihe ZEITGUT, JKL-Publikationen, Berlin 1998.

Stanovsky, Ernst *231*
geb. 1921 in Altstadt, Sudetenland,
lebt in Bruchköbel, Hessen.
Beruf/Tätigkeiten: Rentner.

Stihler, Hilde, geb. Straile *159*
geb. 1923 in Stuttgart,
lebt in Stuttgart, Baden Württemberg.
Beruf/Tätigkeiten: selbständige Geschäftsfrau, seit 1994 im Ruhestand.

Van Assche, Victor *96*
geb. 1923 in Ekeren (Belgien), verstorben 1998,
lebte zuletzt in Recklinghausen, Nordrhein-Westfalen.
Beruf/Tätigkeiten: Kaufmann.

Varner-Rassmann, Clare, geb. Rassmann *180*
geb. 1925 in Wiesbaden,
lebt in Wiesbaden, Hessen.
Beruf/Tätigkeiten: Lehrerin (USA), Sekretärin (Deutschland).

Wagner, Dr. Hans *328*
geb. 1921 in Bütow, Pommern,
lebt in Weinbach-Fürfurt, Hessen.
Beruf/Tätigkeiten: Frauenarzt im Ruhestand.
Bisherige Veröffentlichungen: medizinische Fachartikel; Beitrag in „Stöckchen-Hiebe". Kindheit 1914-1933, Reihe ZEITGUT, JKL-Publikationen
1998.

Werneken, Ingeborg, geb. Schmidt *295*
geb. 1921 in Frankenberg/Eder,
lebt in Bad Krozingen, Baden-Württemberg.
Beruf/Tätigkeiten: Im Krieg Sekretärin im Landratsamt Frankenberg/Eder,
Anlaufstelle für Flüchtlinge und Ausgebombte, danach Sachbearbeiterin
(14 Jahre Presse- und Sozialamt der Evangelischen Kirche, Oldenburg),
im Ruhestand.
Bisherige Veröffentlichungen: „Ein Lächeln am Wegesrand", Selbstver-
lag; Gedichte in Zeitungen; Beitrag in „Und weiter geht es doch". Deutschland 1945-1950, Reihe ZEITGUT, JKL Publikationen, 1999.

Westphal, Waltraut *322*
geb. 1923 in Kannin, Kreis Schlawe, heute Polen,
lebt in Staßfurt, Sachsen-Anhalt.
Beruf/Tätigkeiten: Schwesternhelferin (DRK), Religionslehrerin, 1970 bis 1985 Heimleiterin, seit 1965 Glied der Bodelschwingh-Haus-Schwesternschaft Wolmirstedt, im Ruhestand.
Bisherige Veröffentlichungen: „Nur Opfer sollten das Recht haben, anzuklagen", Hallisches Tageblatt; „Meine Waldheimat in der Kanniner Heide"; „Sogenannte Feinde wurden zu Rettern", Januar 1994; „Dramatische Minuten während der Vertreibung"; „Vom Ei zum (ungeliebten) Küken", 30.8.96; „Überraschende Einschulung in Kannin", Mai 1998; „Einfaches Standardrezept besiegte den Husten"; „Diphtherie in Kannin im Sommer 1945", alle in: Die Pommersche Zeitung, Lübeck/Travemünde; Beiträge in „Pimpfe, Mädels & andere Kinder". Kindheit 1933-1939 sowie „Und weiter geht es doch". Deutschland 1945-1950, Reihe ZEITGUT, JKL Publikationen, Berlin 1998, 1999.

Wieser, Annemarie, geb. Grütter *140*
geb. 1922 in Frankfurt/Oder,
lebt in Pleckhausen, Rheinland-Pfalz.
Beruf/Tätigkeiten: Malerin.
Bisherige Veröffentlichungen: „Das andere Morgenrot", Gedichte, Radierungen, 1987; „Such' mir die Sonne Kind!", Roman, 1992; beide Haag + Herchen, Frankfurt am Main; Beitrag in „Und weiter geht es doch". Deutschland 1945-1950, Reihe ZEITGUT, JKL Publikationen, Berlin 1999.

Wolff, Gertrud-Karola *36*
geb. 1911 in Berlin, verstorben 1995,
lebte zuletzt in Neckargemünd, Baden-Württemberg.
Beruf/Tätigkeiten: Dentistin, Sozialarbeiterin.
Bisherige Veröffentlichungen: „Das immergrüne Herz" (Gedichte) 1945 und 1947, Verlag Hermann Meister, Heidelberg; „Mondkreis für dich" (Gedichte), Heidelberger Verlagsanstalt 1990.

Reisen in die Vergangenheit

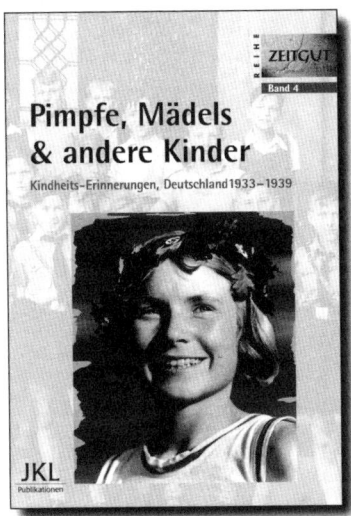

Reisen in die Vergangenheit

Im Jahr 2000
erscheinen neu:

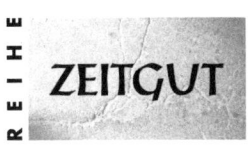

Hungern und hoffen
Jugend in Deutschland 1945–1950
ISBN 3-933336-06-6

Wir wollten leben. Zweiter Teil
Jugend in Deutschland 1939–1945
ISBN 3-933336-11-2

Pimpfe, Mädels & andere Kinder. Zweiter Teil
Kindheit in Deutschland 1933–1939
ISBN 3-933336-12-0

Nachkriegs-Kinder. Zweiter Teil
Kindheit in Deutschland 1945-1950
ISBN 3-933336-14-7

Von hier nach drüben
Grenzgänge und Reisen 1949–1989
ISBN 3-933336-13-9

Weitere Bände in Vorbereitung.

Jeder Band ca. 320 Seiten, 34,80 DM, Klappenbroschur mit
vielen Abbildungen, Umschlag vierfarbig, matt cellophaniert